权威·前沿·原创

皮书系列为

“十二五”“十三五”“十四五”时期国家重点出版物出版专项规划项目

BLUE BOOK

智库成果出版与传播平台

中国社会科学院创新工程学术出版资助项目

社会心态蓝皮书
BLUE BOOK OF SOCIAL MENTALITY

# 中国社会心态研究报告（2022）

ANNUAL REPORT ON SOCIAL MENTALITY OF CHINA (2022)

主　编／王俊秀
副主编／陈满琪

社会科学文献出版社
SOCIAL SCIENCES ACADEMIC PRESS (CHINA)

**图书在版编目（CIP）数据**

中国社会心态研究报告．2022／王俊秀主编；陈满琪副主编．--北京：社会科学文献出版社，2023.2
（社会心态蓝皮书）
ISBN 978-7-5228-1416-2

Ⅰ.①中…　Ⅱ.①王…　②陈…　Ⅲ.①社会心理-研究报告-中国-2022　Ⅳ.①C912.6

中国国家版本馆 CIP 数据核字（2023）第 021837 号

社会心态蓝皮书
中国社会心态研究报告（2022）

主　　编／王俊秀
副 主 编／陈满琪

出 版 人／王利民
组稿编辑／吴　丹
责任编辑／张　媛
责任印制／王京美

出　　版／社会科学文献出版社・皮书出版分社（010）59367127
　　　　　地址：北京市北三环中路甲 29 号院华龙大厦　邮编：100029
　　　　　网址：www.ssap.com.cn
发　　行／社会科学文献出版社（010）59367028
印　　装／天津千鹤文化传播有限公司

规　　格／开 本：787mm×1092mm　1/16
　　　　　印 张：17.25　字 数：257 千字
版　　次／2023 年 2 月第 1 版　2023 年 2 月第 1 次印刷
书　　号／ISBN 978-7-5228-1416-2
定　　价／168.00 元

读者服务电话：4008918866

# 社会心态蓝皮书编委会

应小萍（中国社会科学院）
赵德雷（哈尔滨工程大学）
赵志裕（香港中文大学）
郑淑杰（鲁东大学）

本　书　作　者（按文序排列）

王俊秀　张　跃　余正台　王园园
谭旭运　张　衍　陈满琪　张岚清
毕重增　薛文惠　李永雪　张　静
高文珺　刘娅萱　应小萍　陈午晴

# 主要编撰者简介

**王俊秀**　中国社会科学院研究生院发展社会学博士，中国社会科学院社会学研究所社会心理学研究室主任、社会心理学研究中心主任，研究员，博士生导师，国家社会科学基金重大项目“社会心理建设：社会治理的心理学路径”（项目批准号 16ZDA231）首席专家。中国社会科学院国家治理智库研究员，中国社会科学院新媒体研究中心特聘研究员。中国社会心理学会副会长，环境心理学专业委员会、应用心理学专业委员会副主任，大数据网络心理学专业委员会主任。中国社会学会犯罪社会学专业委员会副会长。北京市社会心理学会副理事长。2008~2009 年美国加州大学洛杉矶分校社会学系访问学者。主要研究领域：①社会心态，在《社会学研究》《社会》《社会学评论》《新华文摘》《中国社会科学文摘》《江苏社会科学》《社会科学战线》《光明日报》等学术报刊发表《社会心态：转型社会的社会心理研究》《社会心态的结构和指标体系》《作为社会心态能量的社会情绪》等 20 多篇社会心态的论文和研究报告，出版专著《社会心态理论：一种宏观社会心理学范式》（2014）、合著《当代中国社会心态研究》（2013）；②监控社会，出版专著《监控社会与个人隐私》（2007）；③风险社会，主要关注风险的社会认知、个人与社会视角下的风险防范，完成中国社会科学院国情调研重点课题“风险认知与风险行为策略——民众风险心态测量与调查”，主持 2010 年度国家社科基金项目“个人与社会关系视角下的公共风险规避与应对”；④汽车社会，主编汽车社会蓝皮书《中国汽车社会发展报告（2011）》《中国汽车社会发展报告（2012~2013）》。

**陈满琪**　首都师范大学心理学系博士，中国社会科学院社会学研究所社会心理学研究中心副主任，副研究员，硕士生导师，中国社会心理学会秘书长。2017 年斯坦福大学社会学系访问学者。主持完成中国社会科学院国情调研课题 1 项。曾参与中国社会科学院重大课题、中国与挪威合作课题等多个项目，在《社会学研究》《亚洲社会心理学》《心理科学》等国内外核心期刊发表论文 20 多篇。主要研究领域：①社会心态，关注不同领域展现出来的社会心态，如情感分层、道德情绪，代表作为《情感分层的初步探讨》；②情绪心理学，关注群体情绪、社会情绪及其对社会心态的影响，代表作为 *Priming Modernity and Work Experiences Strengthens the Association between Fairness/Harm Concerns and Anger*、《群体情绪及其测量》；③教育社会心理学，关注教育领域的社会心理学现象。

# 摘　要

本书是中国社会科学院社会学研究所社会心理学研究中心“社会心态蓝皮书课题组”年度研究成果《中国社会心态研究报告》的第十一本。本书主题是迈向中国式现代化的社会心态基础，撰写者主要来自中国社会科学院社会学研究所社会心理学研究中心，全书从认知、价值观、信念和社会参与四个方面探索迈向中国式现代化进程中已具备的社会心态基础。

本书发现，在迈向中国式现代化的进程中，民众对实现共同富裕的信心较强。多数民众持有勤奋有回报的奋斗信念，倾向于认同个人应承担更多的责任来养活自己并认可竞争是有利的。民众的结果公平感和向上流动机会感知均有所上升，但向下流动机会感知下降，阶层系统合理信念处于中等偏上水平，其中机会合理性维度得分高于分配合理性维度。在社会价值观方面，民众对家庭的重要性评价最高，且分歧相对最小，其次是工作、朋友、休闲时间、政治。在教养价值观方面，责任感、独立自主、勤奋、有礼貌、诚实是民众培养子代最看重的品质，父母的社会心态和社会价值观影响对子代品质的培养。在社会参与方面，民众的慈善意愿较高，弘扬传统文化、应急救难和创新科研方面表现尤其突出，北京“双奥”这一重大事件的对比分析显示民众在社会参与上以公益性动机为主。这些研究结果预示着在迈向中国式现代化进程中民众已然具备客观积极、勤奋向上的高质量社会心态基础。

**关键词：** 社会心态　共同富裕认知　价值观　社会参与

# 目 录

## Ⅰ 总报告



## Ⅱ 认知与共同富裕



## Ⅲ 价值观与共同富裕

## Ⅳ 信念与共同富裕



## Ⅴ 社会参与与共同富裕



皮书数据库阅读**使用指南**

# 总报告

General Report

## B.1

# 共同富裕的社会认知、信念和价值观

王俊秀　张跃*

**摘　要：** 本研究比较了2022年、2020年和2019年三年中国社会心态调查的数据，对社会心态指标体系中的常规指标如美好生活需要、美好生活体验、幸福感、安全感、社会信任、社会公平感等的变化进行了分析；本研究还对2022年中国社会心态调查中关于共同富裕的认知、信念和价值观等方面的内容进行了分析，涉及的变量包括共同富裕的态度、共同富裕实现路径、贫富归因、主观社会阶层合理信念、勤奋回报信念、慈善意愿和慈善行为等。本研究根据社会心态的特点和变化、共同富裕相关的社会心态特点提出了共同富裕推进过程中的政策建议。

**关键词：** 社会心态　贫富归因　社会公平感　共同富裕态度　共同富裕信心

* 王俊秀，中国社会科学院社会学研究所社会心理学研究室主任、研究员，中国社会科学院大学教授，博士生导师；张跃，博士，中国社会科学院社会学研究所博士后，研究方向为社会心态、社会阶层与阶层流动心理学、系统合理化。

2022年是极不平凡的一年，新冠疫情仍多点散发，社会经济状况不容乐观，人们正常的生活秩序被打乱，工作、学习、旅行、就业、医疗都充满了不确定性。国际形势出现了诸多不利因素，俄乌冲突引发粮食安全、能源问题等一系列新的风险，美国针对中国的限制和打压有所升级，西方国家努力要摆脱对中国制造的依赖，去全球化的态势已经形成……在国际、国内形势异常复杂的情况下，社会心态会有什么特点？这是本报告的第一部分内容，我们将通过对比2019年社会心态数据①、2020年社会心态数据②，以及2022年社会心态数据（样本特征见表1）③，分析社会心态的主要指标出现了怎样的变化。我们将考察社会心态指标体系中的常规指标，如美好生活需要和美好生活体验、幸福感、安全感、社会信任、社会公平感等。第二部分我们将延续2021年社会心态蓝皮书的主题，继续深入关注共同富裕的问题。共同富裕将是未来中国社会治理和社会发展最重要的主题之一，值得我们持续关注，因此我们把2022年中国社会心态调查的主题确定为共同富裕相关的社会心态，除了关注美好生活需要、美好生活体验、幸福感、安全感等常

① 2019年社会心态数据来源于2019年中国社会心态调查（Chinese Social Mentality Survey 2019），由中国社会科学院社会学研究所社会心理学研究中心于2019年10月至2020年2月完成。调查采用CAPI调查方式进行入户访问，采用多阶段混合抽样的方法，分4个阶段在全国30个省区市的151个县（市、区）的314个城镇居（村）民委员会，对其中在现地址居住6个月及以上、18~70周岁居民进行抽样调查，最终获得有效问卷9621份。其中，男性占44.0%，女性占56.0%，平均年龄41.51±13.94岁。

② 2020年社会心态数据来源于2020年中国社会心态调查（Chinese Social Mentality Survey 2020），由中国社会科学院社会学研究所社会心理学研究中心于2020年9月至2021年4月完成。根据第六次全国人口普查数据，在全国31个省区市进行分层抽样和PPS概率抽样，抽取604个县（市、区）的314个城镇社区和290个农村社区，对其中在现地址居住6个月及以上、18~70周岁居民进行抽样调查，最终获得有效问卷10195份。其中，男性占43.3%，女性占56.7%，平均年龄41.61±13.02岁。

③ 2022年社会心态数据来源于2022年中国社会心态调查（Chinese Social Mentality Survey 2022），由中国社会科学院社会学研究所社会心理学研究中心于2022年7月至2022年11月完成。根据第六次全国人口普查数据，在全国30个省区市进行分层抽样和PPS概率抽样，抽取145个县（市、区）的314个城镇社区，对其中在现地址居住6个月及以上、18~70周岁居民进行抽样调查。受疫情影响，本次调查还未完成，截至2022年10月执行了265个社区，执行率是84.39%，本年度蓝皮书的报告统一使用目前获得的6168份有效问卷。其中，执行率在50%以下的地区是甘肃省、贵州省、辽宁省、宁夏回族自治区、青海省、山西省、四川省、新疆维吾尔自治区和浙江省。

规指标外，我们采用世界价值观调查中经济价值观的题目，改编并编制了一系列调查问卷，希望了解民众与共同富裕相关的态度、信念和价值观，包括贫富归因、共同富裕态度、共同富裕信心、共同富裕实现路径、主观社会阶

**表 1　2022 年中国社会心态调查数据样本特征（N=6168）**

单位：人，%

| 变量 | | 频数 | 占比 | 变量 | | 频数 | 占比 |
|---|---|---|---|---|---|---|---|
| 年龄 | 42. 68±12. 16 | | | 户口 | 本地城市户口 | 3218 | 52. 17 |
| | | | | | 本地农村户口 | 2651 | 42. 98 |
| 年龄段 | 20 岁及以下 | 97 | 1. 57 | | 外地城市户口 | 122 | 1. 98 |
| | 21~30 岁 | 1015 | 16. 46 | | 外地农村户口 | 176 | 2. 85 |
| | 31~40 岁 | 1646 | 26. 69 | 是否有工作 | 无 | 1642 | 26. 62 |
| | 41~50 岁 | 1652 | 26. 78 | | 有 | 4478 | 72. 60 |
| | 51~60 岁 | 1256 | 20. 36 | 个人月收入 | 1000 元及以下 | 449 | 7. 28 |
| | 61 岁及以上 | 502 | 8. 14 | | 1001~2000 元 | 394 | 6. 39 |
| 性别 | 男 | 2674 | 43. 35 | | 2001~3000 元 | 785 | 12. 73 |
| | 女 | 3494 | 56. 65 | | 3001~4000 元 | 1182 | 19. 16 |
| 宗教信仰 | 无 | 829 | 13. 44 | | 4001~5000 元 | 1148 | 18. 61 |
| | 有 | 5339 | 86. 56 | | 5001~6000 元 | 809 | 13. 12 |
| 民族 | 汉族 | 5900 | 95. 65 | | 6001~8000 元 | 770 | 12. 48 |
| | 少数民族 | 268 | 4. 35 | | 8001~1 万元 | 410 | 6. 65 |
| 婚姻状况 | 未婚 | 909 | 14. 74 | | 1 万元以上 | 221 | 3. 58 |
| | 初婚有配偶 | 4966 | 80. 51 | 家庭月收入 | 3000 元及以下 | 333 | 5. 40 |
| | 再婚有配偶 | 55 | 0. 89 | | 3001~5000 元 | 650 | 10. 54 |
| | 离婚 | 105 | 1. 70 | | 5001~8000 元 | 1468 | 23. 80 |
| | 丧偶 | 101 | 1. 64 | | 8001~1 万元 | 1489 | 24. 14 |
| | 同居 | 29 | 0. 47 | | 1 万~1. 5 万元 | 1214 | 19. 68 |
| 受教育程度 | 小学及以下 | 216 | 3. 50 | | 1. 5 万~2 万元 | 525 | 8. 51 |
| | 初中 | 1259 | 20. 41 | | 2 万元以上 | 489 | 7. 93 |
| | 高中（中专、职高和技校） | 2417 | 39. 19 | 主观阶层 | 下层 | 404 | 6. 55 |
| | | | | | 中下层 | 1690 | 27. 40 |
| | 大学专科 | 1269 | 20. 57 | | 中层 | 3054 | 49. 51 |
| | 大学本科 | 972 | 15. 76 | | 中上层 | 960 | 15. 56 |
| | 研究生 | 35 | 0. 57 | | 上层 | 60 | 0. 97 |

注：部分变量存在缺失值，缺失值未列出。

层合理信念、勤奋回报信念、慈善意愿和慈善行为等。共同富裕是一个复杂的主题，经济学、社会学等各个学科都有其不同的关注点，我们关注的依然是社会心态基础。

## 一　社会心态基本特点

### （一）美好生活需要和美好生活体验都有所调整，个人物质维度提高，家庭关系和国家社会维度下降，满足个人物质维度美好生活需要依然是未来最值得关注的重点

美好生活需要是指人们对向往的美好生活的描述，美好生活体验则是对当下生活状况与美好生活进行对比后的评价。二者均包含3个维度，即个人物质维度、家庭和人际关系维度以及国家和社会环境维度。可见，民众对美好生活的理解不仅包含个人物质层面，也包含家庭和人际关系以及国家和社会环境层面（王俊秀、刘晓柳、刘洋洋，2019）。

采用“美好生活需要量表”和“美好生活体验量表”对二者进行测量，量表均采用7点计分（1=非常不重要/非常不符合，7=非常重要/非常符合）。如图1所示，整体而言，2019年、2020年、2022年，民众美好生活需要和美好生活体验均处于中等偏上水平（Ms≥4.96）；将各维度得分转换为3点计分（1=不重要/不符合，2=中立，3=重要/符合），然后计算各得分段人数占比发现，绝大多数民众认同满足国家社会、个人物质、家庭关系方面的需要对实现美好生活的重要性（占比≥88.05%），80%以上的民众在国家社会、家庭关系方面报告了较高水平的美好生活体验（占比≥88.75%），六成以上的民众在个人物质方面报告了较高水平的美好生活体验（占比≥69.34%）。

对比不同年份的美好生活需要发现，与2019年、2020年相比，2022年民众对国家社会、家庭关系的重要性评分略有下降（ts≥-2.98，ps≤0.008），而对个人物质的重要性评分则略有提升（ts≥2.72，ps≤0.018）。不过，与2019年、2020年相比，2022年认同以上三方面对实现美好生活需要的重要性

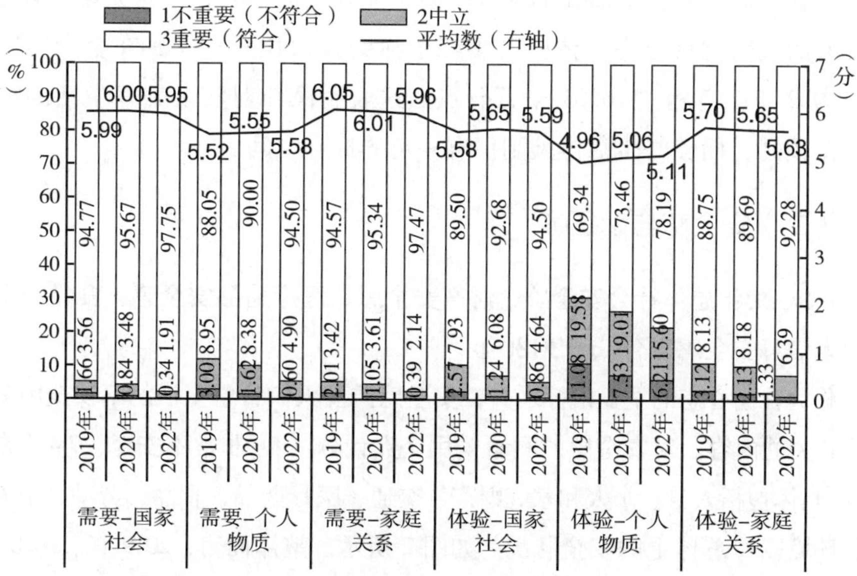

图 1　美好生活需要与美好生活体验的三年比较

的人数占比均有明显提升，尤其是个人物质方面，分别比 2019 年、2020 年提升 6.45 个、4.50 个百分点。以上结果表明，越来越多的民众认同国家社会、家庭关系以及个人物质对实现美好生活需要的重要性，但民众整体上对国家社会、家庭关系的重要性评分略有下降，而对个人物质的重要性则更加看重。

对比不同年份的美好生活体验发现，2022 年民众在国家社会方面的体验得分与 2019 年基本持平，但比 2020 年略有下降（$t=-4.31$，$p<0.001$）；在个人物质方面，2022 年得分比前两年均有小幅提升（$ts\geqslant3.23$，$ps\leqslant0.004$）；在家庭关系方面，2022 年得分与 2020 年基本持平，但比 2019 年略有下降（$t=-5.05$，$p<0.001$）。不过，与美好生活需要类似，2022 年有更多的民众报告"符合"以上三方面的美好生活体验，人数占比相比前两年均有提升。可见，在国家社会、个人物质、家庭关系方面符合美好生活体验的民众逐年递增，不过民众整体上在国家社会、家庭关系方面的美好生活体验比前几年略有下降或无明显变化，但在个人物质方面的美好生活体验明显提升。

进一步对比民众美好生活需要和美好生活体验，可以看到，民众在不同年份对各方面美好生活需要的评分均高于美好生活体验；认同美好生活需要重要性的人数比重也高于体验到美好生活的人数比重；尤其在个人物质方面，2022 年二者相差 16.31 个百分点。这表明民众对实现美好生活的需要与期待较高，而美好生活体验则仍有一定的提升空间。

## （二）安全感与幸福感

### 1. 2022年总体社会安全感、财产安全感、医疗药品安全感、食品安全感和个人信息安全感得分低于2020年

作为社会心态的重要指标之一，安全感涉及人们日常生活的不安全因素和风险相关的内容。对安全感的测量采用 7 点计分（1=非常不安全，7=非常安全），具体包括人身、个人和家庭财产、交通、医疗药品、食品、劳动、个人信息、环境以及总体上的安全状况。如图 2 所示，整体而言，2019 年、2020 年、2022 年民众总体安全感处于较高水平（Ms≥5.26）。将各维度得分转换为 3 点计分（1=不安全，2=中立，3=安全），然后计算各得分段人数占比发现，近年来七成以上民众认为社会总体是安全的（占比≥77.81%）。

从安全感的各维度来看，2019 年、2020 年、2022 年各维度安全感均处于中等偏上水平（Ms≥4.48），半数以上民众评价各方面是安全的（占比≥53.00%）。其中，人身安全感最高（Ms≥5.35），其次是个人和家庭财产安全感（Ms≥5.31）、劳动安全感（Ms≥5.12）、交通安全感（Ms≥4.98）、医疗药品安全感（Ms≥4.79）、个人信息安全感（Ms≥4.67）、环境安全感（Ms≥4.69）、食品安全感（Ms≥4.48）。

从安全感的变化趋势来看，2022 年民众总体安全感比 2019 年更高（$t=10.11$，$p<0.001$），与 2020 年基本持平；不过，2022 年认为社会总体安全的民众占比分别比 2019 年、2020 年提升 8.86 个和 3.95 个百分点，表明近年来有更多的民众认可社会总体是安全的，但总体安全感的程度则无明显提升。具体到安全感的各维度，2022 年环境安全感增幅较大，高于 2019 年（$t=13.84$，$p<0.001$）和 2020 年（$t=3.19$，$p=0.004$），认可环境安全的民众占比分别比 2019 年、2020 年提升 10.47 个和 2.54 个百分点。其次，2022 年人身安

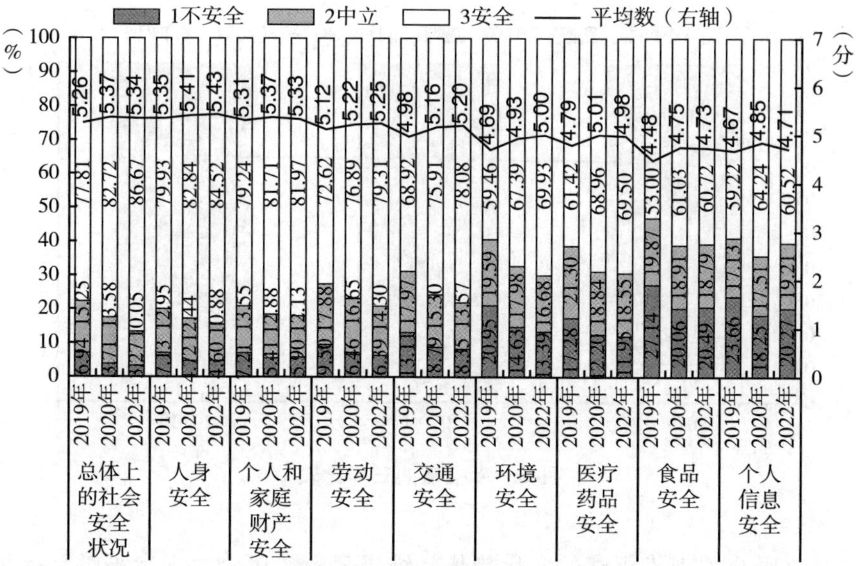


图2 安全感的三年比较

全感、交通安全感、劳动安全感相比 2019 年、2020 年有所提升，财产安全感、医疗药品安全感、食品安全感相比 2019 年有所提升，但比 2020 年略有下降。最后，个人信息安全感比 2019 年略有提升，但比 2020 年显著下降（$t=-5.89$，$p<0.001$），相应地，2022 年认可个人信息安全的民众占比与 2019 年相差不大，但比 2020 年下降 3.72 个百分点。可见，与往年相比，各维度安全感仍有一定程度的提升空间，尤其应着力维护和提升民众个人信息安全感。

**2. 无论是平均得分还是百分比，主观幸福感呈逐年递增趋势，但仍有两成民众幸福感偏低**

主观幸福感的测量采用了“生活满意度量表”（Diener et al.，1985），量表包含 5 个题目，采用 7 点计分（1=非常不同意，7=非常同意）。如图 3 所示，整体而言，2019 年、2020 年、2022 年民众主观幸福感均处于中等偏上水平（Ms≥4.95）。将得分转换为 3 点计分（1=不同意，2=中立，3=同意），然后计算各得分段人数占比发现，不同年份均有六成以上民众体验到较高程度的主观幸福感（占比≥68.69%）。

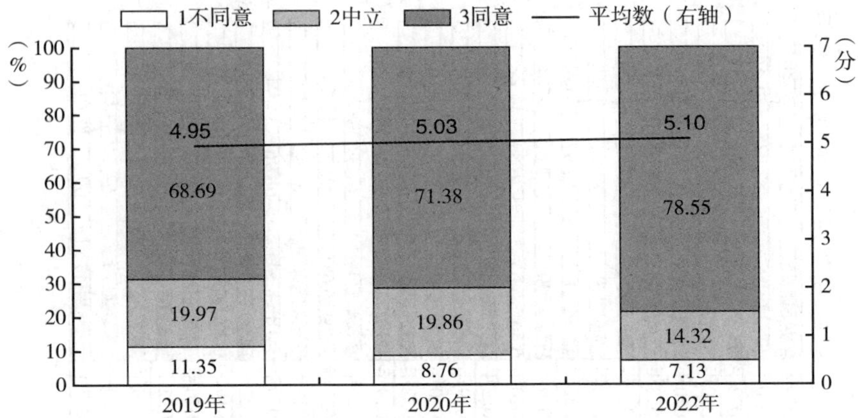


**图 3　幸福感的三年比较**

对比民众主观幸福感的变化趋势，结果显示，民众主观幸福感呈逐年递增趋势：2022 年民众主观幸福感显著高于 2019 年（$t=8.36$，$p<0.001$）和 2020 年（$t=4.04$，$p<0.001$）。并且，体验到较高程度主观幸福感的民众也呈逐年递增趋势：2022 年体验到较高程度主观幸福感的人数占比比 2019 年增加 9.86 个百分点，比 2020 年增加 7.17 个百分点。不过，2022 年仍有两成多民众主观幸福感处于中等偏下水平。

### （三）社会环境感知

**1. 社会支持感略有下降，家人依然是重要的支持力量，其次是朋友，真正的社会支持力量并未形成**

社会支持感是个体与社会之间关系的感受，指个体感受到他人情感关怀、得到尊重和帮助等人际互动后体会到的积极感受。社会心态指标中社会支持感主要考察被调查者社会支持的来源，包括家人（包括亲戚和家族）、朋友（包括同学、同乡、战友、生意伙伴等私人关系）、政府和机关（包括居委会、民政局、法院、公安局、信访等官方部门）、社会组织（包括慈善机构、社会组织、志愿者组织等民间组织）4 个方面，采用 7 点计分（1 = 完全不能获得支持，7 = 完全能获得支持）。如图 4 所示，整体而言，2019

年、2020 年、2022 年民众社会支持感均处于中等偏上水平（Ms≥4.97）。将得分转换为 3 点计分（1=不能获得支持，2=中立，3=能获得支持），然后计算各得分段人数占比发现，不同年份均有七成以上民众能够获得社会支持（占比≥75.37%）。

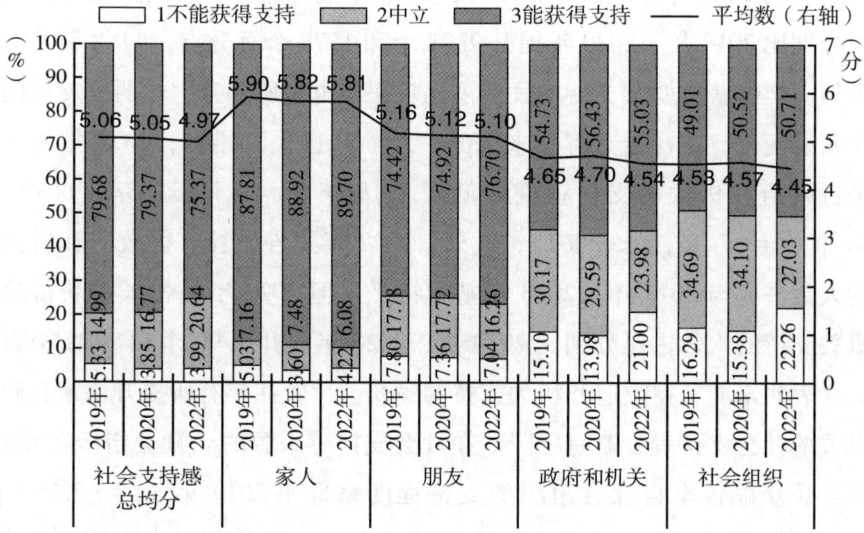


**图 4 社会支持感的三年比较**

从社会支持感各维度来看，不同维度提供的社会支持感强度不同，由高到低依次为家人（Ms≥5.81）、朋友（Ms≥5.10）、政府和机关（Ms≥4.54）、社会组织（Ms≥4.45）。报告能够获得家人支持的比例最高（占比≥87.81%），其次是朋友（占比≥74.42%）、政府和机关（占比≥54.73%）、社会组织（占比≥49.01%）。

从社会支持感的变化趋势来看，2022 年总体社会支持感略低于 2019 年（t=-5.67，p<0.001）和 2020 年（t=-5.26，p<0.001），报告能够获得支持的人数占比分别比 2019 年、2020 年下降 4.31 个和 4.00 个百分点。在社会支持感来源的“家人”维度，2022 年民众报告来自家人的支持程度略低于 2019 年（t=-4.78，p<0.001），与 2020 年基本持平；不过，2022 年报

告能够获得家人支持的人数占比分别比 2019 年、2020 年提升 1.89 个和 0.78 个百分点。这表明，能够获得家人支持的民众占比较往年略有提升，但家人支持的程度则无明显变化。在社会支持感来源的“朋友”维度，2022 年民众报告来自朋友的支持程度略低于 2019 年（$t=-3.31$，$p=0.003$），与 2020 年基本持平；不过，2022 年报告能够获得朋友支持的人数占比分别比 2019 年、2020 年提升 2.28 个和 1.78 个百分点。与“家人”维度类似，能够获得朋友支持的民众占比较往年也有所提升，但朋友支持的程度无明显变化。在社会支持感来源的“政府和机关”维度，2022 年民众报告来自政府和机关的支持程度略低于 2019 年（$t=-4.95$，$p<0.001$）和 2020 年（$t=-7.46$，$p<0.001$）；此外，2022 年报告能够获得政府和机关支持的人数占比与 2019 年、2020 年基本持平，但 2022 年报告未能获得政府和机关支持的人数占比分别比 2019 年、2020 年提升 5.90 个和 7.02 个百分点。这表明未能获得政府和机关支持的民众占比较往年有所提升，来自政府和机关的社会支持程度略有下降。在社会支持感来源的“社会组织”维度，2022 年民众报告来自社会组织的支持程度略低于 2019 年（$t=-3.76$，$p<0.001$）和 2020 年（$t=-5.61$，$p<0.001$）；此外，2022 年报告能够获得社会组织支持的人数占比与 2019 年、2020 年基本持平，但 2022 年报告未能获得社会组织支持的人数占比分别比 2019 年、2020 年提升 5.97 个和 6.88 个百分点。该结果表明 2022 年未能获得社会组织支持的民众占比较往年有所提升，且来自社会组织的社会支持程度也略有下降。

### 2. 社会压力感除物价外整体出现下降

社会压力感指人们在社会生活中感受到的生存、生活压力，社会压力感在一定程度上代表了整体的社会环境。中国社会心态调查中社会压力感采用自编问卷，包括人们生活中涉及的 13 个方面，采用 7 点计分（1=非常不严重，7=非常严重）。整体而言，2019 年、2020 年、2022 年民众总体社会压力感处于中等偏下水平（$Ms \geq 3.45$）。将得分转换为 3 点计分（1=不严重，2=中立，3=严重），然后计算各得分段人数占比发现，不同年份均有四成以上民众报告社会压力感处于中等及以上水平（占比≥44.44%）。

从社会压力感各维度来看，如图 5 所示，2019 年、2020 年、2022 年物价问题、医疗问题、交通问题、自己或家人收入问题所带来的压力感较大（Ms≥3.58），2022 年半数以上民众报告这些问题带来中等及以上压力感（占比≥50.44%）。其次，工作或学业问题、赡养老人问题、自己或家人就业问题、子女教育问题、住房问题、自己或家人的健康问题也是社会压力感的重要因素（Ms≥3.29），2022 年约四成民众报告这些问题带来中等及以上压力感（占比≥39.12%）。最后，婚姻/恋爱问题、家庭成员关系问题、邻里/同学/同事关系问题所带来的社会压力感相对较小（Ms≥2.86），不过，2022 年仍有约三成民众报告这些问题带来中等及以上压力感（占比≥28.68%）。

从社会压力感的变化趋势来看，2022 年总体社会压力感低于 2019 年（$t=-18.63$，$p<0.001$）和 2020 年（$t=-14.48$，$p<0.001$），2022 年报告中等及以上压力感的民众分别比 2019 年、2020 年下降 12.09 个、9.73 个百分点。其中，2022 年物价问题带来的压力感比 2020 年略有提升（$t=3.51$，$p=0.001$），报告物价问题带来严重压力感的民众比 2020 年提升 6.76 个百分点。除物价问题外，2022 年其他因素带来的压力感与往年相比均有一定程度下降。

3. 社会总体公平感上升，向上流动的机会公平感上升，向下流动的机会公平感下降

公平感的测量包括两部分，即总体公平感和机会公平感。选取社会心态调查中的 1 个项目测量总体公平感，即请被试评价社会总体公平情况（7 点计分，1=非常不公平，7=非常公平），并分别选取 1 个项目测量向上、向下流动的机会公平感，即“在当今社会，白手起家的可能性仍然很大”和“在当今社会，富人可能失去一切而变成穷人”（7 点计分，1=非常不同意，7=非常同意）。如图 6 所示，整体而言，2019 年、2020 年、2022 年民众总体公平感和机会公平感均处于中等偏上水平（Ms≥4.60）。将 3 个项目的得分转换为 3 点计分（1=不公平，2=中立，3=公平），对比各得分段的人数占比发现，近年来均有超过半数的民众认可社会总体公平及机会公平（占比≥57.07%）。

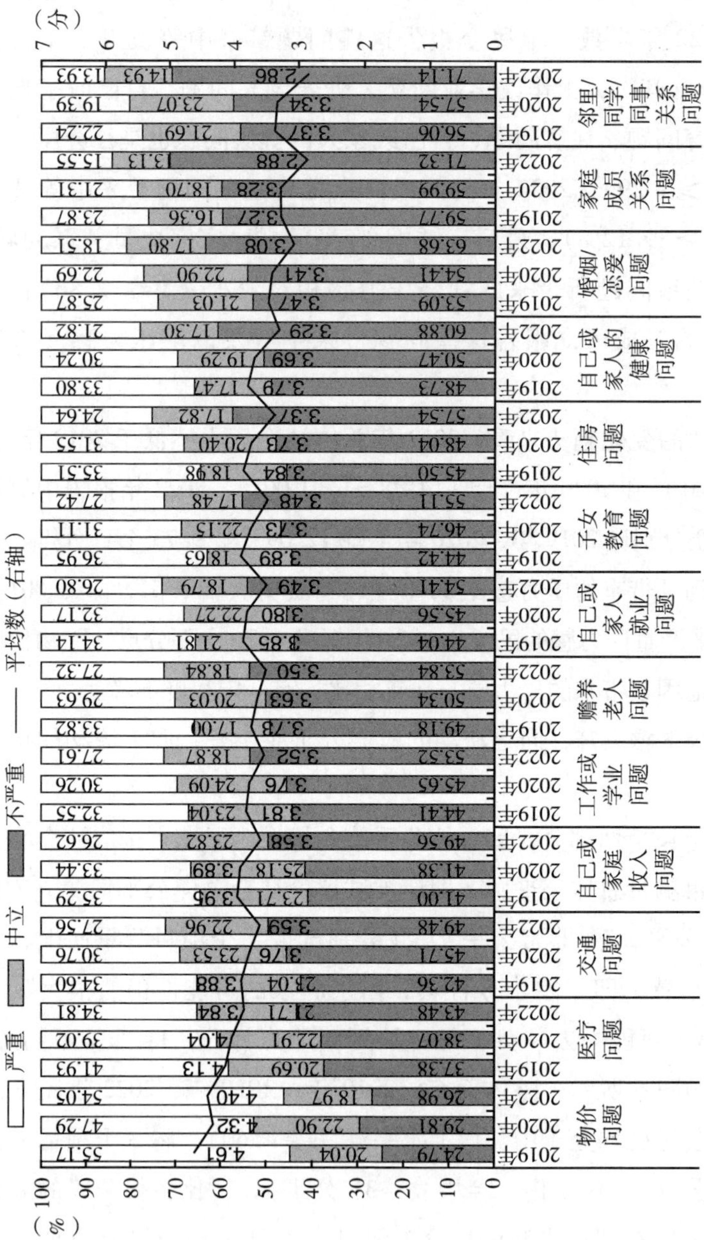


图5 社会压力感的三年比较

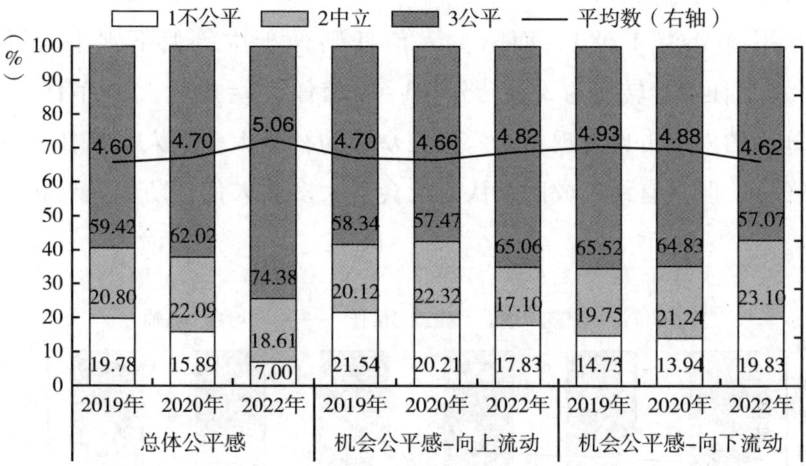


**图 6　公平感的三年比较**

对比近年来的公平感发现，2022 年总体公平感高于 2019 年（t=23.84，p<0.001）和 2020 年（t=19.83，p<0.001），并且，2022 年认可社会总体公平的民众占比分别比 2019 年、2020 年提升 14.96 个和 12.36 个百分点。在向上流动的机会公平感方面，2022 年的均值也高于 2019 年（t=5.46，p<0.001）和 2020 年（t=7.40，p<0.001），相应地，2022 年认可向上流动机会公平的民众占比分别比 2019 年、2020 年提升 6.72 个和 7.59 个百分点。与之不同，2022 年向下流动的机会公平感比 2019 年（t=-13.88，p<0.001）和 2020 年（t=-12.38，p<0.001）略有下降，并且，认可向下流动机会公平的民众占比分别比 2019 年、2020 年降低 8.45 个和 7.76 个百分点。

**4. 无论是一般信任还是陌生人信任，信任水平和比例并不高，但社会信任出现逐年上升趋势**

社会信任包括一般信任和陌生人信任两方面。其中，一般信任的测量包含 3 个项目（7 点计分），计算 3 个项目的均值作为一般信任的得分，得分越高表示一般信任程度越高；陌生人信任的测量包含 1 个项目，即“社会上大多数人信任陌生人”（7 点计分，1=非常不同意，7=非常同意）。

如图 7 所示，整体而言，2019 年、2020 年、2022 年民众一般信任处于中等偏上水平（Ms ≥ 4.68），而陌生人信任则处于中等偏下水平（Ms ≤ 3.84）。将信任得分转换为 3 点计分（1 = 不信任，2 = 中立，3 = 信任），对比各得分段的人数占比发现，约六成民众认为社会大多数人可信任（占比 ≥58.79%），但只有约三成民众认为社会上大多数人信任陌生人（占比≤31.26%）。

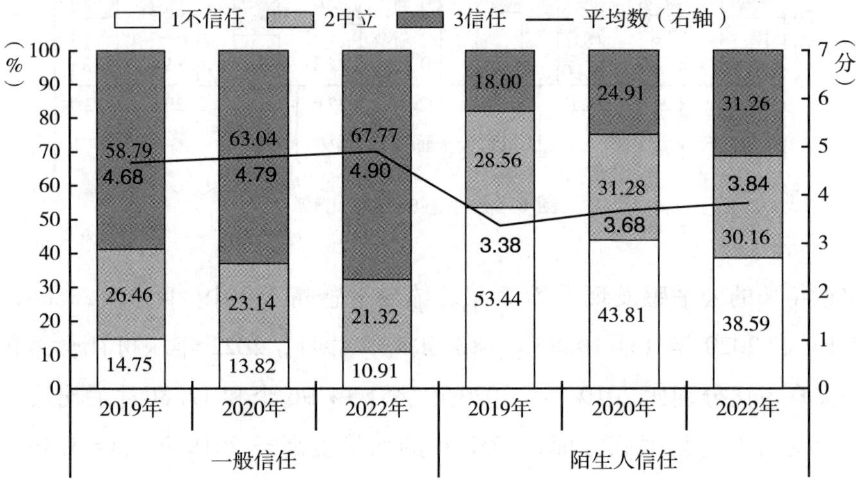


**图 7　社会信任的三年比较**

对比近年来的社会信任发现，民众一般信任逐年递增，2022 年的均值高于 2019 年（$t = 12.39$，$p < 0.001$）和 2020 年（$t = 6.26$，$p < 0.001$），并且，认为社会上大多数人可信任的民众占比也分别比 2019 年、2020 年提升 8.98 个、4.73 个百分点。此外，民众陌生人信任也呈现逐年递增趋势，2022 年的均值高于 2019 年（$t = 22.25$，$p < 0.001$）和 2020 年（$t = 7.89$，$p < 0.001$），相应地，认为社会上大多数人信任陌生人的民众占比也分别比 2019 年、2020 年提升 13.26 个和 6.35 个百分点。不过，2022 年仍有近四成民众认为社会上大多数人不信任陌生人，可见陌生人信任仍有很大的提升空间。

### （四）民众社会参与水平低，特别是在为帮助受困受灾的人而捐款捐物、帮助陌生人、参加志愿者服务活动等方面

社会参与是民众以某种方式参与到国家的社会生活、政治生活、经济生活、文化生活及社区公共事务，从而影响社会发展的过程（杨宜音、王俊秀，2013）。中国社会心态调查中选取了遵守交规、绿色出行以及向政府机构反映意见等社会参与行为，采用 7 点计分（1=从来没有，7=总是）。如图 8 所示，整体而言，2019 年、2020 年、2022 年民众总体社会参与处于中等偏下水平（Ms≤3.19）。将社会参与得分转换为 3 点计分（1=低频率，2=中等频率，3=高频率），对比各得分段的人数占比发现，六成以上民众总体社会参与频率较低（占比≥65.45%）。

从社会参与的具体内容来看，民众在遵守交规、乘车排队和绿色出行等活动中的社会参与水平较高，2022 年其均值高于理论中值（Ms≥4.43），且半数以上民众的社会参与频率较高（占比≥53.75%）。其次，民众在为帮助受困受灾的人而捐款捐物、帮助陌生人方面也表现出一定的社会参与水平（Ms≥3.09），约三成民众的社会参与处于中等及以上水平（占比≥28.63%）。最后，民众在参加志愿者服务活动，在网上参与社会问题的讨论，向政府机构、媒体等反映意见，向有关部门举报腐败行为方面的社会参与水平偏低。

对比近年来民众社会参与水平发现，2022 年民众整体社会参与水平与 2019 年基本持平，比 2020 年略有提升（t=4.96，p<0.001），不过，报告高频率社会参与的民众占比比 2019 年、2020 年略有下降。在社会参与的具体内容方面，2022 年民众在绿色出行等活动，向政府机构、媒体等反映意见，在网上参与社会问题的讨论方面的社会参与水平较往年有所提升；其次，2022 年民众在遵守交规、乘车排队，为帮助受困受灾的人而捐款捐物，参加志愿者服务活动方面的社会参与水平与 2020 年基本持平，但比 2019 年则略有下降；最后，2022 年民众在帮助陌生人、向有关部门举报腐败行为方面的社会参与水平比 2019 年、2020 年均略有下降。

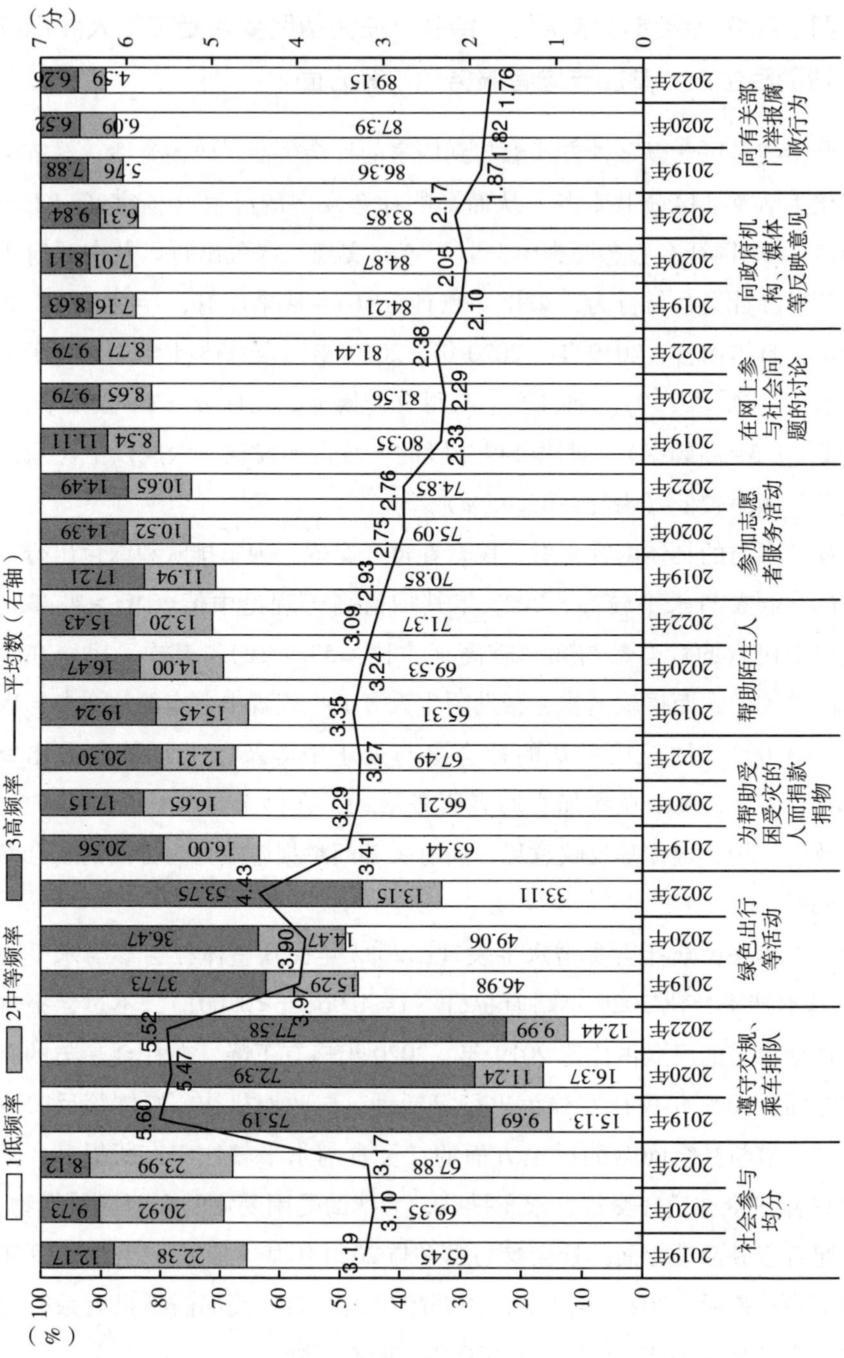


图8 社会参与的三年比较

## （五）社会认同

### 1. 国家认同处于较高水平，但2022年较2020年继续下降

采用国家认同量表测量民众对国家的认同感，量表包含 4 个项目，采用 7 点计分（1 = 非常不同意，7 = 非常同意）。如图 9 所示，整体而言，2019 年、2020 年、2022 年民众的国家认同均处于较高水平（Ms≥5.65）。将国家认同得分转换为 3 点计分（1 = 不同意，2 = 中立，3 = 同意），对比各得分段的人数占比发现，大部分民众的国家认同感较高（占比≥91.23%）。

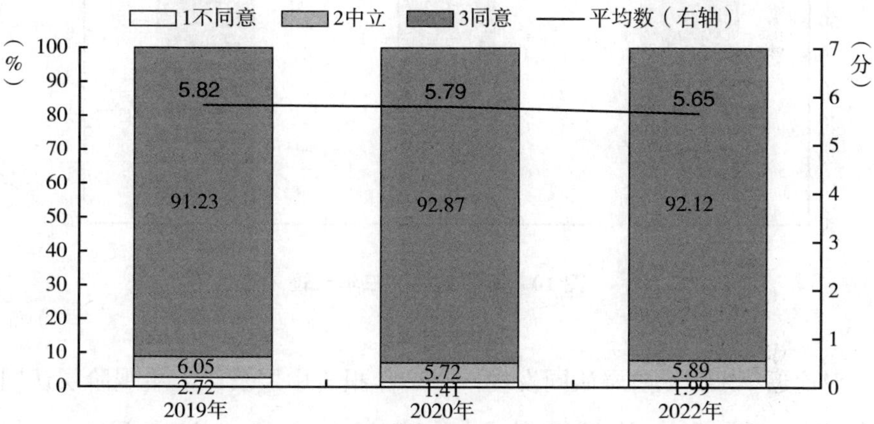


图 9　国家认同的三年比较

进一步比较不同年份的国家认同发现，2022 年民众国家认同略低于 2019 年（t=−11.08，p<0.001）和 2020 年（t=−9.93，p<0.001）；此外，报告较高水平国家认同的民众占比也比 2020 年下降 0.75 个百分点。

### 2. 主观社会阶层认同平均等级下降，中层及以上比例略有下降

采用主观阶梯量表（Adler et al.，2000）测量阶层认同。首先呈现一个包含 10 级阶梯的梯子图，综合考量收入、受教育程度、职业等因素，由 1 到 10 代表了人们在社会中所处的位置，数字越大表示层级越高。在明确指导语后，请调查对象选择一个数字来代表自己的社会阶层。进一步将阶层认同转换为 5 点计分，即 1 = 下层，2 = 中下层，3 = 中层，4 = 中上层，5 = 上

层，对比各层级人数占比发现，如图 10 所示，2019 年、2020 年、2022 年均有近半数民众报告阶层认同处于中层（52. 12%≥占比≥48. 82%）；其次，约 1/4 的民众报告阶层认同处于中下层（27. 40%≥占比≥24. 18%），报告处于中上层、上层、下层的民众占比则相对较低。

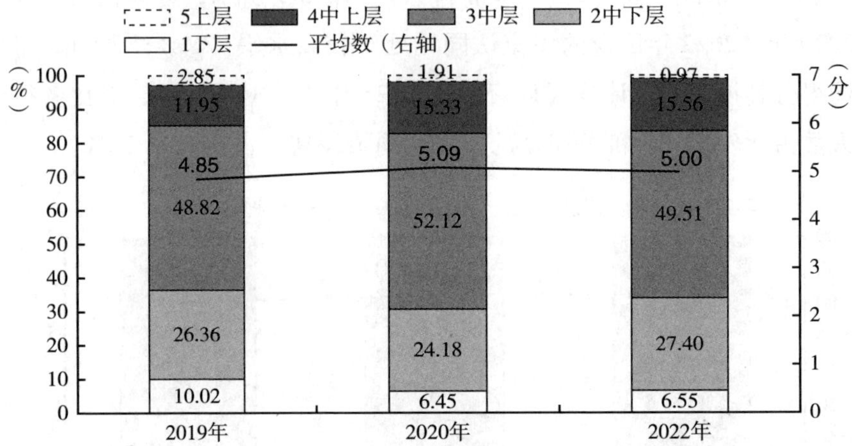


**图 10　阶层认同的三年比较**

对比近年来民众阶层认同发现，2022 年报告中层及以上主观阶层认同的民众（占比 66. 05%）比 2019 年（占比 63. 62%）上升 2. 43 个百分点，但比 2020 年下降 3. 32 个百分点；其中，2022 年中层民众（占比 49. 51%）与 2019 年（占比 48. 82%）基本持平，但比 2020 年（占比 52. 12%）下降 2. 61 个百分点。此外，2022 年报告中下层主观阶层认同的民众（占比 27. 40%）分别比 2019 年（占比 26. 36%）、2020 年（占比 24. 18%）上升 1. 04 个、3. 22 个百分点。

## 二　共同富裕的社会认知

### （一）约一半民众有恰当的共同富裕态度，不恰当的共同富裕态度占比约为1/4，约半数民众更认可致富要靠自己

调查发现被调查者在 4 组共同富裕态度上的比例如表 2 所示，第一组相

反的观点分别为“共同富裕要彻底消除贫富差距”和“共同富裕是要缩小贫富差距到合适水平”，被调查者同意第一种观点的比例为25.42%，同意第二种观点的比例为49.88%，中立的比例为24.69%。第二组相反的观点为“共同富裕就是要平均分配”和“共同富裕就是要公平公正地分配”，被调查者同意前一种观点的比例为27.23%，同意后一种观点的比例为51.87%，中立的比例为20.91%。第三组相反的观点是“共同富裕就是要大家同时、同步富裕起来”和“共同富裕是由部分到整体的逐步富裕”，被调查者同意第一种观点的比例为27.92%，同意第二种观点的比例为46.69%，中立的比例为25.39%（余正台，2023）。总体上，具有恰当的共同富裕态度的比例在50%左右，具体是46.69%~51.87%；不恰当的共同富裕态度占比约为1/4，具体为25.42%~27.92%，中立的比例约占两成。

此外，在“先富群体有责任帮助未富的人”和“脱贫致富要靠自己的努力”两种观点中，同意第一种观点的比例为27.41%，同意第二种观点的比例为55.33%，中立的占17.27%，表明约半数民众更认可致富要靠自己。

**表2 共同富裕的态度**

单位：%

| 同意第一种观点的百分比 | | 中立百分比 | 同意第二种观点的百分比 | |
|---|---|---|---|---|
| 消除贫富差距 | 25.42 | 24.69 | 49.88 | 缩小贫富差距 |
| 平均分配 | 27.23 | 20.91 | 51.87 | 公正分配 |
| 同时同步富裕 | 27.92 | 25.39 | 46.69 | 逐步富裕 |
| 先富帮未富 | 27.41 | 17.27 | 55.33 | 致富要靠自己 |

### （二）多数人认为提高经济效率做大蛋糕是共同富裕的实现路径

人们把共同富裕的实现分为三种路径，分别是提高经济效率做大蛋糕、税收调节和社会保障、慈善捐赠等第三次分配，调查结果显示，56.23%的人认为提高经济效率做大蛋糕是实现共同富裕的最重要举措，36.66%的被调查者选择“税收调节和社会保障”，7.12%的人选择“慈善捐赠等第三次分配”（余正台，2023）。

### （三）多数被调查者的贫富归因状况是恰当的，但不同贫富状态居民的贫富归因存在一定的倾向性

社会认知在一定程度上影响和决定着社会行为，贫富归因是一种关于个人或他人贫富状态的社会认知，适当的归因方式有利于个体采取正确的行动方式，不恰当的归因可能会使得个体放弃努力或表现为其他消极的行为。本次调查发现，整体上看，被调查者的贫富归因状况是恰当的，认为无论是贫穷还是富裕，都存在内在的能力、才华、努力等因素，也存在外在因素。不同贫富状态居民在贫富归因上也存在一定的倾向性，比较他们在贫穷和富裕上内在归因和外在归因差异会发现，无论是个体主观社会阶层还是客观经济收入指标，均表现出社会阶层越高越对贫富做内归因；人们更倾向于认为富有是由内部因素造成的（王园园等，2023）。

## 三　共同富裕的信念、价值观

### （一）民众对实现共同富裕的信心较高，没有信心的约占一成，结果公平更影响共同富裕信心

调查发现，中国民众对未来实现共同富裕的信心较高，觉得没有信心的约占一成（完全没有信心、没信心和有点没信心 3 项合计占 10.51%），持中立态度的占 15.77%，其余的 73.72%倾向于对实现共同富裕有信心（有点信心、有信心和非常有信心 3 项相加），可见多数民众对我国将来实现共同富裕持乐观积极态度。但不同群体对实现共同富裕的信心存在差异，从年龄和受教育程度来看，都存在两头高中间低的现象，也就是老年和青年信心更高，文化程度为小学及以下和大学本科及以上的信心更高；主观社会阶层越高对实现共同富裕的信心越高（余正台，2023）。

社会公平感知会影响人们对实现共同富裕的信心，研究者把公平分为结

果公平和机会公平。为了考察社会公平感对共同富裕信心的影响，张衍（2023）进一步把机会公平感分为向上流动机会感知和向下流动机会感知。通过结果公平感、向上流动机会感知和向下流动机会感知 3 个指标的高低把公平感分为 8 种类型，其中结果公平感高、向上流动机会感知高、向下流动机会感知低对共同富裕的预测力最高，其次是结果公平感高、向上流动机会感知高、向下流动机会感知高，再次是结果公平感高、向上流动机会感知低、向下流动机会感知低，然后是结果公平感高、向上流动机会感知低、向下流动机会感知高。

### （二）社会阶层合理信念整体处于中等偏上水平

社会阶层合理信念反映人们对社会阶层系统公正性、合理性、正当性的感知，以及支持和维护社会分层系统的态度。调查发现，民众阶层合理信念整体处于中等偏上水平，其中的两个维度机会合理性与分配合理性的得分也处于中等偏上水平，进一步分析发现，机会合理性维度得分最高，显著高于总体阶层合理信念和分配合理性维度，而分配合理性维度得分最低，显著低于总体阶层合理信念（张跃，2023）。

打破城乡二元格局一直是我国社会治理的一个难题，城乡二元格局使得城乡居民之间在机会公平和分配公平上存在明显的不公正，城乡居民的财富占有和财富分配方式都存在明显的差异，这种差异应该反映在社会阶层的合理信念上。但调查发现，城乡居民在总体阶层系统合理信念、机会合理性维度的得分存在显著差异，分配合理性维度的得分存在边缘显著的差异，即农村居民在总体阶层系统合理信念、机会合理性维度、分配合理性维度的得分均略高于城市居民（张跃，2023）。

### （三）大部分民众相信勤奋努力会得到回报

勤奋回报信念就是一个人越是相信自己的勤奋努力会获得回报、会取得成就，他的个人奋斗信念就会越坚定。调查发现，大部分民众（57.81%）都相信勤奋努力会得到回报、获得成功，40.19%的民众持有中立态度，只有

1.99%的民众明确不相信奋斗的意义。但不同年龄段群体奋斗信念存在明显差异，青年人的奋斗信念弱于中老年人，但青年奋斗信念呈现随受教育程度升高而增强的趋势（高文珺，2023）。

### （四）民众倾向于加大收入差距以鼓励个人努力工作，个人而不是国家应承担更多的责任

本调查使用世界价值观调查的题目发现，在收入差距容忍度上，在"收入应尽可能均等"与"加大收入差距，以鼓励个人努力工作"之间，被调查者的均值得分为5.66，更倾向于认可"加大收入差距，以鼓励个人努力工作"；在经济所有制方面，在"民营经济成分应该扩大"与"国有经济成分应该扩大"之间，被调查者的均值得分为6.07，表明民众更倾向于认可"国有经济成分应该扩大"；在经济责任归属方面，在"国家应承担更多的责任保障每个人的生活"与"个人应承担更多的责任来养活自己"之间，被调查者的均值得分为5.70，表明民众更倾向于认可"个人应承担更多的责任来养活自己"；在对竞争的看法方面，在"竞争是有利的"与"竞争是有害的"之间，被调查者的均值得分为4.82，说明民众更倾向于认可"竞争是有利的"（张静，2023）。

### （五）多数被调查者表示愿意扶贫济困，但民众实际的慈善行为不多

公益慈善被人们称为第三次分配方式，是改善收入和财富分配格局，实现共同富裕的重要途径。人们的慈善行为中与共同富裕最为密切的是扶贫济困，调查发现，被调查者表示愿意扶贫济困的比例为68.9%，具体地，有点愿意的占33.1%，愿意的占31.8%，非常愿意的占4.0%，持中立态度的占17.6%，不愿意的比例为13.5%。而被调查者回答总是有慈善行为的比例为1.4%，大部分时间有慈善行为的占6.6%，不少时间有慈善行为的占12.3%，而回答从来没有的比例为5.7%，很少的比例为23.8%。进一步分析不同收入水平者的慈善行为差异，发现月收入超过7000元出现明显的慈

善意愿和慈善行为上升，而随着个体主观社会阶层的升高，他们的慈善意愿和慈善行为出现明显的上升趋势（谭旭运等，2023）。

## 四 社会心态的突出问题和引导建议

### （一）关注美好生活需要提升动向，重点提升个人物质层面的美好生活体验

民众对美好生活的需要整体上是提升的，虽然与2019年、2020年相比，2022年民众对国家社会、家庭关系的重要性评分略有下降，而对个人物质的重要性评分则略有提升；但认同以上三方面对实现美好生活需要的重要性的人数占比均有明显提升。这并不意味着美好生活需要的降低，只是在社会经济形势和疫情不利环境下的心态调整，民众更关注个人物质层面美好生活需要的满足，也就是美好生活体验的提高，2023年开始随着疫情影响的减弱，社会治理的重中之重是稳定民众生活秩序、大力促进就业、激活经济，一切工作都应该以提高民众收入、提高民众生活质量为核心。

### （二）逐步消除疫情消极影响，不断提升民众安全感；重视低幸福感群体生活状况的改善，提高他们的幸福感

受疫情影响社会总体安全感有所下降，个人信息安全感走低与疫情下的社会管控和个人信息被滥用有一定关联，恢复常态秩序后应该更加重视个人信息和隐私的保护，消除人们对于数字治理隐患的担忧。疫情消极影响下经济状况不佳，个人和家庭财产安全感也受波及而下降，这是多年未出现的不良信号，应该引起足够的重视。食品安全感、个人信息安全感和医疗药品安全感方面报告不安全和中立的比例较大。新冠疫情防控期间，多次出现医疗挤兑以及药品和医疗用品不能及时供应的局面，反映出国内应急情况下的医疗和药品供给依然不足，这值得我们深刻反思，更应该在未来的社会治理中优先解决。我们以往关于安全感、幸福感、获得感的研究已经证明，安全感是幸福感的必要条件，安全感不高会限制幸福感的提

高。虽然2022年幸福感的平均得分高于2019年和2020年，但仍然存在两成多民众幸福感不高，应该重点关注这一群体，关注他们的基本生活状况，着力提升他们的幸福感。

## （三）未来应该加强对社会组织的培育，努力形成社会支持力量，提高民众社会参与水平

过去的三年各级政府在疫情防控中投入大量的人力和财力，社区、村居委会已然成为政府重要的办事机构，承担部分行政职能，社会组织、志愿者也成为改编后的行政力量，这样的机制使得疫情防控中刚性有余柔性不足，只对行政负责反而削弱了其原本的社会服务属性，这可能是社会支持感有所下降的原因。随着疫情防控政策的彻底改变，社区、社会组织、志愿者服务都应该回归社会，努力发挥社会支持功能，使民众在面对风险、面对困难时能够获得帮助。疫情发生后许多社区面对疫情带来的医疗物资短缺、食品和药品短缺等困难，以及社区一些老人、妇女儿童遇到困难，涌现了许多社区民众开展邻里相助的感人事件，这是未来社区营造、社会发育和扩大社会参与的重要资源和基础，要创造性地发挥民众的积极性，使得非常时期的互帮互助成为社区和社会参与的常态。

## （四）要努力引导民众对共同富裕的认知，让民众了解共同富裕的政策含义，鼓励民众的奋斗精神

约1/4的民众对共同富裕存在不恰当的认知，认为共同富裕就是要彻底消除贫富差距，共同富裕就是要平均分配，共同富裕就是要同时、同步富裕，这样的想法是不现实的，也是具有社会风险的，占1/4的民众持这样的态度，这一现象值得关注，要通过适当的方式让民众理解彻底消除贫富差距、平均分配和全体民众同步富裕是不现实的，这样的社会也是不可持续的，让民众了解国家推动共同富裕的基本内涵。让民众认识到共同富裕不是平均分配，还会存在一定的贫富差距。多数民众具有恰当的贫富归因，他们认识到摆脱贫困既需要个人的努力也需要良好的环境，政府应该为民众摆脱

贫困创造积极的外部环境，也鼓励民众努力奋斗。因为民众相信个人的努力是会得到回报的，人们可以通过自己的努力改变自己的命运。

### （五）广大民众持有的合理的经济价值观、共同富裕理念是推动共同富裕的重要基础，要珍视这种宝贵的资源

多数民众认可“提高经济效率做大蛋糕”是实现共同富裕的最重要举措，也认可“税收调节和社会保障”与“慈善捐赠等第三次分配”，但提高经济效益做大蛋糕是一种共识。他们也接受一定的收入差距，认同“加大收入差距，以鼓励个人努力工作”，在经济所有制上更倾向于“国有经济成分应该扩大”，在经济责任归属上他们认为“个人应承担更多的责任来养活自己”，在看待竞争时他们认为“竞争是有利的”。这些基本的经济价值观对于国家经济发展政策是有利的，应该积极鼓励这种价值观。我国的城乡二元格局依然存在，但目前处于不平等状况下农村居民的公平感依然高于城市居民，多数人认为目前社会存在公平的机会，但这样的局面并不会一直存在，我们应该努力利用好这样的窗口期，在共同富裕政策的推进中应该着力减少城乡二元格局中的不平等，把主要精力用于改善低社会经济地位者的生活状况，使他们切实体会到获得感和幸福感。

## 参考文献


高文珺：《中国民众奋斗信念和信心的社会心态基础分析》，本书。

谭旭运、刘娅萱：《民众慈善参与的特点与影响因素分析》，本书。

王俊秀、刘晓柳、刘洋洋：《关注社会心态动向，满足民众美好生活需要》，载王俊秀主编《中国社会心态研究报告（2019）》，社会科学文献出版社，2019。

王园园、谭旭运：《社会大众贫富归因倾向性分析》，本书。

杨宜音、王俊秀等：《当代中国社会心态研究》，社会科学文献出版社，2013。

余正台：《中国民众共同富裕认知及其对实现共同富裕信心的特征分析》，本书。

张静：《民众的社会经济价值观及影响因素分析》，本书。

张衍：《民众的结果和机会公平感及其与共同富裕信心间的关系》，本书。

张跃：《主客观社会阶层对城乡居民阶层系统合理信念的影响》，本书。

Adler, N. E. , Epel, E. S. , Castellazzo, G. , & Ickovics, J. R. , "Relationship of Subjective and Objective Social Status with Psychological and Physiological Functioning: Preliminary Data in Healthy, White Women", *Health Psychology*, 19 (2000).

Diener, E. D. , Emmons, R. A. , Larsen, R. J. , & Griffin, S. , "The Satisfaction with Life Scale", *Journal of Personality Assessment*, 49 (1985).

# 认知与共同富裕

Cognition and Common Prosperity

## B.2

# 中国民众共同富裕认知及其对实现共同富裕信心的特征分析

余正台*

**摘　要：** 党的十九届五中全会指出要扎实推动共同富裕。实现全体人民的共同富裕是中国共产党的初心和使命，也是社会主义国家的本质要求与追求目标。本研究基于2022年中国社会心态调查数据，从什么是共同富裕及实现共同富裕的具体路径、对实现共同富裕的信心两方面分别分析民众的共同富裕认知、实现共同富裕信心的基本概况及其在人口学变量上的差异。研究结果发现：①多数民众对共同富裕的认知与理解是科学合理的。②在实现共同富裕的道路上虽面临诸多挑战与困难，但大部分民众对我国实现共同富裕的信心较强且认为迈向共同富裕之路的最重要举措在于提高经济效率做大蛋糕。③民众对实现共同富裕的信心在年龄、收入水平、主观社会分层、受教育程度、户口类型、婚姻状况等人口

* 余正台，中国社会科学院大学博士研究生，研究方向为社会心理学。

学变量上存在显著性差异。

**关键词：** 共同富裕　共同富裕认知　居民生活态度　共同富裕信心

## 一　引言

实现全体人民的共同富裕是社会主义国家的本质要求与追求目标，是中国共产党为之不懈奋斗的伟大使命。党的十八大以来，习近平总书记在多个重要场合不断强调围绕党的执政规律、社会主义事业建设发展规律和人类社会前进规律阐明全面推进共同富裕的理论意义、现实路径和目标安排。党的十九届五中全会更是对扎实推进共同富裕做出重大战略部署，党的十九届六中全会进一步强调“全面深化改革开放，促进共同富裕”。那么，何谓共同富裕，共同富裕概念的历史演变及主要特征、民众的共同富裕认知及对实现共同富裕的信心如何，在新的历史条件下，这成为亟待解决的“新问题”，有必要为其提供“答案”。

学界对共同富裕的理解是个动态发展过程。从时间上看，大致划分为两个阶段：改革开放前与改革开放后。改革开放前，理论界通常将共同富裕与“同等富裕”画等号，认为共同富裕是全体人民同时同步同等富裕。改革开放后，理论界对共同富裕的认知有了更加深刻的理解，非囿于“共同”二字的表面文章，对“共同富裕”的整体把握不断趋向科学理性，研究者们多数主张共同富裕绝非所有民众在资源与财富分配上的绝对平均主义，而是大家在普遍富裕之上的有差别的富裕，是“随着生产力的提升、社会物质财富的积聚、社会分配体制机制的日趋完善，使人民一起走向富裕，大家都更加富裕，但又是在富裕程度、速度、先后上存在合理差距的共同富裕”（李军鹏，2021）。从对共同富裕的不同理论视角来看又有不一样的观点。譬如，有学者将“共同”和“富裕”单独诠释，将“共同”理解为消除“两级分化”，将“富裕”表征为物质生活丰足。故“共同富裕就是消除两极分化和贫穷基础之上的普遍富裕”（李娟，2007）。也有学者从共同富裕的全局性视野着手，提出共同富裕为“物质生活和精神生活的全面富裕”（李泽泉，2011）。张占斌（2021）基于共享发展之视角赋予共同富裕新内涵，将共同富裕表达为“全民、全面、共建和逐步富裕”。综合学界对共同富裕的认识，可将其共通点归纳为以下四个方面：一是共同富裕的前提与基础是先实现富裕社会，在其基础上消除贫穷、消除绝对贫困；二是共同富裕的终极要义在于追求人人均实现富裕，实现全体人民富裕；三是共同富裕须兼备物质富裕和精神富裕；四是人们之间的富裕程度差距合理化，人们在付出共同劳动的基础上共享社会发展进步成果，立足全面消除两极分化与剥削的现实基础之上逐步将共建富裕与逐步富裕提上日程，因而要不断缩小区域差别、城乡差别与群体差别，将其控制在合理差距水平范围之内（李军鹏，2021）。

实现高度富裕的社会主义强国目标乃是逐步推进不断向前发展的过程。首先，我国须从当前的中等收入水平过渡到高收入水平，迈入富裕国家后再向中等发达国家和高度发达国家靠齐，进而步入高度富裕社会。所以，“富裕”为“共同富裕”的先决条件和必要前提，“共同富裕”必须建立在我国成为富裕国家的基础上方有意义，而整个社会达到富裕水平是共同富裕的第一要义。其次，“共同的”富裕也是共同富裕所要达到的重要目标，即在物资充裕的当代社会情境下，“共同富裕”追求的是一种集物质文明、政治文明、社会文明、生态文明于一体的综合性的全面性的高度发展的新文明形态。最后，“共同富裕”旨在消除两极分化、缩小城乡区域差距的基础上不断实现全体人民的逐步富裕，是允许富裕水平合理差距基础上的普遍富裕。综上所述，可将共同富裕理解为富裕社会的全体成员都拥有满足其美好生活需要的各种生产资料和生活资料、全体人民均能实现富裕生活水平但允许民众之间合理差距的普遍富裕。在了解共同富裕的本义、内涵与特征基础之上，本研究旨在通过对民众关于共同富裕认知的测量，呈现其共同富裕认知的现状和特点，探讨民众对实现共同富裕的信心在人口学变量（性别、年龄、受教育程度、个人月收入、主观社会分层等）上的差异性分析，并提出完善民众共同富裕认知的相关对策建议。

## 二　研究方法

### （一）调查对象

本报告所用数据源于2022年中国社会心态调查，其是由中国社会科学院社会学研究所社会心理学研究中心发起的一项全国大型连续性随机抽样入户调查项目，具体抽样方法、样本情况详见总报告，此处不赘述。

### （二）测量工具

1. 主观社会分层测量

主观社会分层的测量采用国内外研究中常用的阶梯量表，给调查对象呈现从1到10数字标注的阶梯图案，1代表处于社会最下层，10代表处于社会最上层，让调查对象报告自己目前处于哪个等级。选择1级和2级记为下层认同，3级和4级为中下层认同，5级和6级为中层认同，7级和8级为中上层认同，9级和10级为上层认同。

2. 共同富裕认知测量

对共同富裕认知的测量主要采用2022年中国社会心态调查问卷中的两类题目。第一类，对共同富裕的理解，共4题，在每道题中，受访者需要在7点量尺上对左右两种观点做出倾向性选择，选择“1~3”，表示倾向同意左侧的观点，数字越小表示倾向度越高，选择“4”表示对左右两侧观点持中立态度，选择“5~7”表示倾向同意右侧的观点，数字越大倾向度越高。其中第一题左侧观点为“先富群体有责任帮助未富的人”，右侧观点为“脱贫致富要靠自己的努力”；第二题左侧观点为“共同富裕要彻底消除贫富差距”，右侧观点为“共同富裕是要缩小贫富差距到合适水平”；第三题左侧观点为“共同富裕就是要平均分配”，右侧观点为“共同富裕就是要公平公正地分配”；第四题左侧观点为“共同富裕就是要大家同时、同步富裕起来”，右侧观点为“共同富裕是由部分到整体的逐步富裕”。第二类，让被调查者对实现共同富裕的三种做法（a. 提高经济效率做大蛋糕；b. 税收调节和社会保障；c. 慈善捐赠等第三次分配）进行重要性排序。

3. 共同富裕信心测量

本研究中，我们用“您对实现共同富裕的信心”这一道题来测量中国民众对未来实现共同富裕的信心程度。该题采用7点计分：1代表完全没信心，2代表没信心，3代表有点没信心，4代表中立态度，5代表有点信心，6代表有信心，7代表非常有信心。同时，分别从性别、年龄、个人月收入、受教育程度、有无宗教信仰、户口类型、主观社会分层、婚姻状况等方面探讨民众对实现共同富裕信心的一般状况。

## 三　结果与分析

### （一）中国民众共同富裕认知的基本特点

1. 民众关于共同富裕认知的基本概况

从图1可知，仅有27.41%的人认为先富群体有责任帮助未富的人，55.33%的人认为脱贫致富关键在于自己努力。这反映出中国多数民众的致富道路观是合理的，他们倡导致富是凭借自己双手奋斗出来的，是自己积极主动争取来的。他人帮助是外因，自身努力是内因，二者有效结合方可更好实现致富。这也解释了为何仅有7.17%的民众认为脱贫致富完全靠自己努力。极小比例（3.36%）的人完全同意先富群体有责任帮助未富的人的观点。

由图2可知，24.69%的民众对共同富裕的理解之一——“彻底消除贫富差距”抑或“缩小贫富差距到合适水平”的观点持中立态度。25.42%的民众倾向于认为共同富裕是要彻底消除贫富差距，49.88%的民众则倾向于主张共同富裕是要缩小贫富差距到合适水平。2.12%的民众对共同富裕的认知完全倒向前者，在他们看来，唯有彻底消除贫富差距才是实现共同富裕。

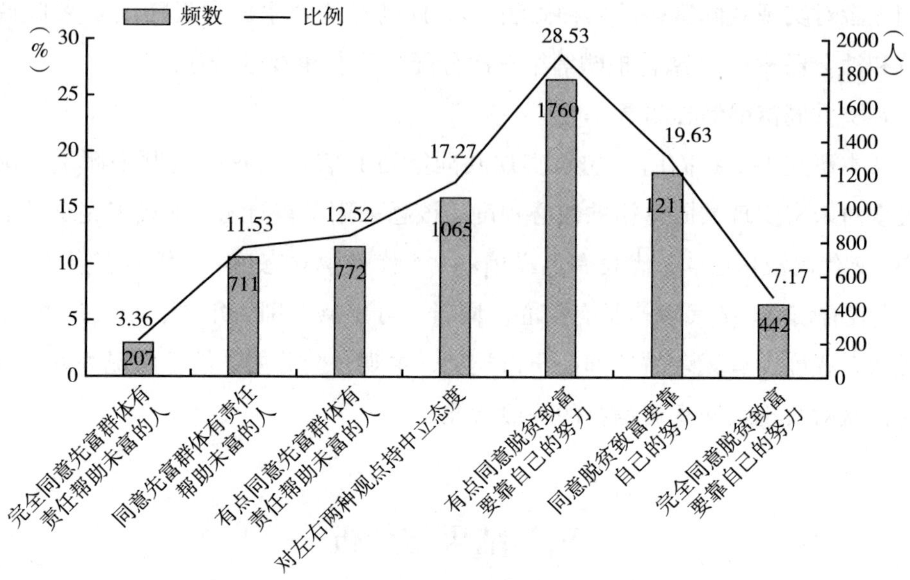


**图1　先富群体有责任帮助未富的人或脱贫致富要靠自己努力的人数分布及占比**

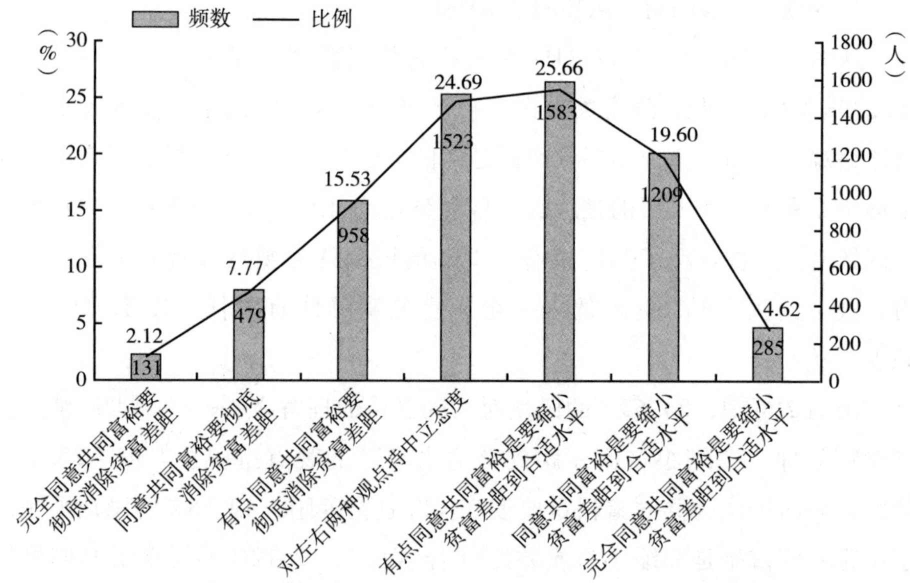


**图2　彻底消除贫富差距或缩小贫富差距到合适水平的人数分布及占比**

从图 3 可知，20.91%的民众对共同富裕就是要平均分配或是要公平公正地分配的观点持中立态度。其中 9.34%的民众同意“共同富裕就是要平均分配”的观点，而 16.07%的民众对该观点表示“有点同意”。更多民众（51.87%）则倾向于认为“共同富裕就是要公平公正地分配”。极少数人（1.82%）完全同意前者，在他们看来，平均分配才是共同富裕。

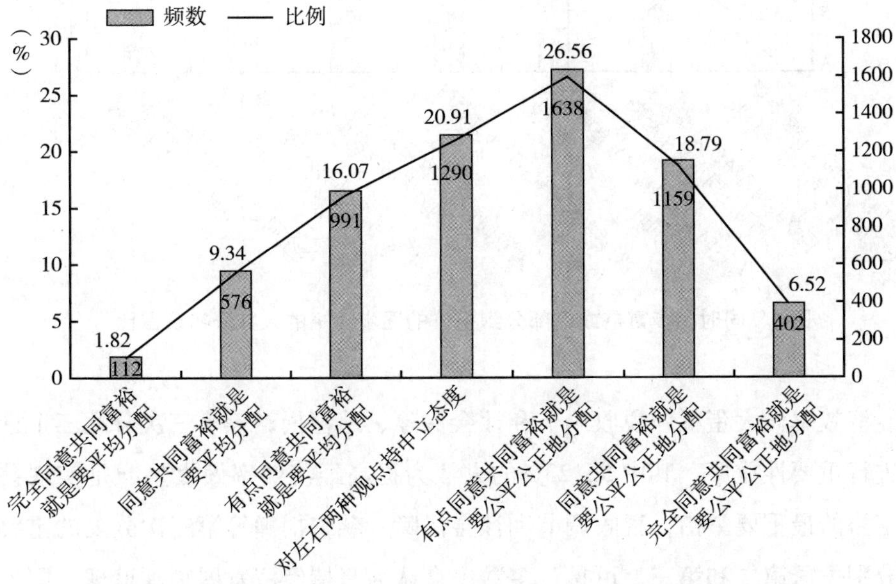


**图 3　共同富裕即平均分配或公平公正地分配的人数分布及占比**

由图 4 可知，民众对于共同富裕的理解：“共同富裕就是要大家同时、同步富裕起来”或“共同富裕是由部分到整体的逐步富裕”，看法不尽一致。25.39%的人对这两种观点持中立态度，27.92%的人更认可前者，46.69%的人倾向于后者。完全赞同两个观点的民众占比均较低，前者仅为 3.23%，后者则为 5.27%。

**2. 民众对实现共同富裕不同路径的重要性认识**

再看民众对实现共同富裕具体路径的重要性认识（见图 5），他们将提

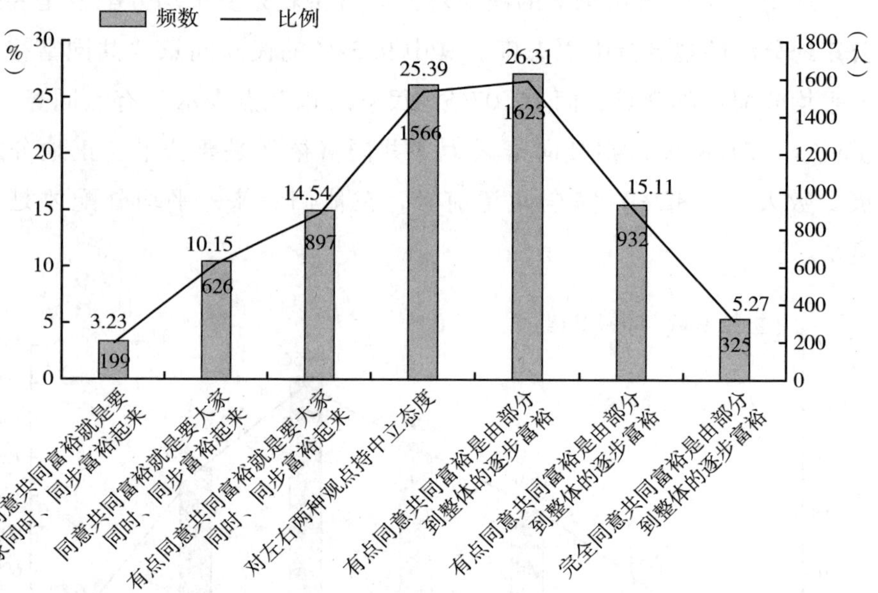


**图 4　同时同步富裕或由部分到整体的逐步富裕的人数分布及占比**

高经济效率做大蛋糕、税收调节和社会保障、慈善捐赠等第三次分配三个选项进行重要性排序。其中 56.23%的人认为提高经济效率做大蛋糕是实现共同富裕的最重要举措，税收调节和社会保障、慈善捐赠等第三次分配的重要性分别位居第二和第三。可见，多数民众认为坚持经济发展是硬道理，国家经济实力强大为实现共同富裕的前提条件。税收调节和社会保障、慈善捐赠等第三次分配在实现共同富裕的道路上也比较重要，其是在提高经济效率做大“蛋糕”后确保“蛋糕”分配公平公正的关键举措，以最大限度避免“患寡而不患均”现象的发生。

### （二）中国民众对实现共同富裕信心的基本概况

从民众对实现共同富裕的信心概况来看（见图 6），其中 15.77%的人对实现共同富裕的信心持中立态度。对实现共同富裕有点信心、有信心、非常有信心的民众分别占总样本的 29.67%、28.57%、15.48%。抑或说，对实

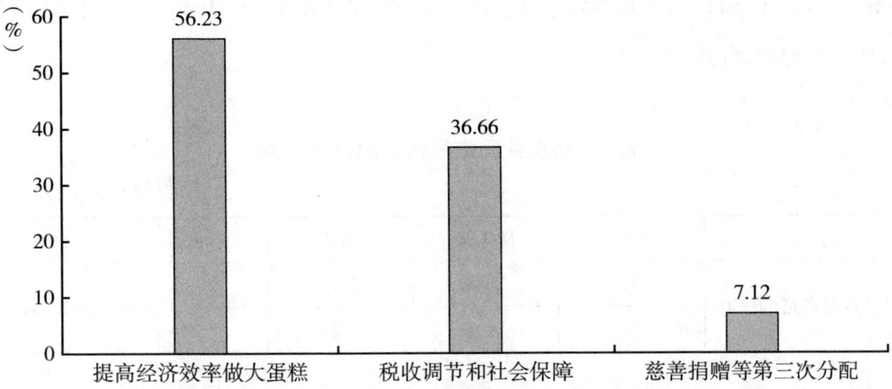


**图 5　民众对实现共同富裕不同路径的重要性认识**

现共同富裕怀有信心的民众占总样本的 73.72%。可见，多数民众对我国将来实现共同富裕持乐观积极态度。

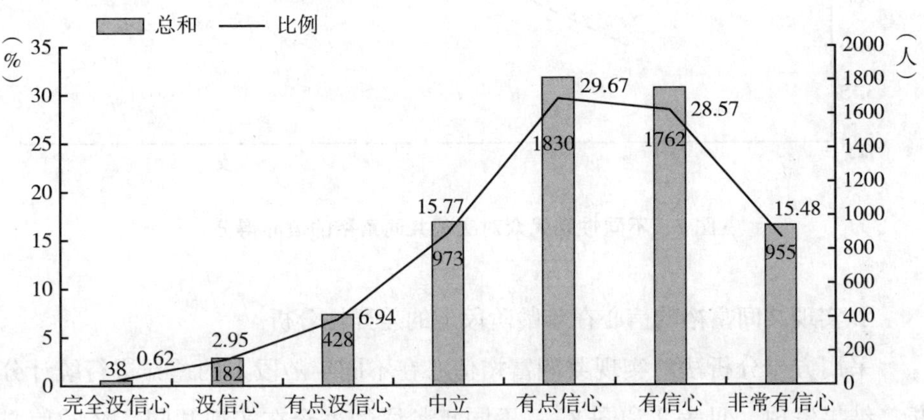


**图 6　民众对实现共同富裕的信心**

## （三）中国民众在人口学变量上关于实现共同富裕信心的一般情况

### 1. 实现共同富裕信心的性别差异

采用独立样本 t 检验，分析民众对实现共同富裕信心的性别差异。结果显示（见表 1 和图 7），男性和女性在实现共同富裕的信心上不存在显著性差异（t=-1.141，p>0.05），但女性相比男性的得分更高（女性均分为5.20，而男性均分为5.16）。

**表1　实现共同富裕信心的性别差异**

单位：人，分

| 变量 | 性别 | 样本量 | 均值 | 标准差 | t值 |
|---|---|---|---|---|---|
| 实现共同富裕的信心 | 男 | 2674 | 5.16 | 1.352 | -1.141 |
| | 女 | 3494 | 5.20 | 1.244 | |

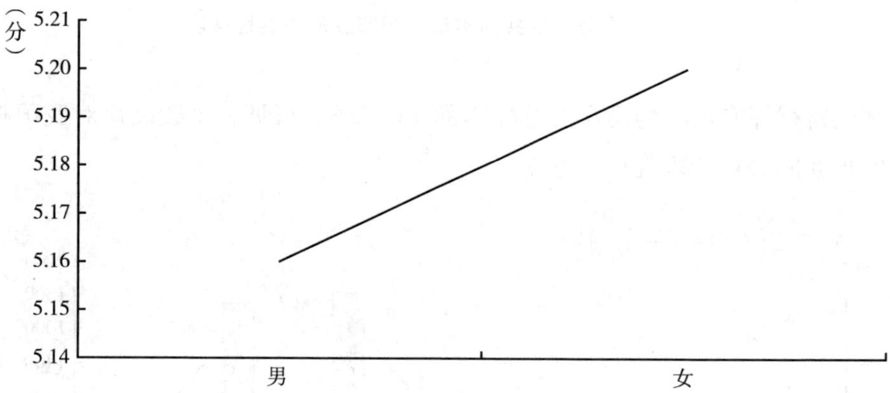


**图7　不同性别民众对实现共同富裕的信心得分**

2. 实现共同富裕的信心在年龄阶段上的差异性分析

采用方差分析法对实现共同富裕信心在不同年龄段上的差异进行统计分析，结果发现（见表2和图8）：不同年龄段的民众在实现共同富裕的信心上存在显著性差异（F=6.47，p<0.001）。其中“00后”得分最高，“60后”与“70后”得分最低。进一步事后比较显示：在实现共同富裕的信心上，“00后”与“90后”“80后”“70后”“60后”“50后”之间均存在显著性差异，“00后”群体均显著高于其他不同出生年份的民众。“90后”均显著高于“70后”“60后”，而与“50后”之间不存在显著性差异；“80后”与“70后”“60后”“50后”之间均不存在显著性差异；“70后”与

"60 后""50 后"之间均不存在显著性差异;"60 后"与"50 后"之间差异亦不显著。

**表 2 实现共同富裕的信心在年龄阶段上的差异性分析(均值±标准差)**

单位:人,分

| 年龄阶段 | 样本量 | 实现共同富裕的信心 |
|---|---|---|
| "00 后" | 271 | 5.56±1.15 |
| "90 后" | 1145 | 5.26±1.31 |
| "80 后" | 1685 | 5.15±1.33 |
| "70 后" | 1639 | 5.13±1.29 |
| "60 后" | 1100 | 5.13±1.24 |
| "50 后" | 328 | 5.22±1.26 |
| F | 6.47*** | |

注: * p<0.05; ** p<0.01; *** p<0.001。下同。

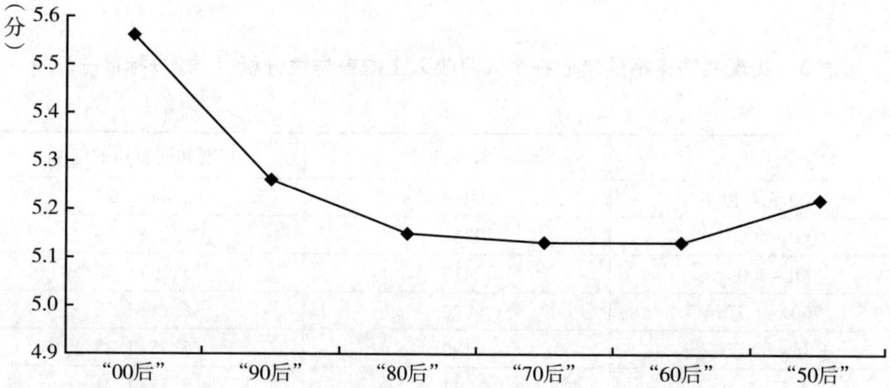


**图 8 不同年龄段民众对实现共同富裕的信心得分**

3. 实现共同富裕的信心在个人月收入上的差异性分析

采用方差分析法,对实现共同富裕的信心在不同个人月收入上的差异进行统计分析,结果发现(见表 3 和图 9):不同个人月收入的民众在实现共同富裕的信心上存在显著性差异($F=8.40$,$p<0.001$)。其中,月收入 4001~7000 元的民众在实现共同富裕的信心上得分最低,而月收入 5 万元以

上的民众得分最高。进一步事后检验显示：在实现共同富裕的信心上，月收入水平为 1000 元及以下的民众显著高于月收入水平为 1001～4000 元、4001～7000 元、7001～1 万元的民众，而与月收入水平为 1 万～2.5 万元、2.5 万～5 万元的民众之间差异不显著；月收入水平为 1001～4000 元的民众与月收入水平为 1000 元及以下、4001～7000 元、1 万～2.5 万元的民众之间差异显著，而与月收入水平为 7001～1 万元、2.5 万～5 万元、5 万元以上的民众之间差异不显著；月收入水平为 4001～7000 元的民众显著低于月收入水平为 1 万～2.5 万元的民众，而与月收入水平为 7001～1 万元、2.5 万～5 万元、5 万元以上的民众之间差异不显著；月收入水平为 7001～1 万元的民众与月收入水平为 1 万～2.5 万元、1000 元及以下的民众之间差异显著，而与其他月收入水平的民众之间差异不显著；月收入水平为 1 万～2.5 万元的民众与月收入水平为 2.5 万～5 万元、5 万元以上的民众之间差异不显著。

**表 3　实现共同富裕的信心在个人月收入上的差异性分析（均值±标准差）**

单位：人，分

| 个人月收入 | 样本量 | 实现共同富裕的信心 |
| --- | --- | --- |
| 1000 元及以下 | 449 | 5.44±1.23 |
| 1001～4000 元 | 2361 | 5.21±1.19 |
| 4001～7000 元 | 2417 | 5.09±1.33 |
| 7001～1 万元 | 720 | 5.14±1.50 |
| 1 万～2.5 万元 | 199 | 5.55±1.25 |
| 2.5 万～5 万元 | 11 | 5.55±1.21 |
| 5 万元以上 | 11 | 5.64±1.03 |
| F | 8.40*** | |

4. 实现共同富裕的信心在受教育程度上的差异性分析

采用方差分析法，对实现共同富裕的信心在不同受教育程度上的差异进行统计分析，结果发现（见表 4 和图 10）：不同受教育程度的民众在实现共同富裕的信心上存在显著性差异（$F=3.49$，$p<0.01$）。其中，受教育程度

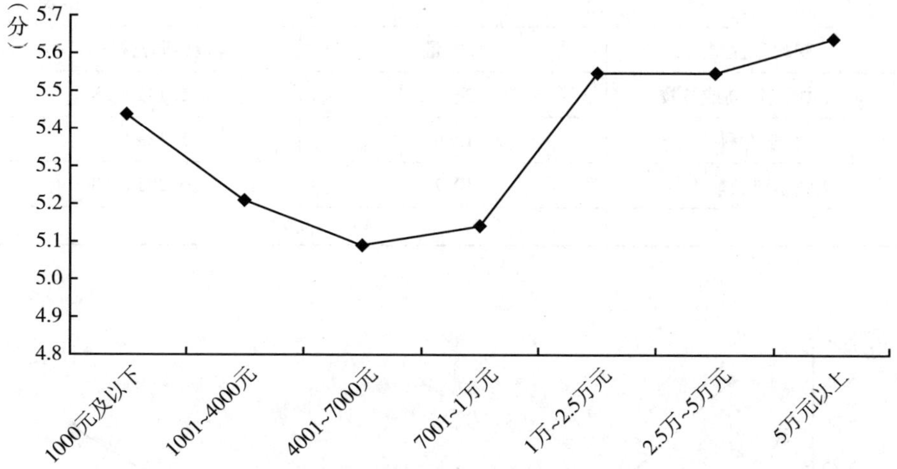


**图 9　不同个人月收入的民众对实现共同富裕的信心得分**

为小学及以下的民众在实现共同富裕的信心上得分最高，受教育程度为高中（中专、职高或技校）的民众得分最低。事后检验发现：在实现共同富裕的信心上，受教育程度为小学及以下的民众与受教育程度为初中、大学专科、大学本科及以上的民众不存在显著性差异，但其显著高于受教育程度为高中（中专、职高或技校）的民众；受教育程度为初中的民众显著低于受教育程度为大学本科及以上的民众，但与受教育程度为高中（中专、职高或技校）、大学专科的民众之间均不存在显著性差异；受教育程度为高中（中专、职高或技校）的民众显著低于受教育程度为大学本科及以上的民众，但与大学专科的民众之间差异不显著；受教育程度为大学专科的民众显著低于大学本科及以上的民众。

**表 4　实现共同富裕的信心在受教育程度上的差异性分析（均值±标准差）**

单位：人，分

| 受教育程度 | 样本量 | 实现共同富裕的信心 |
| --- | --- | --- |
| 小学及以下 | 216 | 5. 35±1. 23 |
| 初中 | 1259 | 5. 17±1. 36 |

续表

| 受教育程度 | 样本量 | 实现共同富裕的信心 |
| --- | --- | --- |
| 高中（中专、职高或技校） | 2417 | 5. 14±1. 28 |
| 大学专科 | 1269 | 5. 18±1. 27 |
| 大学本科及以上 | 1007 | 5. 29±1. 28 |
| F | 3. 49 ** | |

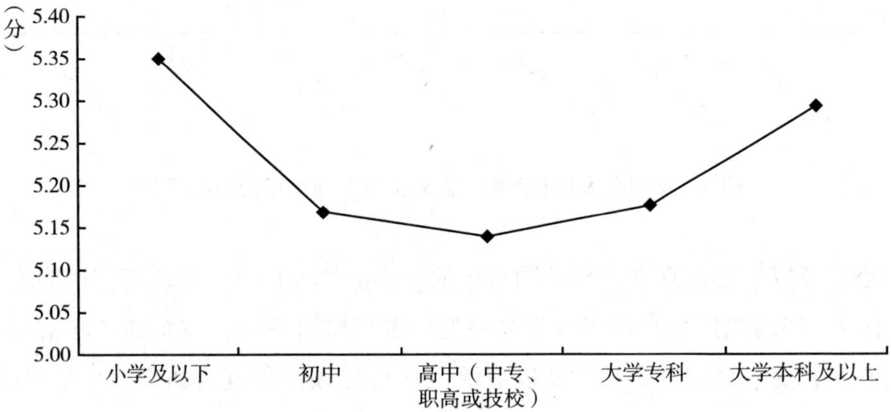


**图 10　不同受教育程度的民众对实现共同富裕的信心得分**

## 5. 实现共同富裕的信心在有无宗教信仰上的差异性分析

运用独立样本 t 检验分析有无宗教信仰的民众在实现共同富裕的信心上的差异性，结果发现（见表 5 和图 11）：在实现共同富裕的信心上，有无宗教信仰的民众之间差异不显著（$t=-1.55$，$p>0.05$），但无宗教信仰的民众略高于有宗教信仰的民众。

**表 5　实现共同富裕的信心在有无宗教信仰上的差异性分析**

单位：人，分

| 变量 | 有无宗教信仰 | 样本量 | 均值 | 标准差 | t 值 |
| --- | --- | --- | --- | --- | --- |
| 实现共同富裕的信心 | 有 | 829 | 5. 13 | 1. 16 | -1. 55 |
| | 无 | 5339 | 5. 19 | 1. 31 | |

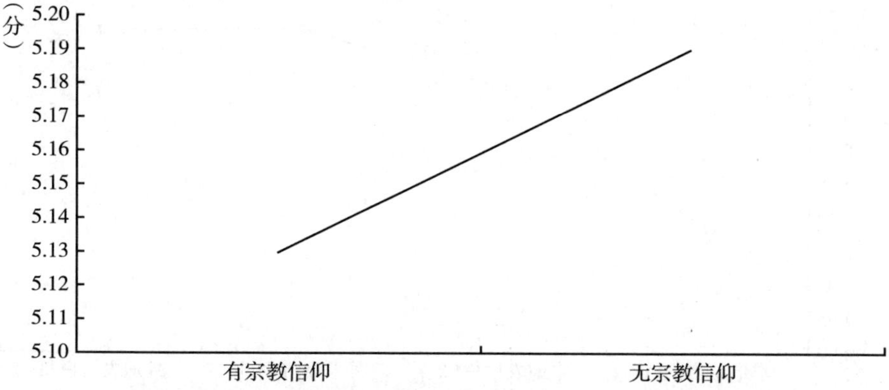


**图 11　有无宗教信仰的民众对实现共同富裕的信心得分**

### 6. 实现共同富裕的信心在户口类型上的差异性分析

采用方差分析法，对实现共同富裕的信心在户口类型上的差异进行统计分析，结果发现（见表 6 和图 12）：不同户口类型的民众在实现共同富裕的信心上存在显著性差异（$F = 15.00$，$p<0.001$）。其中外地城市户口、外地农村户口的民众得分相同且最高，而本地城市户口的民众得分最低。进一步事后检验发现：在实现共同富裕的信心上，本地城市户口显著低于本地农村户口和外地农村户口，而与外地城市户口不存在显著性差异；本地农村户口与外地城市户口、外地农村户口差异均不显著；外地城市户口与外地农村户口亦不存在显著性差异。

**表 6　实现共同富裕的信心在户口类型上的差异性分析**

单位：人，分

| 户口类型 | 样本量 | 实现共同富裕的信心 |
| --- | --- | --- |
| 本地城市户口 | 3218 | 5. 08 |
| 本地农村户口 | 2651 | 5. 29 |
| 外地城市户口 | 122 | 5. 38 |
| 外地农村户口 | 176 | 5. 38 |
| F | 15. 00*** | |

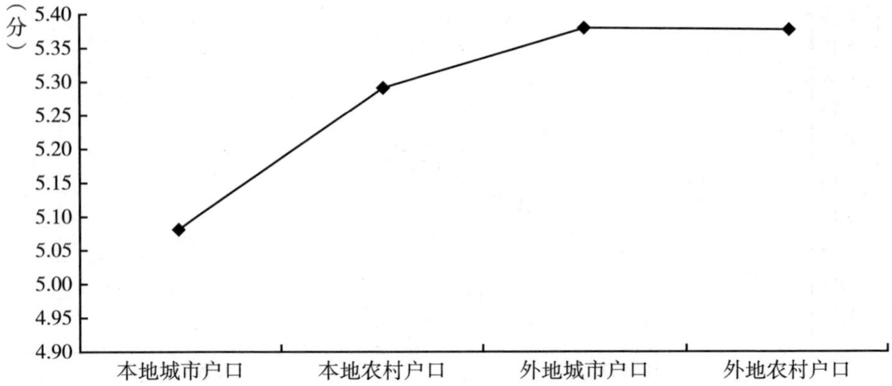


**图 12　不同户口类型的民众对实现共同富裕的信心得分**

7. 实现共同富裕信心的在主观社会分层上的差异性分析

采用方差分析法，对实现共同富裕的信心在主观社会分层上的差异进行统计分析，结果发现（见表 7 和图 13）：不同主观社会分层的民众在实现共同富裕的信心上存在显著性差异（$F=72.98$，$p<0.001$）。其中上层民众得分最高，下层民众得分最低。进一步的事后检验发现：在实现共同富裕的信心上，下层民众与中下层民众不存在显著性差异，下层民众显著低于中层、中上层、上层民众；中下层民众显著低于中层、中上层、上层民众；中层民众显著低于中上层、上层民众；中上层民众显著低于上层民众。

**表 7　实现共同富裕的信心在主观社会分层上的差异性分析**

单位：人，分

| 主观社会分层 | 样本量 | 实现共同富裕的信心 |
|---|---|---|
| 下层 | 404 | 4.81 |
| 中下层 | 1690 | 4.95 |
| 中层 | 3054 | 5.25 |
| 中上层 | 960 | 5.52 |
| 上层 | 60 | 5.73 |
| F | 72.98 *** | |

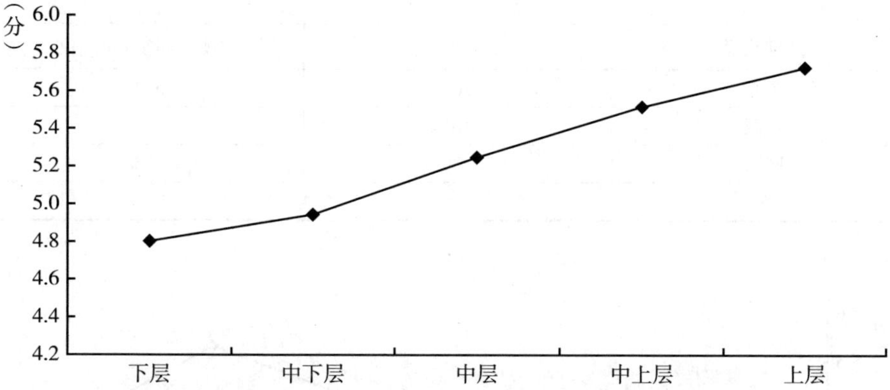


**图 13　不同主观社会分层的民众对实现共同富裕的信心得分**

8. 实现共同富裕的信心在婚姻状况上的差异性分析

采用方差分析法，对实现共同富裕的信心在婚姻状况上的差异进行统计分析，结果发现（见表 8 和图 14）：不同婚姻状况的民众在实现共同富裕的信心上存在显著性差异（$F=8.35$，$p<0.001$）。其中丧偶的民众在实现共同富裕的信心上得分最高，而初婚有配偶的民众得分最低。进一步事后检验发现：在实现共同富裕的信心上，未婚的民众显著高于初婚有配偶的民众，未婚的民众与再婚有配偶、离婚、丧偶、同居的民众均不存在显著性差异；初婚有配偶的民众与再婚有配偶、同居的民众不存在显著性差异，但显著低于离婚和丧偶的民众；再婚有配偶的民众与离婚、丧偶、同居的民众均不存在显著性差异；离婚的民众与丧偶、同居的民众亦不存在显著性差异；丧偶的民众与同居的民众不存在显著性差异。

**表 8　实现共同富裕的信心在婚姻状况上的差异性分析**

单位：人，分

| 婚姻状况 | 样本量 | 实现共同富裕的信心 |
| --- | --- | --- |
| 未婚 | 909 | 5.41 |
| 初婚有配偶 | 4966 | 5.13 |
| 再婚有配偶 | 55 | 5.38 |

续表

| 婚姻状况 | 样本量 | 实现共同富裕的信心 |
| --- | --- | --- |
| 离婚 | 105 | 5.43 |
| 丧偶 | 101 | 5.53 |
| 同居 | 29 | 5.38 |
| F | 8.35*** | |

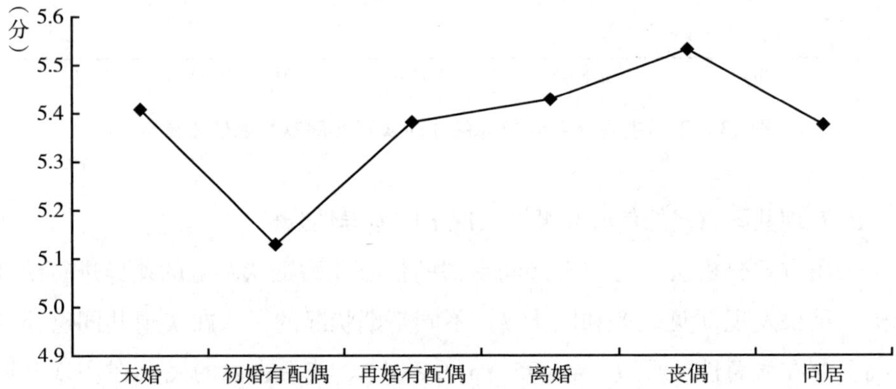


图 14　不同婚姻状况的民众对实现共同富裕的信心得分

## 四　讨论与建议

### （一）约半数民众有恰当的共同富裕态度，不恰当的共同富裕态度占比约为1/4，约半数民众更认可致富要靠自己

近半数民众有恰当的共同富裕态度，他们对共同富裕的理解为“共同富裕是要缩小贫富差距到合适水平、是要公平公正地分配、是由部分到整体的逐步富裕”。约占 1/4 的民众对共同富裕的理解为“共同富裕要彻底消除贫富差距、要平均分配、要大家同时同步富裕起来”。此外，可以看到，约半数民众更认可脱贫致富要靠自己的努力，27.41%的民众倾向于认为先富群体有责任帮助未富的人。中国社会主义改革开放和现代化建设的总设计

师、中国特色社会主义道路的开创者邓小平同志 1986 年在与新西兰总理朗伊会晤时讲："我们的政策是让一部分人、一部分地区先富起来，以带动和帮助落后的地区，先进地区帮助落后地区是一个义务。我们坚持走社会主义道路，根本目标是实现共同富裕，然而平均发展是不可能的。"可见，对共同富裕的理解绝非同步富裕、均等富裕，而是一种合理的、有差别的富裕。因此，各级党政机关、政府部门、新闻媒体等相关机构需深度诠释共同富裕的本质要义与丰富内涵，不断扩大共同富裕的宣传力度，进一步加强民众对共同富裕的合理认知。

### （二）实现共同富裕坚持发展是硬道理，但需平衡好发展与共享之间的关系

在实现共同富裕的具体路径上，民众普遍认为提高经济效率做大蛋糕最重要，其次是税收调节和社会保障，慈善捐赠等第三次分配最不重要。也就是说，在广大民众看来，实现共同富裕必须把经济发展摆在优先地位，而后才是资源的合理化分配与共享（如税收调节、慈善捐赠等第二次与第三次分配）。这种观点注意到经济发展对实现共同富裕的关键性引领作用，却在一定程度上忽视了合理化共享经济发展成果对经济发展的重要刺激作用，其也是迈向共同富裕道路上不可缺失的重要一环。有学者指出要想实现共同富裕，必须坚持发展是首位、是硬道理的基本方针不动摇，逐步提升国家的富裕程度。改革开放 40 多年的经济发展经验不断表明"引进来""走出去""制度创新"是促进经济高效稳定发展的有效法宝。中国未来想要实现共同富裕的伟大阶段性目标须加强对内改革，推动制度创新。随着我国民众生活水平不断提高，人民日益增长的美好生活需要和不平衡不充分的发展之间的矛盾也逐渐显现。换句话讲，当前我们既要确保经济稳定可持续发展，又要注重人民共享社会发展成果的问题，得处理好发展与共享二者之间的关系，平衡好经济增长与分配之间的关系，不再像过去仅追求经济高速发展的单一性目标。过去唯经济增速，做大"蛋糕"的社会发展模式引发了愈演愈烈的发展不均衡不对等问题，但今后也须警惕矫枉过正，完全倒向另一个发展

模式，仅重视人们对于发展成果的分享和分配，或者说只关注如何分“蛋糕”。其实，无论是做大“蛋糕”还是将“蛋糕”分好均是实现共同富裕的有效路径，二者对于社会经济发展而言是相辅相成、共同促进的作用机制。把做大“蛋糕”和分好“蛋糕”的关系处理好就会形成一种良性循环的经济发展局面：一方面做大“蛋糕”可使人人得到更多的“蛋糕”；另一方面“蛋糕”分得好能促进社会做出更大的“蛋糕”（李实，2021）。总之，要想实现做更大“蛋糕”的富裕目标，一是增强内生发展动力，继续发挥激励作用；二是持续扎实推进深层次改革，让市场在资源配置中发挥决定性作用，让各种资源要素得到更有效、更合理的配置；三是通过共享来促进经济发展和增长。在当前我国处于改革开放深水区的攻坚克难时期，完善公平的收入及财产分配相关制度与机制，消除不合理的收入和财富差距，实现高水平的基本公共服务的均等化，以刺激广大民众的消费信心，进而推动社会经济发展和居民收入持续增长。

### （三）走向共同富裕面临诸多现实挑战，但多数民众对实现共同富裕的信心较强

共同富裕是广大民众追求美好生活需要的重要议题（刘培林等，2021），必须坚持党的全面领导、必须坚持走中国特色社会主义道路的前提下，全体人民携手创造日益发达、活力十足、领跑世界的先进社会生产力水平，共享幸福和谐的生活。党的二十大报告也指出，走共同富裕之路是中国特色社会主义的本质要求，也将会是一项长期且复杂的系统工程。经济长期稳定的高速发展促使中国社会步入全新时代，也走向了追求更高质量的发展阶段，希冀可以在更高水平、更高层次稳步扎实推进共同富裕伟大目标的实现。改革开放 40 多年来，经济发展与人民生活水平持续提升，国力不断增强。截至 2021 年底，我国国内生产总值（GDP）高达 114.4 万亿元，占世界经济总量的 18.5%，人均 GDP 为 80976 元，人均可支配收入为 35128 元，城镇化率为 64.72%，完成了全体人民的生活质量由小康水平向全面实现小康迈进的历史性跨越，彻底消除绝对贫困的艰巨任务。然而，迈向共同富裕

之路仍然道阻且艰，面临着一系列错综复杂的现实考验与困难，以下从贫富差距、阶层固化、公平与效率关系三方面加以详细阐述。

1. 城乡、地区、群体间的贫富差距问题未得到根本解决

长期以来，市场经济的蓬勃有序发展不断影响我国经济结构的调整与变化，民众之间既有利益格局被其逐渐消解，新的利益分配格局也悄然兴起。这种新格局对于促进经济勃兴、刺激社会发展活力功不可没，但任何事物都有两面性，它也在一定程度上造成城乡、地区、社会成员之间贫富差距不断扩大。贫富差距过大不利于国家经济的长期发展，也不利于社会的长期稳定，亦无益于人民对改革发展成果的共享，更会成为我们实现共同富裕目标的阻碍因素。

2. 阶层固化趋势渐显

社会阶层是由具有相同或类似社会地位的社会成员组成的相对持久的群体，同一社会集团成员之间在态度、行为、模式和价值观等方面具有相似性。阶层之间因各种主客观因素的干预作用而发生阶层变动的现象称为阶层流动。当阶层流动受阻尤其是底层民众难以通过发挥自身能动性实现阶层跃升则为阶层固化。陆学艺（2002）认为经过数十年的改革开放，中国原来的阶层发生分化，新阶层已经形成和壮大；与发达国家相比，现代化社会阶层结构的基本构成成分在中国已经具备，凡是现代化国家所具备的社会阶层，都已经在中国出现。值得我们关注的是，虽然我国社会阶层分化未完全定形定格，但近些年"富二代""农二代""官二代"等"二代"社会新现象的出现一定程度上映射出底层民众向上流动难度增加的社会现实，阶层固化趋势渐显，若放任自流，其危害性可表现为两点：第一，部分个体因看不到改变自身现状的可能性会逐渐丧失自我奋斗的信心和勇气，甚至会消解或否定自我努力的价值与意义，"躺平""摆烂"成为他们与现实妥协的价值追求。当这种思潮逐步侵蚀社会主流价值观时必然造成阶层壁垒不断加剧，这无益于社会结构的良性发展，也不利于激发社会主义市场经济的活力与生机。第二，阶层固化影响民众对社会的认同度，一定程度上可诱发群体性"仇富""仇官"等消极现象，为社会的稳定与长足发展埋下"隐患"。从

长远看，阶层固化也严重阻碍人们对美好生活的追求与向往，对国计民生构成潜在挑战与威胁。在迈向共同富裕的道路上，亟须采取各种有效措施破除阶层固化的枷锁，畅通阶层之间的流动机制，逐步形成可持续发展的社会阶层结构。

3. 效率与公平的关系面临新考验

在实现共同富裕的过程中，公平与效率二者不可偏废。效率关乎社会生产力发展水平，为共同富裕奠定物质基础，公平则是影响社会和谐的重要因素，为共同富裕营造良好社会关系，二者相辅相成、相得益彰。但在实践过程中效率与公平之间存在一定的张力，在确保绝对公平的前提下又要保持高效率往往难以实现，因为这涉及经济领域生产与社会领域分配的内在平衡问题。在社会发展的不同阶段，对效率与公平的侧重点不一，如何基于社会实际状况及时调整二者关系以确保动态平衡对于政策执行者而言实属一种考验。我国在社会经济发展过程中对于政策的把握与抉择也是不断努力找到公平与效率的平衡点。改革开放初期，在起点低、底子薄、基础弱的社会经济条件下我们倡导效率优先原则，旨在提高全社会的生产效率，以克服长期以来平均主义的弊端。邓小平指出我们坚持走社会主义道路，根本目标是实现共同富裕，然而平均发展是不可能的。过去搞平均主义，“吃大锅饭”，实际上是共同落后，共同贫穷（邓小平，1993）。效率优先原则逐渐形塑了民众的资源财富分配理念，极大激发了社会成员创造财富的主观能动性，极大促进了社会生产力的提升。然而凡事皆有度，过分追求效率可能会造成贫富分化现象的加剧，也会给市场经济的自然发展带来一定的冲击。我国自 20 世纪 90 年代后社会财富急速增加，但民众之间的收入差距也在不断拉大，贫富差距的趋势愈演愈烈。在此社会背景下，从党的十四大报告到十九大报告均提到居民收入分配中要注重效率与公平之间的关系（韩喜平，2020）。我国在进入新时代后的突出问题是，在社会成员的收入水平普遍提高的同时，收入差距仍在扩大，少数人非合理致富与部分社会成员生活困难问题并存。这就要求我们必须继续深化收入分配体制改革，根据社会主义共同富裕的本质要求，探索新的分配原则。实际上，不同阶段的收入分配体制改革是一个整体，都是努力兼顾平衡公平与效率之间的关系。目前公平与效率之间的矛盾仍然存在，也正是由于这种内在矛盾和冲突，推动我们努力在更高层次上实现公平与效率的统一。

由上可知，虽然我们在迈向共同富裕的道路上面临诸多现实考验与挑战（如民众的阶层固化趋势渐显；社会经济发展需处理好公平与效率的关系问题；城乡、地区、社会成员之间的贫富差距不断拉大），但本研究发现绝大多数民众（约74%）对未来我国实现共同富裕充满信心。可见民众对于国家的发展与未来满怀信心，共同富裕的适时提出符合民心民意，同时也说明实现全体人民的共同富裕是我国社会未来发展大势之所在。

## 参考文献


邓小平：《邓小平文选（第三卷）》，人民出版社，1993。

韩喜平：《怎样把握新时代分配制度?》，《红旗文摘》2020年第2期。

陆学艺主编《当代中国社会阶层研究报告》，社会科学文献出版社，2002。

李实：《共同富裕的目标和实现路径选择》，《经济研究》2021年第11期。

李军鹏：《共同富裕：概念辨析、百年探索与现代化目标》，《改革》2021年第10期。

刘培林、钱滔、黄先海、董雪兵：《共同富裕的内涵、实现路径与测度方法》，《管理世界》2021年第8期。

李泽泉：《坚定不移走共同富裕道路》，《红旗文稿》2011年第22期。

李娟：《全面把握共同富裕的内涵》，《理论探索》2007年第4期。

孟鑫：《新时代我国走向共同富裕的现实挑战和可行路径》，《东南学术》2020年第3期。

张占斌：《准确识读共同富裕》，《辽宁日报》2021年3月23日。

# B.3
# 社会大众贫富归因倾向性分析

王园园　谭旭运*

**摘　要：** 贫富差距问题仍是我国当前面临的一个重大社会问题。本报告通过分析2022年中国社会心态调查中的相关数据，探讨不同性别、不同年龄、不同户口、不同常住区域、不同主客观社会阶层民众对贫富背后原因的认知。结果发现，大部分群体对贫穷和富有的归因均表现出内归因倾向，但在内归因倾向程度上存在差异。民众对富有比对贫穷表现出更强的内归因倾向；男性比女性，外地户口民众比本地户口民众，市/县城边缘城区民众比农村区域民众，在贫穷和富有上均表现出更强的内归因倾向；从主观社会下层、中下层到中层/中上层，民众的内归因倾向越来越强，但主观社会上层民众的贫富归因认知例外，上层民众认为内部因素和外部因素都很重要，而没呈现那么强的内归因倾向。此外，主客观社会下层民众认为贫穷或富有主要由外部因素造成，而没有表现出内归因倾向。总之，民众整体贫富归因状况较好，应倡导全面、客观的贫富归因方式；加强对社会下层民众贫富内归因的引导，改善下层民众对贫穷的认知模式，减少其心理上对外部因素的依赖；倡导民众更全面和客观地认知贫穷的原因；关注市中心和农村区域民众的归因状况。

**关键词：** 主观社会阶层　客观社会阶层　贫富归因

---

* 王园园，内蒙古师范大学博士研究生，研究方向为社会心态；谭旭运，中国社会科学院社会学研究所社会心理学研究中心副研究员，研究方向为社会心态、获得感等。

## 一 引言

经济不平等性是当前全世界都面临的重要问题之一，尤其是近年来贫富差距进一步扩大（Yang & Dunham，2022）。尽管，通过全党全国各族人民共同努力，我国取得了脱贫攻坚的全面胜利，全面建成了没有贫困地区的小康社会。但习近平总书记在全国脱贫攻坚总结表彰大会上明确指出，解决发展不平衡不充分问题，缩小城乡区域发展差距，实现人的全面发展和全体人民共同富裕仍然任重道远。也就是说，贫富差距仍是我国当前面临的一个重大社会问题。并且党的二十大报告更是鲜明提出，实现全体人民共同富裕是中国式现代化的本质要求之一；应通过增强均衡性和可及性，扎实推进共同富裕，增进民生福祉，提高人民生活品质。

贫富差距是影响我国实现全体人民共同富裕奋斗目标的重要卡点之一，贫富差距的持续加大已引起分配不公平感、仇富、仇官等社会心态问题（李静，2012）。国外有研究表明，贫富差距导致人们更加倾向于使用阶层这个维度进行社会归类和认同，并表现出基于特定阶层的认知与行为模式，相对于穷人，富人被认为更自信，也更不友好、更不道德（Tanjitpiyanond et al.，2022）。但当前我们对贫富差距的研究，多是将贫富归因作为中介或调节变量（杨沈龙等，2016），并且多以学生为调查对象（李静，2012），不能真实代表不同阶层的贫富认知状况。要想实现全体人民共同富裕，很重要的一个前提是弄清楚社会大众对贫富背后原因的认知是怎样的。

社会阶层是一种用来反映个体在社会层级阶梯中相对位置的社会分类，一个人的社会阶层代表了他所占有的客观社会资源，以及其主观所感知的自身社会地位。客观成分以个体所占有的物质或非物质社会资源为核心，通常被认为表现在个体的收入水平、职业声望和受教育程度三个方面，研究中通常会根据研究需要灵活地选用这三者中的一个或多个指标来反映客观社会阶层。李静（2012）研究发现采用职业分类作为客观阶层指标时，客观社会阶层与贫富归因的关系不稳定、不确定，因此本报告将大调查中的月收入作为客观社会阶层的指标。主观社会阶层强调的是个体通过与他人进行比较而得到的一个较为直观的关于自己在社会层次集体中所处相对位置的主观认识。以往研究表明，社会阶层对个体的自我概念、社会知觉、人际关系、利他行为等有重要影响（陈思静等，2022），并且主观社会阶层比客观社会阶层能更好地预测个体的行为（Wolff et al.，2010），两者对个体有独立的影响（Manstead，2018）。

社会阶层的社会认知理论强调，认知模式并非独立于个体内部，而是与当前社会环境存在相互依存的因果关系，即情境、语境和交流普遍影响个体的思想和行为；同时，社会阶层差异为不同阶层创造各自的认知模式，并影响社会认知表现（蔡翮飞等，2020）。低阶层者的认知模式是情境主义的，即更多认为人的行为会受外部情境因素的影响；而高阶层者更注重自我本身，更多认为人的行为主要是由内部因素决定的（杨沈龙等，2016；Kraus et al.，2011）。Kraus 等（2012）认为社会阶层的结构要素塑造了个体的社会生活与文化环境，个体在其中的社会适应过程和生活体验会形成与之对应的社会认知方式，这种稳定的社会认知方式被相同社会背景中的人们所共享、支持和内化，进而影响个体的心理与行为。据此我们认为，不同社会阶层会表现出贫富归因差异，下层民众更多表现出外归因，而上层民众更多表现出内归因。

但在日常生活中，人们的归因往往是复杂又迅速的过程，从而表现出虽有偏差但又有规律性的一面，如对积极行为结果（如富有）倾向归因于内部因素，即能力、努力等，而将消极行为结果（如贫穷）归因于外部因素，即社会关系、运气等（卢瑶等，2021）。那么现实生活中，不同社会阶层对于贫富这一结果会做出怎样的归因，成为一个迫切需要揭示的理论和现实问题。因此，本报告主要研究不同阶层民众对贫富的归因认知，调查民众对穷人之所以穷、富人之所以富的归因倾向性。

此外，社会阶层地理空间分布不平衡，有些区域社会上层聚集度高，有些区域社会下层聚集度高，当然也有些区域社会上层和下层共生共栖。有研究表明，北京的社会空间分为明显的城市中心、半边缘和边缘地带三部分，北京中心地带主要指五环以内地区，这个空间是上层、中层和下层混居的；半边缘地带是五环沿线到六环之间及郊区，呈现新的大混居状态；边缘地带以社会下层为主，中上层很少（李君甫、李阿琳，2016）。这是社会阶层在空间上的分布和隔离，空间分化也不仅仅体现在社会阶层上，在贫富归因等认知上也存在差异性。社会科学视域下的空间，主要指社会空间，强调社会属性（陆影，2021）。无论是以列斐伏尔和哈维为代表的政治经济学派、以卡斯特尔为代表的结构马克思主义学派，还是以帕尔为代表的新韦伯主义学派，尽管其解释框架与研究路径不一样，但都将城市社会分化和空间分化的耦合视为研究的焦点（何淼、张鸿雁，2011）。我国正处于社会转型这一大背景下，面对百年未有之大变局，更应关注这一焦点。因此，本报告还探讨基于户口和区域分布的民众的贫富归因特点，了解民众贫富归因倾向的空间分布情况。

## 二　研究方法

### （一）数据来源

本研究所用数据来源于 2022 年中国社会心态调查，是由中国社会科学院社会学研究所社会心理学研究中心发起的一项全国大型连续性随机抽样入户调查项目，抽样方法和样本情况详见总报告。

### （二）研究变量

#### 1. 主观社会阶层

主观社会阶层的测量采用了经典的阶梯法（Adler et al.，2000），向参与者展示共有 10 层的阶梯图片，1 代表最底层，10 代表最顶层。由 1 到 10，数字越大，代表阶层越高，要求调查对象选出自己所在的阶梯层数。题干为“在我们的社会里，有些人处在社会的上层，有些人处在社会的下层，如图所示，梯子从上往下看，10 分代表最顶层，1 分代表最底层。您认为您自己目前在哪个等级上”，根据以往研究的处理方法（张衍，2021），将相近的两个主观社会阶层合并，所以本报告中主观社会阶层分为下层、中下层、中层、中上层和上层 5 个层次。

2. 客观社会阶层

选取调查对象对题项 F15 的回答作为客观社会阶层的指标。F15 调查的是参与者月收入水平，从 1000 元及以下、1001~2000 元、2001~3000 元、3001~4000 元、4001~5000 元、5001~6000 元、6001~7000 元、7001~8000 元、8001~9000 元、9001~1 万元、1 万~1.5 万元、1.5 万~2 万元、2 万~2.5 万元、2.5 万~3 万元、3 万~4.5 万元、4.5 万~6 万元、6 万~8 万元、8 万~10 万元到 10 万元以上，共分为 19 个不同水平。由于有些选项人数很少，将其合并为一层，故客观社会阶层根据月收入情况共分为如下 9 层考察，分别是：1000 元及以下、1001~2000 元、2001~3000 元、3001~4000 元、4001~5000 元、5001~6000 元、6001~8000 元、8001~1 万元及 1 万元以上。

3. 贫富归因

贫富归因采用贫富归因量表测量，从富人之所以富有和穷人之所以贫穷两个角度测量民众的贫富归因。选项采用李克特 7 点量表形式，1 分表示非常不同意，7 分表示非常同意，分数越高表示被调查者越同意题干表达的观点。每个角度下包含 7 个项目，其中志向和抱负、努力、能力、才华 4 个项目从外在因素维度考察民众的贫富归因，社会关系、家庭条件、运气和法律政策 3 个项目从内在因素维度考察民众的贫富归因。

4. 年龄

大调查中年龄范围为 18~70 岁，为分析不同年龄段群体的贫富归因差异，将年龄按每 10 岁一组划分，依次分为 18~27 岁、28~37 岁、38~47 岁、48~57 岁和 58~70 岁五组，由于 69 岁和 70 岁的样本一共只有 51 个所以也放在最后一组中。

5. 户口

选取大调查中调查对象对 F7 的回答作为户口指标。选项分别为本地城市户口、本地农村户口、外地城市户口、外地农村户口及其他，仅有 1 人选择其他，删去此数据。

6. 居住区域

选取大调查中调查对象对 F9“您常住地的地区类型”的回答作为区域划分指标。选项分别为市/县城的中心城区、市/县城的边缘城区、市/县城的城乡结合部、市/县城区以外的镇以及农村 5 个常住区域。

### （三）数据处理

不同贫富归因倾向的描述性统计、方差分析，均采用统计分析软件 SPSS 27.0 进行。

## 三 研究结果

### （一）大众的整体贫富归因情况

如表 1 所示，对富有的内外归因平均值均高于贫穷；对富有和贫穷的内归因平均值均高于外归因。如图 1 所示，大众贫富内外归因的四种处理条件的数据呈（近似）正态分布。

**表 1 不同贫富归因条件下的得分情况（N=6168）**

单位：分

| 处理 | 平均值 | 标准差 |
| --- | --- | --- |
| 富有外归因 | 4.34 | 1.07 |
| 富有内归因 | 4.70 | 1.22 |

续表

| 处理 | 平均值 | 标准差 |
| --- | --- | --- |
| 贫穷外归因 | 4.10 | 1.09 |
| 贫穷内归因 | 4.22 | 1.33 |

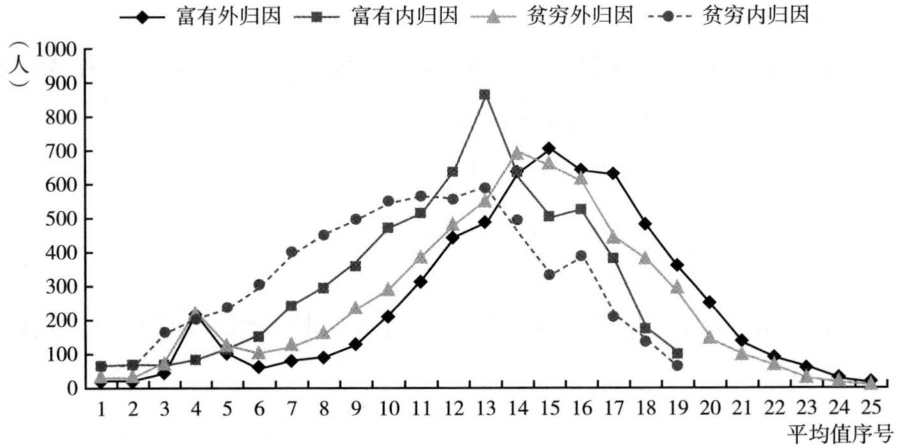


**图 1　不同贫富归因分值的频率分布**

对贫富和内外归因做 2×2 的重复测量方差分析发现，穷富［F（1，6167）= 1360.86，p < 0.001］和内外归因［F（1，6167）= 179.61，p < 0.001］的主效应均显著，并且交互作用也显著［F（1，6167）= 201.86，p<0.001］。进一步简单效应分析发现，无论是内归因还是外归因条件下，富有和贫穷差异显著，富有分值均大于贫穷分值；无论是富有还是贫穷条件下，内归因的分值均显著大于外归因。以上结果表明，社会大众普遍认为富有比贫穷需要更多的内外部条件，对贫穷和富有均表现出内归因倾向，但对富有表现出比贫穷更大的内归因倾向。

社会大众无论是对富有还是对贫穷，都认为个人内部因素比外部因素起更大作用。为更好分析不同群体对富有或贫穷的内归因倾向，在下面的数据分析中取外归因与内归因的差值做倾向性指标（李静，2012），差值越大、越正，表明更倾向于外归因，越小、越负，表明越倾向于内归因。

## （二）不同人口学变量的贫富归因特点

### 1. 不同性别的贫富归因差异

比较贫富归因倾向在不同性别上的差异发现，不同性别民众对贫穷和富有的归因倾向差异显著［$F(1, 6166) = 196.11$，$p<0.001$］，对富有更倾向于内归因，即相较于穷人之所以穷，更认为富人之所以富是由内部因素造成的。不同性别民众之间存在显著差异［$F(1, 6166) = 4.33$，$p<0.05$］，男性比女性对贫富的归因更倾向于内归因，即男性比女性更多地认为贫富是由个人努力、能力等内部因素造成的（见表2）。

**表2　不同性别的贫富归因倾向**

单位：人，分

| 归因倾向 | 性别 | 样本量 | 平均值 | 标准差 |
| --- | --- | --- | --- | --- |
| 对富有归因倾向 | 男 | 2674 | -0.39 | 1.60 |
| | 女 | 3494 | -0.33 | 1.45 |
| 对贫穷归因倾向 | 男 | 2674 | -0.17 | 1.60 |
| | 女 | 3494 | -0.09 | 1.53 |

### 2. 不同年龄段的贫富归因差异

如表3和图2所示，大部分年龄分组的参与者对富有和贫穷的归因平均分都是负值，即大部分年龄分组的参与者都主要倾向于内归因。各年龄段的参与者对富有的归因分值均低于贫穷。

**表3　不同年龄分组的贫富归因倾向**

单位：人，分

| 归因倾向 | 年龄分组 | 样本量 | 平均值 | 标准差 |
| --- | --- | --- | --- | --- |
| 对富有的归因倾向 | 18~27岁 | 774 | -0.30 | 1.43 |
| | 28~37岁 | 1475 | -0.38 | 1.54 |
| | 38~47岁 | 1709 | -0.46 | 1.59 |
| | 48~57岁 | 1424 | -0.41 | 1.50 |
| | 58~70岁 | 786 | -0.04 | 1.37 |

续表

| 归因倾向 | 年龄分组 | 样本量 | 平均值 | 标准差 |
| --- | --- | --- | --- | --- |
| 对贫穷的归因倾向 | 18~27岁 | 774 | -0.13 | 1.45 |
| | 28~37岁 | 1475 | -0.16 | 1.57 |
| | 38~47岁 | 1709 | -0.24 | 1.60 |
| | 48~57岁 | 1424 | -0.11 | 1.61 |
| | 58~70岁 | 786 | 0.18 | 2.61 |

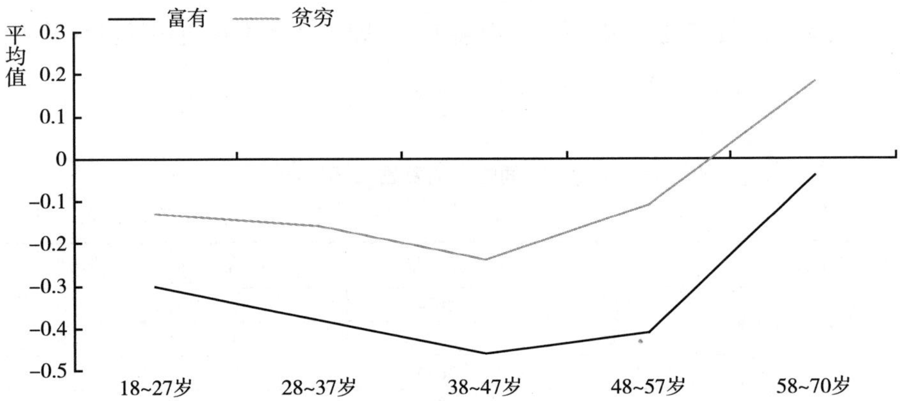


**图2　不同年龄分组的贫富归因倾向**

比较不同年龄分组民众在贫富归因上的差异，结果发现，不同年龄段民众对富有和贫穷的归因倾向存在显著差异［$F(1, 6163) = 171.85$，$p<0.001$］，对富有更倾向于内归因。不同年龄段的主效应显著［$F(1, 6163) = 12.77$，$p<0.001$］，事后多重比较分析发现，仅58~70岁民众与其他组具有统计学上的显著差异，即对贫穷和富有的归因分值比其他年龄组得分更高。

3. 不同户口的贫富归因差异

如表4所示，无论是城市还是农村户口对富有和贫穷的归因平均分均为负值，即均倾向于内归因。对户口和贫富归因倾向做两因素重复测量方差分析，结果表明，户口的主效应显著［$F(2, 6165) = 7.14$，$p<0.001$］，城市户口民众比农村户口民众更倾向于内归因，即城市比农村户口民众更认为贫富是由内部因素造成的。其他均不显著，$ps>0.05$。纳入是否为本地户口后发现，本地城市户口与本地农村户口存在显著差异（$p<0.001$），即与本地农村户口相比，本地城市户口认为贫富和个体内部因素更相关。同时，外地农村户口与本地城市、农村户口差异显著（$ps<0.05$），相较于后两类群体，外地农村户口更认为贫穷或富裕是由个体内部因素引起的。而外地城市户口和其他户口群体差异均不显著。也就是说，在贫富归因倾向上，外地农村户口的内归因倾向最强，然后是外地城市户口，再是本地城市户口，最后是本地农村户口。

**表 4　不同户口居民的贫富归因倾向**

单位：人，分

| 归因倾向 | 户口类型 | 样本量 | 平均值 | 标准差 |
| --- | --- | --- | --- | --- |
| 对富有的归因倾向 | 城市 | 3340 | -0.40 | 1.55 |
| | 农村 | 2827 | -0.30 | 1.47 |
| 对贫穷的归因倾向 | 城市 | 3340 | -0.17 | 1.58 |
| | 农村 | 2827 | -0.06 | 1.54 |

### 4. 不同居住区域的贫富归因差异

如表 5 所示，参与调查的市/县城的中心城区居民最多，占比 42.0%；市/县城区以外的镇居民最少，仅占比 4.8%；市/县城的边缘城区、市/县城的城乡结合部和农村居民分别占比 17.5%、10.8%和 24.8%。民众对富有和贫穷归因倾向平均得分在不同常住地区上趋势一致，在两个维度的内归因倾向上均是市/县城的边缘城区>市/县城区以外的镇>市/县城的中心城区>市/县城的城乡结合部>农村。

**表 5　不同居住区域居民的贫富归因倾向**

单位：分，人

| 归因倾向 | 居住区域 | 平均值 | 标准差 | 样本量 |
| --- | --- | --- | --- | --- |
| 对富有的归因倾向 | 市/县城的中心城区 | -0.34 | 1.54 | 2592 |
| | 市/县城的边缘城区 | -0.68 | 1.67 | 1080 |
| | 市/县城的城乡结合部 | -0.26 | 1.27 | 667 |
| | 市/县城区以外的镇 | -0.43 | 1.14 | 297 |
| | 农村 | -0.17 | 1.50 | 1532 |

续表

| 归因倾向 | 居住区域 | 平均值 | 标准差 | 样本量 |
|---|---|---|---|---|
| 对贫穷的归因倾向 | 市/县城的中心城区 | -0.13 | 1.57 | 2592 |
| | 市/县城的边缘城区 | -0.44 | 1.69 | 1080 |
| | 市/县城的城乡结合部 | -0.03 | 1.29 | 667 |
| | 市/县城区以外的镇 | -0.16 | 1.26 | 297 |
| | 农村 | 0.08 | 1.59 | 1532 |

由于发现市/县城的中心城区民众的归因倾向得分位于中间水平，为了解这种情况的原因，进一步分析贫穷和富有内外归因的描述性数据时发现，市/县城的中心城区贫富归因的平均值都不是最高的，并且在内归因维度上，其平均分仅高于农村。

对不同常住地和贫富归因倾向做两因素重复测量方差分析，结果表明，不同常住地的主效应显著［$F(4, 6163) = 22.75$，$p<0.001$］。进一步事后多重比较发现，市/县城的边缘城区民众比其他常住地民众更倾向于内归因；市/县城的中心城区民众反而比市/县城的边缘城区民众更倾向于外归因，只比农村地区民众更倾向于内归因，与城乡结合部和镇上的民众没有显著差异；市/县城的城乡结合部民众的贫富归因倾向只与边缘城区民众有显著差异，其他均无差异。在贫富内归因倾向上，市/县城的边缘城区民众内归因倾向最强，然后是市/县城区以外的镇、市/县城的中心城区和市/县城的城乡结合部，最后是农村，贫富的主效应等均不显著（$ps>0.05$）（见表6）。

**表6　不同常住地民众贫富归因差异事后多重比较t值**

单位：分

| 常住地区 | 市/县城的中心城区 | 市/县城的边缘城区 | 市/县城的城乡结合部 | 市/县城区以外的镇 |
|---|---|---|---|---|
| 市/县城的边缘城区 | 6.39*** | | | |
| 市/县城的城乡结合部 | -1.56 | -6.08*** | | |
| 市/县城区以外的镇 | 0.63 | -2.94** | 1.53 | |
| 农村 | -4.31*** | -9.32*** | -1.53 | -2.8** |

注：* $p<0.05$，** $p<0.01$，*** $p<0.001$，下同。

## （三）不同主观社会阶层的贫富归因差异

### 1. 不同主观社会阶层之间归因倾向性的差异

由表7中的样本量可以得出，在本次大调查中有6.5%的人认为自己处于社会下层，27.4%的人认为自己处于中下层，49.5%的人认为自己处于中层，15.6%的人认为自己处于中上层，仅有1.0%的人认为自己属于上层群体，上层群体占比比2019年的2.67%和2020年的1.74%（张衍，2021）有所下降。

**表7 不同主观社会阶层的描述性统计和事后多重比较（t值）**

单位：分，人

| 主观社会阶层 | 平均值±标准差 | 样本量 | 下层 | 中下层 | 中层 | 中上层 |
|---|---|---|---|---|---|---|
| 下层 | 0.33±1.37 | 404 | | | | |
| 中下层 | -0.11±1.43 | 1690 | -5.5*** | | | |
| 中层 | -0.36±1.68 | 3054 | -9.9*** | -6.25*** | | |
| 中上层 | -0.33±1.26 | 960 | -8.13*** | -3.67*** | 0.64 | |
| 上层 | -0.32±1.08 | 60 | -3.42*** | -1.17 | 0.22 | 0.04 |

对主观社会阶层和贫富归因倾向做两因素重复测量方差分析，结果发现，主观社会阶层的主效应显著［$F(4, 6163) = 27.28$，$p<0.001$］，即下层、中下层、中层、中上层和上层之间在贫富归因倾向上有显著差异。

为进一步了解不同阶层之间的具体差异情况，对主观社会阶层做事后多重比较并结合描述性统计数据，结果发现，下层和其他所有阶层差异均显著，中下层和中层、中上层差异显著，而上层除和下层差异显著外，其他均不显著。按照不同阶层归因倾向数值排序的话，在归因倾向数值上，其关系为下层>中下层>中层/中上层，下层>上层。也就是说，下层比中下层，中下层比中层和中上层更倾向于外归因，上层比下层更倾向于内归因，而与其他阶层在归因倾向上没有显著差异。简言之，从下层、中下层到中层/中上层，人们对贫富的归因越来越倾向于内部因素，如努力、能力、才华等，而非外部因素，如社会关系、运气等。

贫富归因倾向的主效应显著［F（1，6163）= 23.44，p<0.001］，民众对富有的归因比对贫穷的归因更倾向于内部因素，即民众认为穷人之所以穷和富人之所以富的内外归因倾向是显著不同的，相较于贫穷人们普遍认为富有更倾向于是由内部因素造成的。

2. 不同主观社会阶层在贫穷和富有上的归因差异

贫富归因倾向和主观社会阶层的交互作用显著［F（4，6163）= 10.03，p<0.001］。进一步简单效应分析发现，在下层、中下层、中层和中上层，人们的贫富归因差异均显著，但在上层，这种差异不存在。结合描述性统计数据发现，主观社会上层民众对影响贫富的内外因素打分都很高，认为内外因素都很重要，所以差异不显著。具体来说，尽管下层民众认为贫穷和富有都倾向于外部因素，但两者之间也有显著差异，下层民众认为贫穷比富有更多地由外部因素引起。中下层、中层和中上层民众均认为贫穷和富有主要是由内部因素引起的，但在贫穷和富有上存在显著差异，认为富有更倾向于是由内部因素造成的。而上层民众认为贫穷和富有主要由内部因素造成，在贫穷和富有两个维度没有显著差异。

通过以上结果可知，主观下层民众即主观认为自己社会阶层较低的民众倾向于认为富有和贫穷都是由外部因素造成的，但认为穷人之所以穷比富人之所以富显著更多地由外部因素造成，即相较于富有，贫穷更多是由外部因素引起的。主观上层民众即主观认为自己社会阶层较高的民众认为穷人之所以穷和富人之所以富都主要是由内部因素造成的。介于下层和上层之间的民众认为贫穷和富有主要由内部因素引起，但认为富人之所以富倾向于是由内部因素引起的。

## （四）不同客观社会阶层的贫富归因差异

客观社会阶层的分布，如表 8 所示，1000 元及以下群体占总调查人数的 7.3%，1001～2000 元群体占比 6.4%，2001～3000 元群体占比 12.7%，3001～4000 元群体占比 19.2%，4001～5000 元群体占比 18.6%，5001～6000 元群体占比 13.1%，6001～8000 元群体占比 12.5%，8001～1 万元群体占比 6.6%，1 万元以上群体占比 3.6%。月收入 1000 元及以下和 1001～2000 元

**表 8　不同客观社会阶层的描述性统计和事后多重比较（t 值）**

单位：分，人

| 序号 | 月收入/客观阶层 | 平均值±标准差 | 样本量 | 1 | 2 | 3 | 4 | 5 | 6 | 7 | 8 |
|---|---|---|---|---|---|---|---|---|---|---|---|
| 1 | 1000 元及以下 | 0±1. 47 | 449 | | | | | | | | |
| 2 | 1001~2000 元 | 0. 02±1. 45 | 394 | 0. 2 | | | | | | | |
| 3 | 2001~3000 元 | −0. 11±1. 36 | 785 | −1. 38 | −1. 44 | | | | | | |
| 4 | 3001~4000 元 | −0. 87±1. 53 | 1182 | −1. 13 | −1. 38 | −0. 33 | | | | | |
| 5 | 4001~5000 元 | −0. 23±1. 55 | 1148 | −2. 88* | −3. 13** | −1. 8 | −2. 33* | | | | |
| 6 | 5001~6000 元 | −0. 49±1. 66 | 809 | −6. 13*** | −5. 67*** | −5. 29*** | −6. 67*** | −4. 33*** | | | |
| 7 | 6001~8000 元 | −0. 51±1. 97 | 770 | −6. 38*** | −5. 89*** | −5. 71*** | −7. 17*** | −4. 83*** | −0. 43 | | |
| 8 | 8001~1 万元 | −0. 47±1. 68 | 410 | −5. 22*** | −4. 9*** | −4. 5*** | −4. 88*** | −3. 13** | 0. 13 | 0. 5 | |
| 9 | 1 万元以上 | −0. 22±1. 52 | 221 | −0. 83 | −2. 04* | −1 | −1. 3 | 0. 1 | 2. 45* | 2. 9** | 2. 17* |

两组群体的归因倾向性平均值为正数，即更倾向于外归因。

对客观社会阶层和贫富归因倾向做两因素重复测量方差分析，结果表明，客观社会阶层的主效应显著［$F(8, 6159) = 132.16$，$p<0.001$］，即不同客观社会阶层之间的贫富归因倾向有显著差异。

进一步事后多重比较并结合描述性统计结果，我们发现，个人月收入5001~6000元、6001~8000元和8001~1万元群体比1000元及以下、1001~2000元、2001~3000元、3001~4000元、4001~5000元群体更倾向于内归因；4001~5000元群体与1000元及以下、1001~2000元、3001~4000元群体差异显著，即前者比后者更倾向于内归因；此外，月收入1万元以上群体比1001~2000元群体更倾向于内归因，但比5001~6000元、6001~8000元和8001~1万元群体更倾向于外归因。总体来看，收入越高，即客观社会阶层越高，对贫富的归因越倾向于内部因素，与主观社会阶层归因倾向结果一致；但对于高收入群体来说，其比低收入群体（1001~2000元）更倾向于内归因，但比中上收入群体（5001~6000元、6001~8000元、8001~1万元）更倾向于外归因，这一定程度上与主观阶层贫富归因结果中的上层群体认为内外因素都很重要相印证。

贫富归因倾向的主效应显著［$F(1, 6159) = 150.13$，$p<0.001$］，人们认为穷人之所以穷更多由外部因素导致，而富人之所以富更多由内部因素造成。此外，客观社会阶层和贫富归因倾向的交互作用不显著（$p>0.05$）。

## 四　结论与讨论

综上，民众对贫富归因的认知比较客观理性，整体状况良好。民众普遍认为富有比贫穷需要更多的内外部条件，对贫穷和富有均表现出内归因倾向。但在内归因倾向程度上存在差异，民众对富有比对贫穷表现出更强的内归因倾向；男性比女性，外地户口民众比本地户口民众，市/县城边缘城区民众比农村区域民众，在贫穷和富有上均表现出更强的内归因倾向；从主观社会下层、中下层到中层/中上层，民众的内归因倾向越来越强，但主观社会上层民众的贫富归因认知例外，主观上层民众认为内部因素和外部因素都很重要，而没呈现那么强的内归因倾向；客观社会阶层民众对贫富的归因情况也呈现与主观社会阶层类似的结果。此外，主观和客观社会下层民众认为贫穷或富有主要由外部因素造成，而没有表现出内归因倾向。

## （一）整体贫富归因状况较好，应注意下层民众贫富归因倾向的引导

无论是主观社会阶层还是客观社会阶层，除下层民众表现出外归因倾向外，大部分民众都表现出内归因倾向；并且从社会下层到社会中上层随着社会阶层的提高，民众对贫富的归因越来越倾向内归因。也就是说，绝大部分民众认为贫富主要原因是个体内部因素，如个体的努力、能力等；并且，随着社会阶层的提高，民众越来越认可和重视内部因素的作用。这种对贫富的内归因倾向有助于减少民众的分配不公平感、仇富等不良社会心态的产生。此外，进一步支持了阶层社会认知理论，低阶层群体行为易受外部因素影响，而高阶层群体的行为主要由内部因素决定。从贫富归因的角度证明不同社会阶层民众确实具有不同的认知方式，并进一步影响其社会认知表现。应加强对下层民众的内归因引导，减少心理上对外部因素的依赖，促进个体能力、努力等因素的改善，以营造良好的社会心态氛围。

从认知角度上一定程度印证了“穷则愈穷，富则愈富”的道理，即人愈穷或愈富除与自身所拥有的物质资源相关外，与自身的归因认知也有关系，即穷人更倾向于外归因，把贫穷归咎于家庭、运气等，从而表现出消极情绪或行为，对改善自身物质条件等没有积极帮助；而富人更倾向于内归因，即把问题结果归于内部因素，即努力、能力等，有助于促使个人成长，进而进一步提升个人收入、地位等。

以月收入为指标的客观社会阶层对贫富归因的影响与主观社会阶层结果大体一致，表现出一定稳定性，这与前人研究（李静，2012）认为不同客观社会阶层的贫富归因不稳定的结果不一致。这可能主要因为客观社会阶层的指标不同，前人研究采用职业划分客观阶层，而在本研究中将月收入作为

客观社会阶层指标，并且考虑到第二职业、隐形收入等，说明此指标比较适合作为划分客观社会阶层的标准。此外，需注意的是，主观社会阶层对贫富归因倾向具有一定的调节作用，而客观社会阶层即个人月收入没有，这与 Manstead（2018）的研究结果一致。

### （二）社会下层和上层民众贫富归因存在差异，引导下层民众改善对贫富的认知模式

社会下层民众认为富人之所以富更多的是由外部因素造成的，而穷人之所以贫穷也是由外部因素造成的，但认为富有比贫穷更多地由外部因素造成；社会上层民众认为贫穷和富有都主要是由内部因素造成的。即下层民众认为“我为什么穷”是由外部原因造成的，“你为什么富”更是由外部因素造成的。而上层民众则认为“你为什么穷”和“我为什么富”都是由内部因素导致的。这符合阶层的社会认知理论，相较于高阶层群体，低阶层群体拥有的社会经济资源更少，受外部情境影响更大（李小新等，2019）。支持 Kraus 等（2011）提出的社会阶层致使下层形成具有情境性和外部导向性的认知模式与关系取向，对人际关系更敏感也更依赖；对高阶层则产生唯我主义与个人主义的认知模式与关系取向，更加注重个人目标与学业成就及提升自我价值观。其他社会阶层更倾向于将贫富归因于内部因素。这也与归因偏差理论一致，即人们倾向于将自身积极行为结果归因于内部因素，将消极行为结果归因于外部因素。与归因偏差理论不一致的是，位于下层和上层之间的民众认为贫穷和富有都是由内部因素造成的，并且富有比贫穷更多是由内部因素造成的。

上层民众不处于社会阶层越高，贫富内归因倾向越强的逻辑中，不是说这个群体认为内部因素不重要，而是这个群体认为内部和外部因素都很重要，对两类影响因素的打分都较高，所以没有表现出显著的倾向性。这一结果意料之外，又合情合理，一定程度上说明上层民众的归因更加客观、全面；也指出阶层的社会认知理论存在其边界，即对于社会上层群体该理论的观点存在不足之处，对于处于社会金字塔顶端的这个群体来说，他们不仅重

视内部因素也重视外部条件，这一点可在以后的研究中进一步分析和探讨。以往研究更多关注低阶层群体的特点（丁倩等，2019；杨沈龙等，2016），通过本研究发现上层群体也有其独有特点，下层通过改变认知模式有实现社会流动的可能（蔡翩飞等，2020），因此在以后研究中也应多加关注社会精英群体，在引导下层群体认知改善过程中借鉴社会上层群体全面、客观的认知特点。

### （三）民众对富有表现出更强的内归因倾向，倡导民众更全面和客观地认知贫穷的原因

民众对富有和贫穷的归因存在偏差，相较于贫穷，民众对富有的内归因倾向更强。对贫穷原因的认知比对富有原因的认知更多地考虑外部因素。符合归因偏差理论的预期，即人们倾向于将积极行为结果归因于内部因素，将消极行为结果归因于外部因素。对贫穷的归因偏差，易使民众产生分配不公平感、仇富、仇官等不良社会心态，不利于社会和谐。应采取有效策略，鼓励和强化民众的内归因，使民众相信贫富可以通过能力、努力等内部因素改变，并提升民众的幸福感；同时减少外归因倾向，因为外归因容易引起民众面对失败时的习得性无助，从而降低幸福感（李倩莹等，2022）。尽管政府在贫富差距上采取了一系列措施，但在党的二十大后，在新的征程上，仍需改善民众尤其是农民、下层群体等的致富或晋升环境，完善分配制度，激活福利制度，健全社会保障体系。

### （四）贫富归因在空间分布上存在差异，应关注市中心和农村民众的归因倾向

总体上，城市户口民众比农村户口民众对贫富原因的认知更倾向于内部因素的影响，这与主客观阶层中的结果一致，即下层居民更倾向于外归因，阶层较高的民众更倾向于内归因。但在空间分布上，根据民众的常住地进行进一步分析时发现一个很有意思的现象，不是市/县城的中心城区民众在内归因倾向上最强，处在中游水平。这与主客观阶层中出现的社会上层居民认

为内外因素都重要的结果不一致，这可能是受市中心民众居住复杂性的影响；并且很多市中心是老城区，情况就更复杂了，居住在市中心的民众是上层、中层和下层居民混住，隔离程度也较低（李君甫、李阿琳，2016）。在内归因倾向上，市/县城的边缘城区民众最强，而市/县城的中心城区民众与镇、城乡结合部没有显著差异，内归因倾向最弱或者说外归因倾向最强的是农村民众。

因此，应积极关注市/县城的中心城区民众出现显著贫富外归因倾向的原因，并进一步研究这一原因背后的心理机制；加强对农村地区居民的贫富归因引导，提高内归因认知水平。

综上，通过大样本数据分析发现，贫富归因倾向具有阶层性和区域性等特点，应针对不同阶层和居住空间给予不同的关注和引导。倡导民众客观、全面的归因方式，引导加强下层、农村民众贫富的内归因倾向，减少归因偏差，提高民众对贫穷归因的客观性，重视市中心居民的归因情况，培育良好的社会心态，塑造和谐的社会氛围，从而促进社会阶层流动。为后续共同富裕相关的学术研究奠定基础；为解决发展不平衡不充分问题，缩小城乡区域发展差距，实现人的全面发展和全体人民共同富裕，实现中国式现代化，提供一定的理论借鉴。

## 参考文献

蔡翮飞、余秀兰、刘小瑜：《贫穷限制了想象？寒门大学生社会认知特征分析》，《中国青年研究》2020 年第 4 期。

陈思静、杨莎莎、汪昊、万丰华：《主观社会阶层正向预测利他性惩罚》，《心理学报》2022 年第 12 期。

丁倩、梁一冰、张永欣、黄凤：《低阶层大学生贫富归因对心理特权的影响：相对剥夺感的中介作用》，《中国临床心理学杂志》2019 年第 5 期。

何淼、张鸿雁：《城市社会空间分化如何可能——西方城市社会学空间理论的中国意义》，《探索与争鸣》2011 年第 8 期。

李静：《不同社会阶层对贫富差距的归因倾向研究》，博士学位论文，华中师范大学，2012。

李君甫、李阿琳：《北京社会空间分化与隔离：基于社会阶层分布的研究》，《北京工业大学学报》（社会科学版）2016 年第 1 期。

李倩莹、刘方、黎志华：《主观社会经济地位对成年早期幸福感的影响：一个链式中介模型》，《中国临床心理学杂志》2022 年第 4 期。

李小新、任志洪、胡小勇、郭永玉：《低家庭社会阶层大学生为何更容易社交焦虑？心理社会资源和拒绝敏感性的多重中介作用》，《心理科学》2019 年第 6 期。

卢瑶、张青根、沈红：《基于学生自评数据的能力增值可靠吗？——来自归因理论的解释》，《国家教育行政学院学报》2021 年第 11 期。

陆影：《社会福利制度的空间分化——以城乡社会变迁为分析中心》，《江海学刊》2021 年第 2 期。

杨沈龙、郭永玉、胡小勇、舒首立、李静：《低阶层者的系统合理化水平更高吗？——基于社会认知视角的考察》，《心理学报》2016 年第 11 期。

杨沈龙：《不同阶层系统合理信念差异的心理机制：归因与补偿的双重视角》，博士学位论文，华中师范大学，2017。

张衍：《主客观地位和流动感知对公平感的影响与变化（2019~2020 年）》，载王俊秀主编《中国社会心态研究报告（2021）》，社会科学文献出版社，2021。

Adler, N. E., Epel, E. S., Castellazzo, G., and Ickovics, J. R., "Relationship of Subjective and Objective Social Status with Psychological and Physiological Functioning: Preliminary Data in Healthy, White Women", *Health Psychology*, 19 (2000).

Kraus, M. W., Piff, P. K., and Keltner, D., "Social Class as Culture: The Convergence of Resources and Rank in the Social Realm", *Current Directions in Psychological Science*, 20 (2011).

Kraus, M. W., Piff, P. K., Mendoza-Denton, R., Rheinschmidt, M. L., and Keltner, D., "Social Class, Solipsism, and Contextualism: How the Rich are Different from the Poor", *Psychological Review*, 119 (2012).

Manstead, A. S., "The Psychology of Social Class: How Socioeconomic Status Impacts Thought, Feelings, and Behaviour", *British Journal of Social Psychology*, 2 (2018).

Tanjitpiyanond Porntida, Jetten Jolanda and Peters Kim, "How Economic Inequality Shapes Social Class Stereotyping", *Journal of Experimental Social Psychology*, 98 (2022).

Wolff, L. S., Subramanian, S. V., Acevedo-Garcia, D., Weber, D., and Kawachi, I., "Compared to Whom? Subjective Social Status, Self-rated Health, and Referent Group Sensitivity in a Diverse U. S. Sample", *Social Science and Medicine*, 70 (2010).

Yang, X., and Dunham, Y., "Emerging Complexity in Children's Conceptualization of the Wealthy and the Poor", *Developmental Science*, 25 (2022).

# B.4 民众的结果和机会公平感及其与共同富裕信心间的关系*

张　衍**

**摘　要：** 共同富裕是消除两极分化和贫穷基础上的普遍富裕，它与民众的结果公平感和机会公平感密切相关。本研究采用2022年中国社会心态调查数据，分析了民众的结果公平感和机会公平感（分为向上流动机会感知和向下流动机会感知）及其与共同富裕信心的关系。结果发现，民众的结果公平感、机会公平感均较高，相比2020年，2022年民众的结果公平感和向上流动机会感知均有所上升，但向下流动机会感知下降，在公平感上更接近共同富裕希望实现的社会形态。不同群体在公平感上有所差异，各有特点，但是需要特别关注长期居住在农村的居民的公平感，他们的结果公平感和机会公平感均较低。通过将结果公平感、向上流动机会感知和向下流动机会感知进行2×2×2的构建，本研究还梳理了公平感的8种形态及其所反映的社会形态，并且发现结果公平感和向上流动机会感知高，但向下流动机会感知低的群体对共同富裕的信心是最高的。除此之外，本研究发现，结果公平感对共同富裕信心的预测力最强，当结果公平感高时，向上流动机会感知对共同富裕信心的预测力不显著，但是当结果公平感低时，向上流动机会感知越高的群体对共同富裕的信心越高。综上所述，提高民众共同富裕信心的关键在于保障结果公平、打通向上

* 本报告受国家社会科学基金青年项目“城镇化进程中社会心态的隧道效应研究”（21CSH045）资助。

** 张衍，中国社会科学院社会学研究所助理研究员，博士，研究方向为社会心理学和文化心理学。

流动的渠道和避免向下流动。

**关键词：** 共同富裕　结果公平感　机会公平感　向上流动　向下流动

## 一　引言

近年来，习近平总书记多次提到共同富裕。共同富裕是全体人民通过辛勤劳动和相互帮助最终达到丰衣足食的生活水平，也就是消除两极分化和贫穷基础上的普遍富裕。显然，共同富裕不是平均主义，不是“均贫富”，也不是劫富济贫。那么，共同富裕与民众的公平感有什么关系？

社会公平体现了人类共同的价值追求，是衡量社会进步的重要尺度（李迎生，2019），实现公平、正义是民众的需要，也是社会治理的目标。社会公平要求确立一套分配资源和权利的客观标准和程序（俞可平，2017），但是与研究者所讨论的分配原则不同，民众自身存在一套朴素的原则，这反映在公平感上就是民众对社会公平程度的主观评价。

国内的公平感研究始于 20 世纪 80 年代后期，并在 2000 年之后开始受到重视，最初的研究多在讨论组织管理中的公平感（张永山，1992），其后逐渐转向对社会整体公平状况的评价。不同的学者在讨论公平感时存在差异，有的理解为对公平的感知（sense of fairness）（郑雄飞、黄一倬，2020），有的理解为对公正的感知（sense of justice，perceived social justice，perception of social justice，justice perceptions）（胡小勇等，2016；薛洁，2007），有的理解为对平等的感知（perception of equality）（栗治强、王毅杰，2014）。本研究的社会公平感指的是民众对社会总体公平状况的感知，不是对具体某个方面（如收入分配）的公平感，也不是对公正或平等的感知。

根据公平原则的不同，公平感的结构也有不同的分类方式。最典型的是将公平感分为结果公平感和程序公平感，还有研究者在此基础上引入起点公平感和机会公平感。刘亚等（2003）结合西方学界的组织公平感理论，并加入中国文化要素，构建了公平感四因素模型，分别为分配公平感、程序公平感、领导公平感和领导解释。张媛（2009）通过对青少年的量表分析，得到社会公平感结构的5个维度，分别是制度公平感、弱势公平感、权利公平感、互动公平感和分配公平感。李炜（2019）在上述结构的基础上，构建了社会公平感的3个维度，分别是经济公平感、保障公平感和政治公平感。

本研究将公平感分为结果公平感和机会公平感。这是因为，根据结构决定论，社会的不均衡发展，可能引发底层愤怒，导致社会矛盾（Kluegel & Smith，1981）。但是，过往研究发现社会不平等增加，公平感并不一定降低；相比城镇居民，农村居民拥有更积极的社会心态，“社会火山”并未爆发（怀默霆，2009）。根据隧道效应理论（Hirschman & Rothschild，1973），这可能与人们的未来期望有关。而机会公平感则可以反映人们的这种未来期望。

因此，本研究探讨了民众的结果公平感和机会公平感，并将机会公平感分为向上流动机会感知和向下流动机会感知，对比了2022年和2020年的变化，分析了影响结果公平感和机会公平感的人口学差异，理论上构建了8种公平感形态，并分析了它们与共同富裕信心的关系。本研究可有助于发现提高民众社会公平感的路径，并为未来中国共同富裕政策的实施提供一些启示。

## 二　研究方法

本研究所用数据来源于2022年中国社会心态调查，是由中国社会科学院社会学研究所社会心理学研究中心发起的一项全国大型连续性随机抽样入户调查项目，抽样方法和样本情况详见总报告。

本研究采用一道题测量了民众的总体结果公平感：“社会总体公平情况”，被试从非常不公平（=1）到非常公平（=7）间进行评分。此外，还测量了民众对高考制度、义务教育、公共医疗等 12 个具体领域结果公平的感知，同样是从非常不公平（=1）到非常公平（=7）间进行评分。结果公平感测量的内部一致性信度较高，Cronbach's $\alpha = 0.906$。

本研究从向上流动机会感知和向下流动机会感知两个方面测量了被试的机会公平感。采用"在当今社会，'白手起家'的可能性仍然很大"一题测量向上流动机会感知，采用"在当今社会，富人可能失去一切而变成穷人"一题测量向下流动机会感知。被试从非常不同意（=1）到非常同意（=7）间进行评分。

## 三　研究结果

### （一）结果公平感

2022 年 39.25%的民众认为社会总体比较公平，29.98%认为公平，5.16%认为非常公平，18.61%的民众持中立态度，而认为非常不公平、不公平和比较不公平的民众占 7.00%；平均分为 5.06±1.04 分，高于中值 4 分；这说明民众的结果公平感较高。相较而言，2020 年 34.84%的民众认为社会总体比较公平，23.98%认为公平，3.20%认为非常公平，22.09%持中立态度，而认为非常不公平、不公平和比较不公平的民众占 15.89%；平均分为 4.70±1.21 分，高于中值 4 分；这说明相对 2020 年，2022 年民众的结果公平感有所提升（见图 1）。

在具体领域，民众感到最公平的是义务教育、高考制度和公民实际享有的政治权利，而感到最不公平的是财富及收入分配，不同地区、行业之间的待遇和城乡之间的权利、待遇（见图 2）。从中可以看到，民众认为教育领域较为公平，而认为区域差异较大。

### （二）机会公平感

2022 年，65.06%的民众认为白手起家的可能性仍然很大，17.10%持中

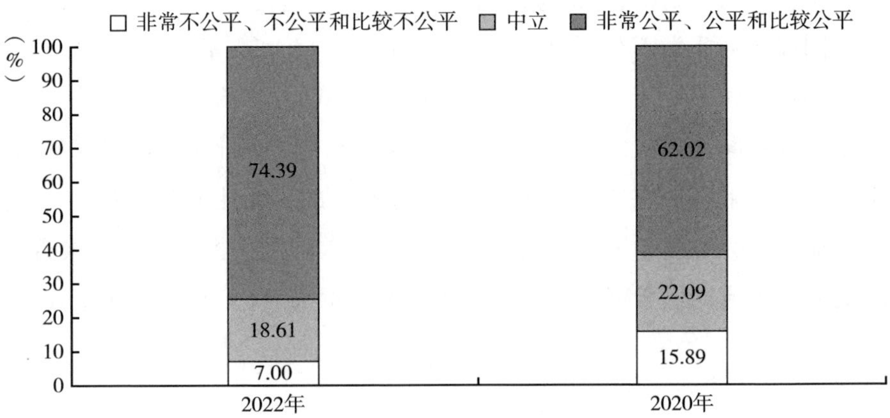


**图 1　2022 年和 2020 年民众总体结果公平感的比较**

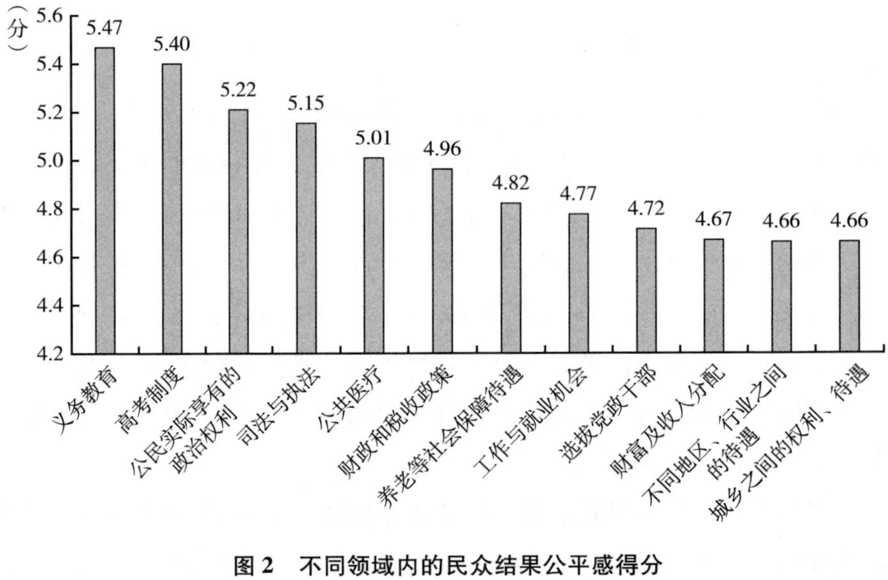


**图 2　不同领域内的民众结果公平感得分**

立态度，17.83%不同意；平均分为 4.82±1.36 分。此外，57.07%认为富人可能失去一切变成穷人，23.10%持中立态度，19.83%不同意；平均分为 4.62±1.30 分。这说明民众感到向上流动和向下流动的机会都很多，但是向上流动的机会大于向下流动的机会。

相较而言，2020 年，57. 47%的民众认为白手起家的可能性仍然很大，22. 32%持中立态度，20. 21%不同意；平均分为 4. 66±1. 38 分。64. 83%认为富人可能失去一切变成穷人，21. 24%持中立态度，13. 94%不同意；平均分为 4. 88±1. 27 分。这说明相比 2020 年，2022 年民众认为向上流动的可能性增加，而向下流动的可能性下降（见图 3）。

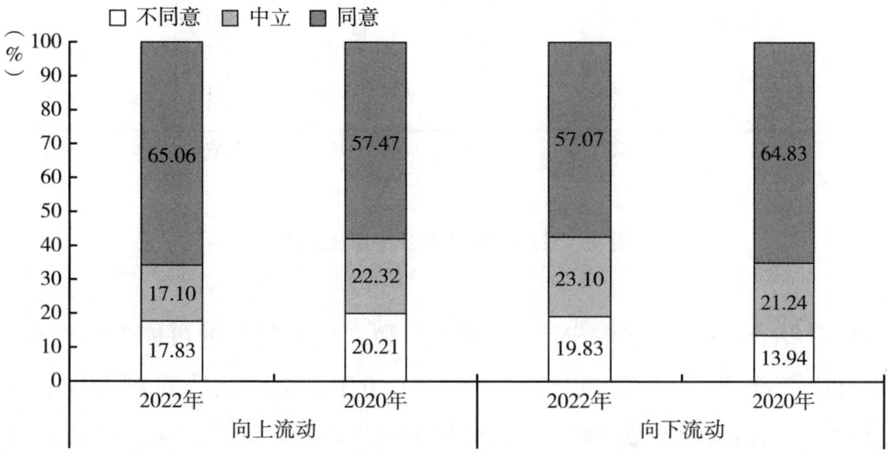


**图 3　2022 年和 2020 年民众机会公平感的比较**

## （三）公平感的影响因素

1. 城乡

如图 4 所示，农村居民和城镇居民在结果公平感和两个机会公平感的维度上差异不明显。农村居民略微更不倾向于认为结果是公平的（农村 73. 76%，城镇 74. 59%）和“白手起家的可能性仍然很大”（农村 63. 51%，城镇 65. 57%），也更不倾向于认为“富人可能失去一切变成穷人”（农村 54. 37%，城镇 57. 96%）。可见，相比城镇居民，农村居民的结果公平感和机会公平感略低。

如图 5 所示，农村户口民众和城市户口民众在结果公平感和两个机会公平感的维度上差异也不明显。农村户口民众略微更倾向于认为结果是公平的

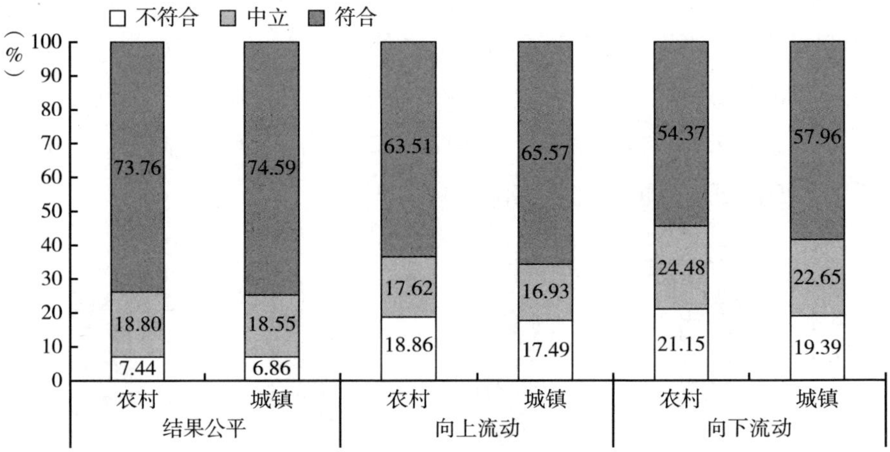


**图 4 城乡居住地在公平感上的差异**

（农村户口 75.56%，城市户口 73.41%）和“白手起家的可能性仍然很大”（农村户口 66.36%，城市户口 63.95%），更不认为“富人可能失去一切变成穷人”（农村户口 56.74%，城市户口 57.37%）。可见，相比城市户口民众，农村户口民众认为结果较公平，下层民众有向上流动的机会，但他们也认为上层民众向下流动的可能性较低。

2. 性别

如图 6 所示，女性略微更不倾向于认为结果是公平的（女性 73.41%，男性 75.65%）和“富人可能失去一切变成穷人”（女性 56.95%，男性 57.22%），但是她们更倾向于认为“白手起家的可能性仍然很大”。可见，相比男性，女性更倾向于认为结果不公平、下层民众有向上流动的机会，但她们也认为上层民众向下流动的可能性较低。

3. 年龄

如图 7 所示，在结果公平感上，不同年龄段的民众差异不明显，同意结果公平的比例在 71.91%~75.80%，相差不到 4 个百分点。但是，在向上流动机会感知上，30 岁及以下倾向认为“白手起家的可能性仍然很大”的比例最低（57.64%），其次是 31~40 岁的民众（63.12%），而 41 岁及以上年

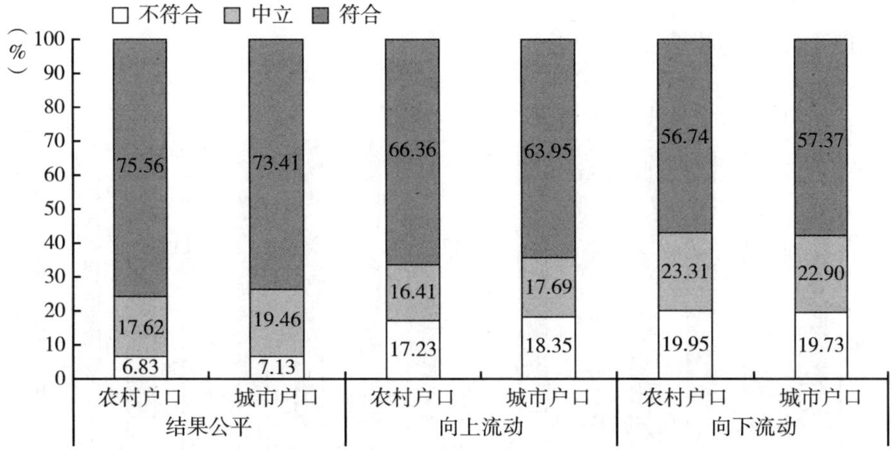


**图 5　城乡户口在公平感上的差异**

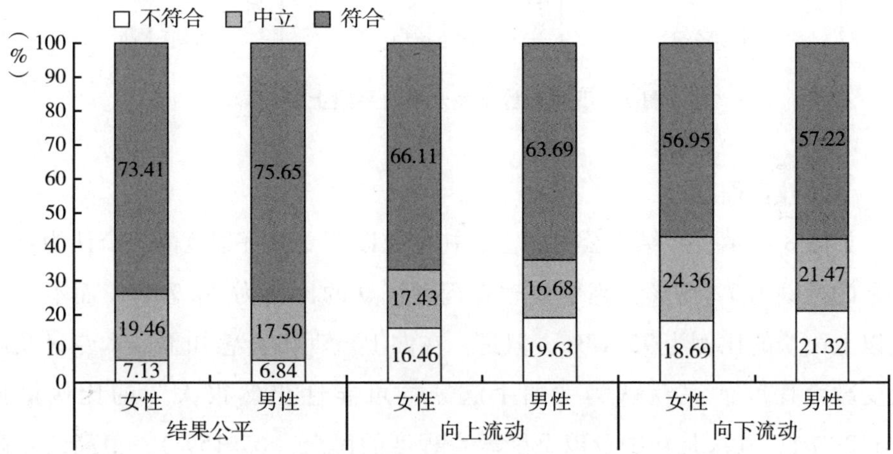


**图 6　性别在公平感上的差异**

龄段认同的比例为 67.36%～69.49%，相差不到 3 个百分点。在向下流动机会感知上，30 岁及以下倾向认为“富人可能失去一切变成穷人”的比例最低（51.35%），其次是 31～40 岁的民众（56.14%），再次是 41～50 岁的民众（57.57%），51 岁及以上年龄段认同的比例为 60.43%～62.75%，相差不到3个百分点。可见，年龄较小的民众更倾向于认为下层向上流动的机会和上层向下流动的机会都更少了。

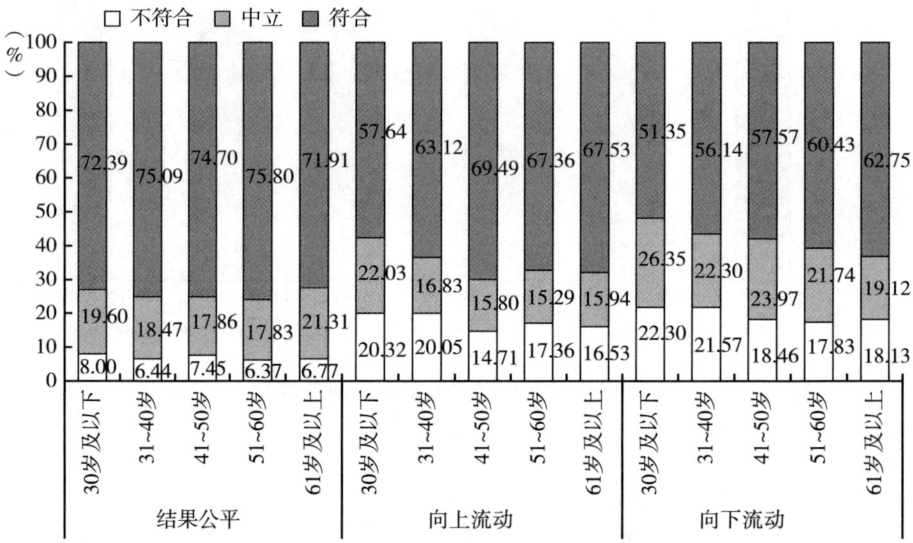


**图7　不同年龄段民众在公平感上的差异**

4. 受教育程度

如图8所示，在结果公平感上，初中及以下受教育程度的民众认为结果公平的比例为72.61%，高中受教育程度民众的比例为74.76%，而本专科及以上民众的比例为75.13%。但是，在向上流动机会感知上，本专科及以上受教育程度的民众认为“白手起家的可能性仍然很大”的比例最低（61.29%），其次是初中及以下受教育程度的民众（65.15%），最高的是高中受教育程度的民众（68.56%）。在向下流动机会感知上，本专科及以上受教育程度的民众认为“富人可能失去一切变成穷人”的比例也最低（55.58%），其次是初中及以下受教育程度的民众（57.83%），最高的仍然是高中受教育程度的民众（58.01%）。可见，民众的受教育程度越高，越认为结果公平；但是向上和向下流动机会感知最低的均是本专科及以上受教育程度的民众，最高的是高中受教育程度的民众，呈现倒V形的关系。

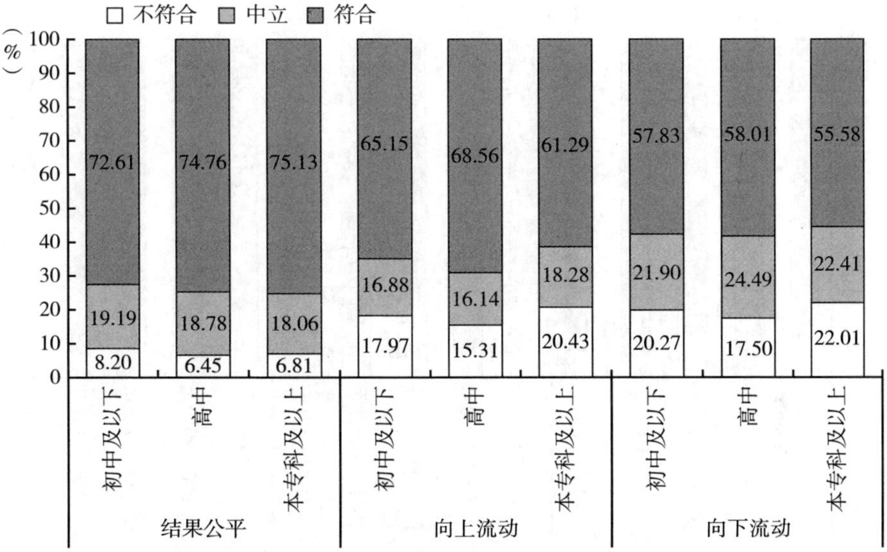


**图 8　不同受教育程度民众在公平感上的差异**

5. 收入

如图 9 所示，将家庭月收入按每档约 20%的样本分成五档，可以看到，家庭月收入在 8000 元及以下的民众认为结果公平的比例较低，其中，家庭月收入在 6000 元以下的民众认为结果公平的比例为 72. 54%，而家庭月收入在 6001 ~ 8000 元的民众认为结果公平的比例为 70. 03%，两者相差 2. 51 个百分点。但是，家庭月收入在 8000 元以上的民众认为结果公平的比例相对较高，其中，家庭月收入在 1 万 ~ 1. 5 万元的民众认为结果公平的比例最高（77. 02%），其次是家庭月收入在 8001 ~ 1 万元的民众（76. 09%），最后是家庭月收入在 1. 5 万元以上的民众（75. 74%），三者相差不大。

在向上流动机会感知上，家庭月收入在 1. 5 万元及以下的民众间差异不大，认为“白手起家的可能性仍然很大”的比例在 64. 40% ~ 66. 90%，其中最高的是 6000 元及以下家庭月收入的民众（66. 90%）。但是家庭月收入在 1. 5 万元以上的民众认为“白手起家的可能性仍然很大”的比例最低（61. 24%）。

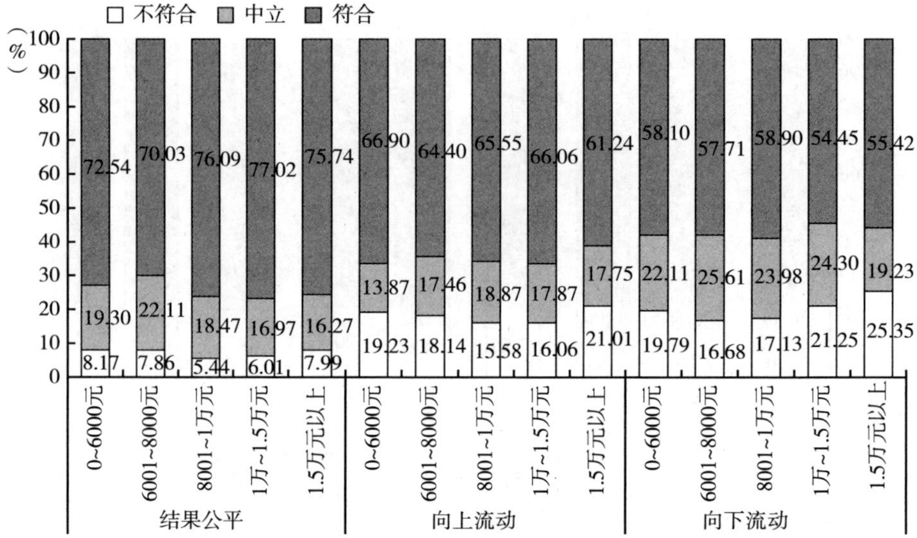


**图 9 不同家庭月收入状况民众在公平感上的差异**

在向下流动机会感知上，家庭月收入在 1 万元及以下的民众间差异不大，认为“富人可能失去一切变成穷人”的比例在 57.71%~58.90%。但是家庭月收入在 1 万元以上的民众认为“富人可能失去一切变成穷人”的比例较低，其中，家庭月收入在 1 万~1.5 万元的民众认为“富人可能失去一切变成穷人”的比例最低（54.45%），其次是家庭月收入在 1.5 万元以上的民众（55.42%）。

可见，家庭月收入较低的民众，主要是家庭月收入在 8000 元及以下的民众结果公平感较低，但是家庭月收入较高的民众，主要是家庭月收入在 1.5 万元及以上的民众机会公平感较低。

6. 工作状况

如图 10 所示，相比有工作（含非固定工作）的民众，无工作（不含全日制学生）的民众更不倾向于认为结果是公平的（无工作 71.34%，有工作 75.32%），更不认可“白手起家的可能性仍然很大”（无工作 64.81%，有工作 65.27%），而更认可“富人可能失去一切变成穷人”（无工作 58.93%，有工作 56.50%)。可见，无工作的民众的结果公平感和向上流动机会感知较低，但是向下流动机会感知较高。

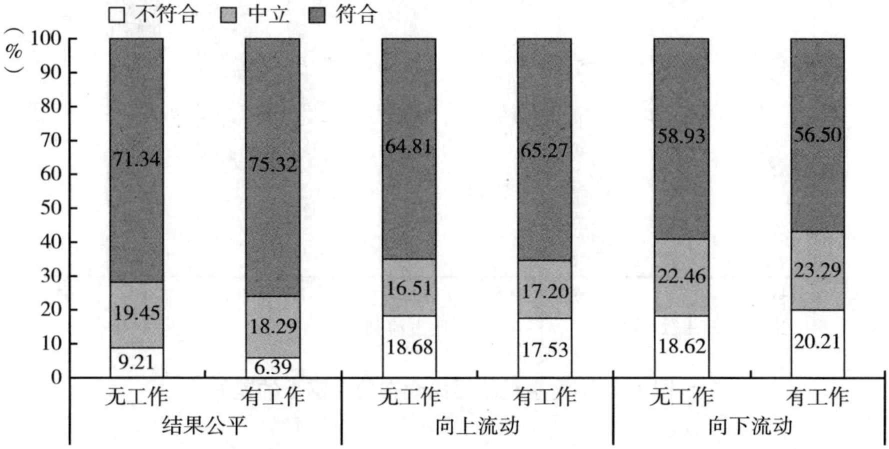


**图 10　不同工作状况民众在公平感上的差异**

7. 主观阶层

如图 11 所示，主观阶层越高，结果公平感越高，认为结果公平比例从高到低依次是中上层（78.82%）、中层（76.20%）和中下层（69.58%）。此外，主观阶层越高，向上流动和向下流动机会感知也越高，认可“白手起家的可能性仍然很大”的比例从高到低依次是中上层（69.80%）、中层（68.04%）和中下层（58.40%），认可“富人可能失去一切变成穷人”的比例从高到低依次是中上层（62.06%）、中层（57.83%）和中下层（53.53%）。

8. 综合分析

考虑到不同的影响因素之间会相互影响，以下将所有影响因素一起放到回归方程中，以考察它们的综合作用。此外，还加入省份、是否为少数民族、是否为中共党员、是否有宗教信仰、是否在婚姻关系中（在婚姻关系中指的是初婚或再婚，不在婚姻关系中则包括未婚、离异和丧偶）、子女数量和赡养老人数量等变量作为控制变量。

如表 1 所示，在其他变量保持不变的情况下，仅工作状况和主观阶层可

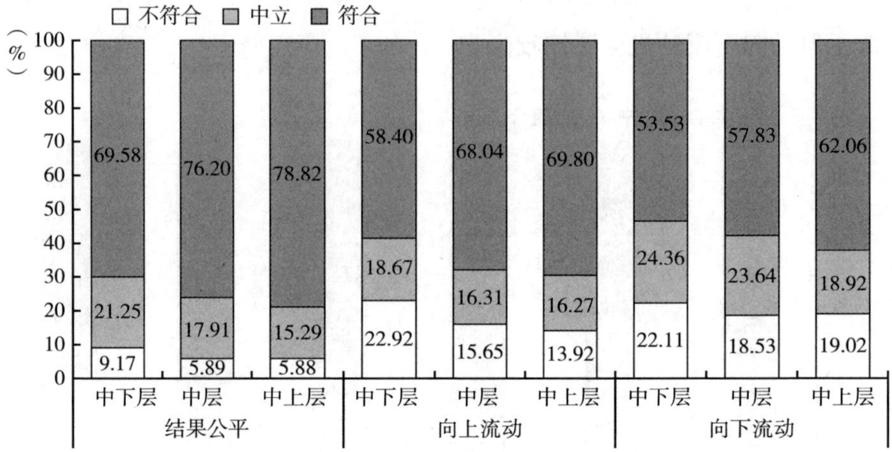


**图 11　不同主观阶层民众在公平感上的差异**

以显著预测结果公平感，表现为相比无工作的民众，有工作的民众结果公平感更高；主观阶层越高的民众，结果公平感也越高。仅户口状况、性别和主观阶层可以显著预测向上流动机会感知，表现为相比农村户口民众，城市户口民众的向上流动机会感知更低；相比女性，男性的向上流动机会感知更低；主观阶层越高的民众，向上流动机会感知越高。仅家庭月收入和主观阶层可以显著预测民众的向下流动机会感知，家庭月收入越高，向下流动机会感知越低；而主观阶层越高，向下流动机会感知越高。

**表 1　公平感的回归分析结果（N=6164）**

| 变量 | 参照变量 | 结果公平感 | | 向上流动机会感知 | | 向下流动机会感知 | |
|---|---|---|---|---|---|---|---|
| | | 系数 | p 值 | 系数 | p 值 | 系数 | p 值 |
| 常数 | — | 4. 445 | 0. 000 | 3. 962 | 0. 000 | 4. 097 | 0. 000 |
| 省份 | — | 已控制 | — | 已控制 | — | 已控制 | — |
| 是少数民族 | 否 | −0. 165 | 0. 036 | −0. 131 | 0. 229 | 0. 181 | 0. 106 |
| 是中共党员 | 否 | 0. 057 | 0. 393 | −0. 126 | 0. 154 | 0. 023 | 0. 801 |
| 有宗教信仰 | 无 | −0. 122 | 0. 011 | −0. 014 | 0. 813 | −0. 078 | 0. 196 |
| 在婚姻关系中 | 不在 | −0. 122 | 0. 008 | −0. 101 | 0. 092 | 0. 112 | 0. 051 |
| 子女数量 | — | 0. 019 | 0. 415 | 0. 008 | 0. 799 | −0. 071 | 0. 015 |

续表

| 变量 | 参照变量 | 结果公平感 | | 向上流动机会感知 | | 向下流动机会感知 | |
|---|---|---|---|---|---|---|---|
| | | 系数 | p 值 | 系数 | p 值 | 系数 | p 值 |
| 赡养老人数量 | — | -0. 028 | 0. 021 | -0. 002 | 0. 915 | -0. 025 | 0. 099 |
| 居住在城镇 | 居住在农村 | 0. 030 | 0. 466 | 0. 050 | 0. 346 | 0. 094 | 0. 077 |
| 城市户口 | 农村户口 | 0. 004 | 0. 896 | -0. 177 | 0. 000 | -0. 050 | 0. 252 |
| 男性 | 女性 | -0. 002 | 0. 933 | -0. 149 | 0. 000 | -0. 050 | 0. 133 |
| 年龄 | — | 0. 000 | 0. 974 | 0. 003 | 0. 110 | 0. 001 | 0. 652 |
| 高中 | 初中及以下 | 0. 017 | 0. 638 | 0. 040 | 0. 372 | 0. 044 | 0. 332 |
| 本专科及以上 | 初中及以下 | 0. 000 | 0. 993 | -0. 041 | 0. 458 | 0. 037 | 0. 502 |
| 家庭月收入 | — | 0. 009 | 0. 154 | 0. 000 | 0. 967 | -0. 024 | 0. 001 |
| 有工作 | 无工作 | 0. 077 | 0. 031 | 0. 070 | 0. 132 | -0. 008 | 0. 856 |
| 主观阶层 | — | 0. 061 | 0. 000 | 0. 091 | 0. 000 | 0. 055 | 0. 000 |
| $R^2$ | — | 0. 109 | — | 0. 134 | — | 0. 080 | — |
| F | | 18. 820 | 0. 000 | 27. 740 | 0. 000 | 14. 250 | 0. 000 |

注：回归分析中，为尽量使用全样本数据，将全日制学生重新编码入无工作，N=127。将婚姻状况为其他的样本和户口当作缺失值后，最终回归分析中的样本量为 6164，仅比全样本少了 4 个样本。

## （四）公平感与共同富裕的关系

### 1. 公平感的8种形态

从上述结果中，可以看到公平感体现出多种形态，可以将它们放到一个立方体中理解。这个立方体的三个维度分别是结果公平感、向上流动机会感知和向下流动机会感知。这样就能出来 8 种形态。第 1 种是结果公平感、向上流动和向下流动机会感知都低的群体，即在这个群体看来不仅结果不公平，穷人没有上升渠道，富人也不会下降。第 2 种是结果公平感高，但是向上流动和向下流动机会感知都低的群体，可见，这个群体认为结果是公平的，可是穷人没有上升渠道，富人也不会下降，即虽然结果公平，可是机会不公平，甚至可以说社会固化了。第 3 种是结果公平感和向上流动机会感知低，但是向下流动机会感知高的群体，对于这个群体，不仅结果不公平，穷人没有上升渠道，甚至富人失去一切的可能性也很高，即这种群体认为结果不公平，且社会在向下流动。第 4 种仅在结果公平感上与第 3 种相反，即这种群体认为社会在向下流动，但结果是公平的。第 5 种是结果公平感和向下流动机会感知低，但是向上流动机会感知高的群体，对于这个群体，虽然结果不公平，但是他们认为穷人有上升渠道，富人也不太可能失去一切，即这种群体认为社会在向上流动。第 6 种也仅在结果公平感上与第 5 种相反，即这种群体认为不仅社会向上流动，且结果是公平的。第 7 种是结果公平感低，但是向上流动和向下流动机会感知都高的群体，这个群体认为结果不公平，但是穷人有上升渠道，富人也可能失去一切，即这种群体认为整体的流动性是很高的。第 8 种则是结果公平感、向上流动和向下流动机会感知都高的群体，即这种群体的结果公平感和社会整体流动性都高。

从共同富裕的角度来说，我们想要创建的可能是一种结果和机会公平感都高的社会，但是在这个社会中，人们拥有向上流动的空间，并且不需要担忧向下流动。因此，从共同富裕角度理解，第 6 种形态的公平感可能是最高且最有利于社会稳定的公平感，笔者将其称为公平且有希望的社会形态。而第 8 种形态，虽然结果是公平的，但是社会整体流动性高，社会的稳定性较弱，是一种有希望但也有焦虑的社会形态，笔者将其称为公平但不稳定的社会。在第 4 种公平感形态中，社会是向下流动的，可以想象这个社会就像进入了衰退期，结果是公平的，但是缺少上升渠道而下降的可能性很高，因此，笔者将其称为公平但在衰退的社会形态。第 2 种则是结果公平但是社会已经固化了，既没有上升渠道，也没有下降可能。第 1、3、5、7 种公平感所反映的社会形态分别与第 2、4、6、8 相对应，但是结果公平感是低的。因此，从共同富裕的角度来说，第 1 种和第 3 种社会形态是相对不利于共同富裕的，尤其是第 3 种，因为它不仅没有向上的通道，富人也可能失去一切变成穷人，社会整体有种下跌的感觉。

根据这种理论建构，从总体描述的结果来看，民众整体上的结果公平感、向上流动和向下流动机会感知都较高，但是向上流动机会感知略低于向下流动机会感知，即从整体来看，民众的公平感似乎处在第 4 种形态；但是相比 2020 年，结果公平感和向上流动机会感知提高了，向下流动机会感知下降了，即民众的公平感似乎在朝向第 6 种形态变化。

笔者进一步根据上述差异分析的结果，将不同群体划分到这几类中（见表 2）。需要特别说明的是，这些分类仅是相对其他群体的结果对照，例如，农村居民的公平感形态属于第 1 类，但这是与城镇居民的公平感相对来说的，并不代表在绝对值上农村居民的公平感就属于第 1 类。此外，对于多类别来说，有的类别的结果与其他群体的差异较小，为简洁起见，未放入表格之中。

**表 2　公平感的 8 种形态**

| 类型 | 结果公平感 | 向上流动机会感知 | 向下流动机会感知 | 公平感形态 | 所反映的社会形态 | 代表群体（相较而言） |
|---|---|---|---|---|---|---|
| 第 1 种 | 低 | 低 | 低 | 结果和机会公平感都低 | 不公平且固化 | 农村居民、主观阶层较低的民众 |
| 第 2 种 | 高 | 低 | 低 | 结果公平感高，机会公平感低 | 公平但固化 | 年龄较小的民众、本专科及以上受教育程度的民众、家庭月收入在 1 万元及以上的民众 |
| 第 3 种 | 低 | 低 | 高 | 结果公平感低，社会向下流动 | 不公平且在衰退 | 城市户口民众、无工作的民众 |
| 第 4 种 | 高 | 低 | 高 | 结果公平感高，社会向下流动 | 公平但在衰退 | 男性 |
| 第 5 种 | 低 | 高 | 低 | 结果公平感低，社会向上流动 | 不公平但有希望 | 女性 |
| 第 6 种 | 高 | 高 | 低 | 结果公平感高，社会向上流动 | 公平且有希望 | 农村户口民众、有工作的民众 |

续表

| 类型 | 结果公平感 | 向上流动机会感知 | 向下流动机会感知 | 公平感形态 | 所反映的社会形态 | 代表群体（相较而言） |
|---|---|---|---|---|---|---|
| 第7种 | 低 | 高 | 高 | 结果公平感低，社会整体流动性高 | 不公平且不稳定 | 家庭月收入在8000元及以下的民众 |
| 第8种 | 高 | 高 | 高 | 结果公平感高，社会整体流动性高 | 公平但不稳定 | 城镇居民、高中受教育程度的民众、主观阶层较高的民众 |

从表2可以看到，处于第6种公平感形态中的是农村户口民众和有工作的民众，他们认为社会是公平且有希望的，而处于第3种公平感形态中的是城市户口民众和无工作的民众，他们认为社会是不公平且在衰退的，因此，户口分析的结果仍然符合怀默霆等人的发现，体现为相对城市户口民众，地位较低的农村户口民众反而结果公平感更高，且向上流动机会感知更高，对未来更有希望。但是，从居住地的结果来看，却并非如此，农村居民的公平感在第1种形态，即结果和机会公平感都较低，而城镇居民的公平感在第8种形态，即结果和机会公平感都较高。因此，居住地角度的分析不符合怀默霆等人的发现，而更符合地位结构决定论的假设。

分性别来看，相对来说，男性的公平感处于第4种形态，即公平但在衰退，而女性的公平感在第5种形态，即不公平但有希望。《中国社会心态研究报告（2021）》（张衍，2021）中笔者报告了男性的公平感比女性高，但是从上文的结果来看，男性较高的公平感却是一种带有危机感的公平感，即虽然现在公平，但未来下降的可能性更高，而女性较低的公平感中却带有更高的希望感，这可能与性别平等运动有关。

### 2. 公平感的8种形态与共同富裕信心间的关系

根据上述公平感8种形态的划分，笔者按第一个四分位数和第四个四分位数将结果公平感、向上流动和向下流动机会感知分为低、高两类。从分数来看，4分及以下为低，6分及以上为高。笔者总共得到1922个样本，基本上呈现U形关系（见图12），即第1种形态和第8种形态的民众较多，其次是第2种和第6种，而其他形态的人数占比较少。这与前文的发现一致。从占比较多的公平感形态上可见，民众的结果公平感呈矛盾态势，认为公平和不公平的都有一定数量，但是在机会公平感上，以社会固化、不稳定和有希望为主，而认为在衰退的占比较小。

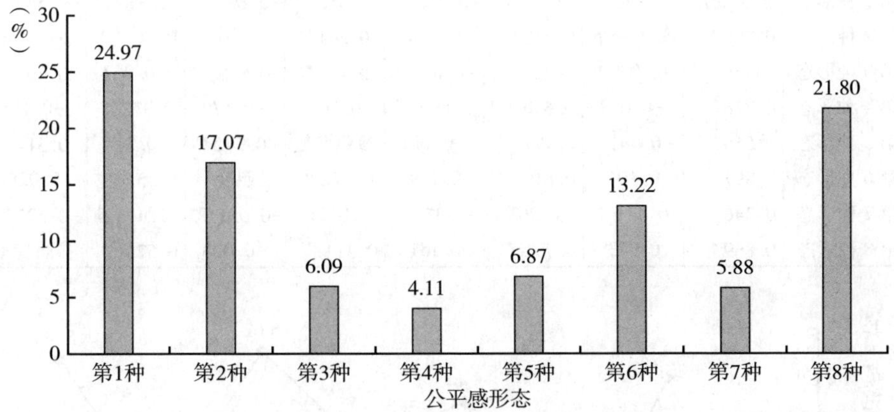


**图12　8种公平感形态的样本量**

从共同富裕的角度来看，共同富裕的社会也并不是流动性越高越好，而是希望能打通更多的向上渠道，并且尽量避免阶层的向下流动，创建一种类似第6种的社会形态。

以下笔者通过分析共同富裕信心对这8种形态的回归，来看持有哪种公平感形态的民众对实现共同富裕的信心更高。结果如表3和图13所示，可以看到，第2、4、6、8种形态对共同富裕信心的预测力没有显著差异，但是从分数来看，第6种的预测力最高，其次是第8种，之后是第2种，最后是第4种。在认为结果不公平的4种形态中，第5种形态的共同富裕信心也较高，其对共同富裕信心的预测力显著低于第2、6、8种形态，但与第4种没有显著差异。也就是说，认为社会公平但在衰退和认为社会不公平但有希望的这两类人群对实现共同富裕的信心相差不大。这之后对共同富裕信心的预测力从高到低依次是第7、3、1种形态，第7种形态和第

5、3 种形态没有显著差异，但显著高于第 1 种，而第 1 种和第 3 种也没有显著差异。

**表 3　共同富裕信心对公平感形态的回归分析结果（N=1922）**

| 变量 | 模型 1 | 模型 2 | 模型 3 | 模型 4 | 模型 5 | 模型 6 | 模型 7 | 模型 8 |
|---|---|---|---|---|---|---|---|---|
| 常数 | 4. 725*** | 5. 521*** | 4. 803*** | 5. 443*** | 5. 28*** | 5. 622*** | 5. 071*** | 5. 594*** |
| 第 1 种形态 | 参照变量 | -0. 796*** | -0. 078 | -0. 718*** | -0. 555*** | -0. 897*** | -0. 346*** | -0. 869*** |
| 第 2 种形态 | 0. 796*** | 参照变量 | 0. 718*** | 0. 078 | 0. 241* | -0. 101 | 0. 451*** | -0. 073 |
| 第 3 种形态 | 0. 078 | -0. 718*** | 参照变量 | -0. 64*** | -0. 477*** | -0. 819*** | -0. 267 | -0. 791*** |
| 第 4 种形态 | 0. 718*** | -0. 078 | 0. 640*** | 参照变量 | 0. 163 | -0. 179 | 0. 372** | -0. 151 |
| 第 5 种形态 | 0. 555*** | -0. 241* | 0. 477*** | -0. 163 | 参照变量 | -0. 342** | 0. 21 | -0. 314*** |
| 第 6 种形态 | 0. 897*** | 0. 101 | 0. 819*** | 0. 179 | 0. 342** | 参照变量 | 0. 551*** | 0. 028 |
| 第 7 种形态 | 0. 346*** | -0. 451*** | 0. 267 | -0. 372** | -0. 21 | -0. 551*** | 参照变量 | -0. 523*** |
| 第 8 种形态 | 0. 869*** | 0. 073 | 0. 791*** | 0. 151 | 0. 314*** | -0. 028 | 0. 523*** | 参照变量 |

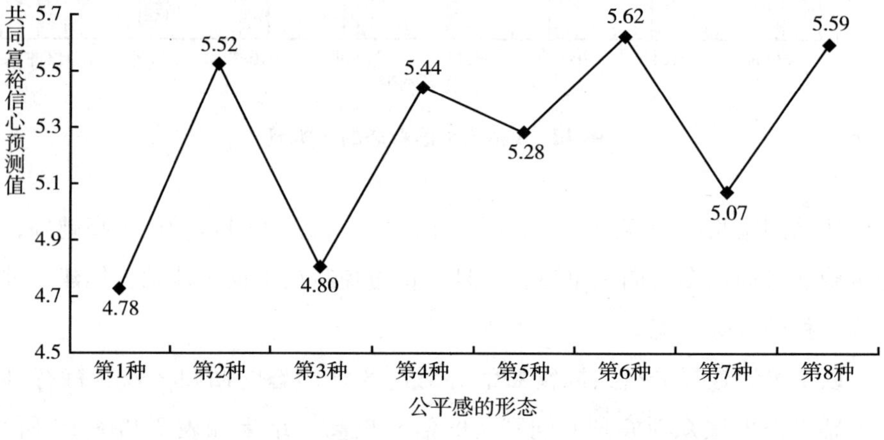


**图 13　公平感的 8 种形态对共同富裕信心的预测值**

可见，结果公平感对共同富裕信心的预测力最强，但是对于结果公平感较高的群体来说，认为向上流动性高而向下流动性低的对共同富裕的信心最高，其次是向上和向下流动性都高的，之后是向上和向下流动性都低的，最后是向上流动性低而向下流动性高的。而对于认为结果不公平的这部分人来说，对共同富裕信心最高的是认为向上流动性高而向下流动性低的，其次是认为向上和向下流动性都高的，之后是向上流动性低而向下流动性高的，最后是向上和向下流动性都低的。

这基本上符合前文的理论建构。但是，两个群体的差别在于，结果公平感较高的群体中，共同富裕信心最低的是认为社会衰退的，而在结果公平感较低的群体中，共同富裕信心最低的是认为社会固化的。这反映了当结果公平感不同时，人们对于机会公平的不同心态，当结果公平时，人们可以接受一部分的社会固化，而不是以所有人的阶层下降为代价的机会公平；但是当结果不公平时，人们可能更宁愿所有人的阶层都下降的机会公平，而不是固定在结果不公平的现状。

从上述结果中，可以推出一个假设，即结果公平感有可能是机会公平感和共同富裕信心间的一个调节变量。因此，笔者进一步对这个假设进行验证。将结果公平感分别与向上流动机会感知和向下流动机会感知建立交互项，结果发现，结果公平感与向下流动机会感知间没有显著交互作用（$\beta=-0.013$，$p=0.277$），而与向上流动机会感知有显著交互作用（$\beta=-0.059$，$p<0.001$）。如图 14 所示，当结果公平感高时，向上流动机会感知对共同富裕信心的预测力不显著，但是当结果公平感低时，向上流动机会感知越高的群体对共同富裕的信心越高。

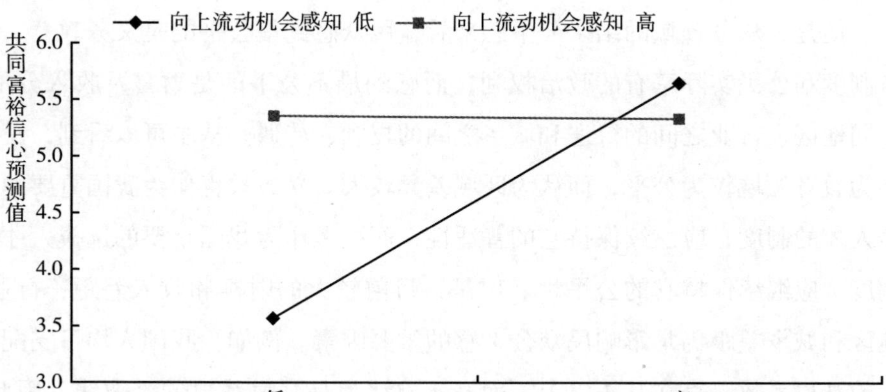


**图 14　结果公平感和向上流动机会感知对共同富裕信心的交互作用**

综上，从提高民众共同富裕信心的角度，首先应该做的是提高结果公平感，而当结果公平感较低时，应该致力于提高民众向上流动机会感知，创建更多的向上流动渠道。

## 四　结论与讨论

### （一）民众的结果公平感和机会公平感均较高，认为教育领域最公平，而区域差异较大

本研究结果表明，民众的结果公平感和机会公平感均较高，且相比2020年，2022年民众的结果公平感和向上流动机会感知均有所上升，而向下流动机会感知有所下降，说明民众感到结果更公平，且上升可能性更多，而更不可能下降。2020~2022年，我国和全球局势都经历了巨大的变化，新冠疫情、俄乌冲突、经济下滑等危机叠加在一起，但是并没有对我国民众的公平感产生消极影响，这可能是因为近几年对共同富裕政策的不断强调和有力推进。从2020年和2022年的对比也可以看到，民众公平感的变化几乎是沿着共同富裕所希望实现的目标变化的，即结果更公平，更多人感到有更多阶层上升的机会，而非下降。

但是，从分领域的结果公平感来看，民众感到最公平的是义务教育、高考制度和公民实际享有的政治权利，而感到最不公平的是财富及收入分配，不同地区、行业之间的待遇和城乡之间的权利、待遇。从中可以看到，民众认为教育领域较为公平，而认为区域差异较大。义务教育作为我国重要的培养人才的制度，应继续保持它的普适性；而高考作为我国重要的选拔人才的制度，应继续保持它的公平性。但是，目前较大的财富和收入差距，行业、地区和城乡差距仍是影响民众公平感的重要因素。例如，我国人均可支配收入的基尼系数一直在0.4以上，而0.4被认为是基尼系数的警戒线，因此，缩小财富和收入差距，行业、地区和城乡差距应成为实现共同富裕过程中的重中之重。

## （二）不同群体的公平感存在差异，且各有特点，应注意农村居民的公平感

本研究构建了公平感的 8 种形态，并根据群体比较的结果，将不同群体分到不同形态的代表群体之中，从中可以看到，户口分析的结果仍然符合怀默霆等人的发现，体现为相对城市户口民众，地位较低的农村户口民众反而结果公平感更高，且向上流动机会感知更高，对未来更有希望。但是，从居住地分析的结果来看，相比城镇居民，农村居民的结果和机会公平感都较低。因此，居住地角度的分析不符合怀默霆等人的发现，而更符合地位结构决定论的假设。

这个发现可以从户口和居住地两个不同的性质上来分析，居住地是不流动的，而持有某一户口的民众却可以生活在不同的地方。也就是说，户口的地域流动性要高于居住地，持有农村户口的民众却可能不是居住在农村，而是居住在城镇的。一方面，能够长期居住在城镇的农村户口民众可能本身具有一定的资源，使得他们能够进入甚至融入城镇生活，因此提高了他们的结果公平感；另一方面，城镇的生活可能给他们带来更多的希望，觉得自己未来有更多上升的空间，提高了他们的向上流动机会感知。而在整个社会的地域流动性不断增加的背景下，仍然居住在农村地区的民众可能感到自己的资源被更多地剥夺了，也更看不到希望，故而他们的结果和机会公平感都更低。因此，目前应努力提高的是居住在农村这部分群体的结果和机会公平感，积极开展各项乡村振兴工作，提高他们的生活水平和扩大向上流动的空间。

## （三）公平感的8种形态可以有效预测民众的共同富裕信心

通过将结果公平感、向上流动机会感知和向下流动机会感知进行 2×2×2 的构建，笔者梳理了公平感的 8 种形态及其所反映的社会形态，并从共同富裕的角度进行分析。共同富裕意味着一种结果和机会公平感都高的社会，但是在这个社会中，人们拥有向上流动的空间，而不需要担忧向下流动。实证

研究也证明了，结果公平感和向上流动机会感知高，但向下流动机会感知低的群体对共同富裕的信心是最高的。此外，第 1 种和第 3 种社会形态是相对不利于实现共同富裕的，实证的研究结果再一次证明，持这两种公平感形态的群体对共同富裕的信心是最低的。可见，公平感 8 种形态的理论构建可以有效反映民众对共同富裕的信心，未来可以对这 8 种形态做进一步的研究、完善和分析。

### （四）提高民众共同富裕信心的关键在于保障结果公平、打通向上流动的渠道和避免向下流动

首先，本研究发现，结果公平感对共同富裕信心的预测力最强，在公平感的 8 种形态中，结果公平感高的 4 种形态对应的共同富裕信心高于结果公平感低的 4 种形态。这说明，保障结果公平是提高民众共同富裕信心的一个重要渠道，而从前文的结果可以看到，尽管当前民众的结果公平感较高，但仍感到财富和收入差距，行业、地区和城乡差距较大。同时，共同富裕绝不是平均主义，人们可以接受的差距在哪里、何种程度的差距不会让民众感到不公平，是未来可研究探讨的方面，而共同富裕的结果公平需要做的就是尽量让这些差异缩小到民众可接受的范围。

其次，本研究发现，当结果公平感高时，向上流动机会感知对共同富裕信心的预测力不显著，但是当结果公平感低时，向上流动机会感知越高的群体对共同富裕的信心越高。可见，当结果公平不能完全实现时，应尽量打通民众向上流动渠道。此外，增加向上流动机会可以反过来促进结果公平。然而，现在民众对未来的焦虑很大一部分来源于感到向上流动的机会越来越少了。关于阶层固化的讨论屡屡见于社交平台和研究报告之中（王俊秀，2021）。

但是，本研究还提示，相比阶层固化，会进一步降低民众共同富裕信心的是不仅没有向上的通道，富人也可能失去一切变成穷人，社会整体有种下跌和衰退的感觉，这更容易带来民众的焦虑和恐慌。目前对于共同富裕存在这样一种担心，即它是不是劫富济贫，其实反映的正是民众对向下流动的担

忧。因此，实现共同富裕，提高民众对共同富裕的信心，在保障结果公平和打通向上流动渠道的同时，还应注意避免向下流动。

## 参考文献


胡小勇、郭永玉、李静、杨沈龙：《社会公平感对不同阶层目标达成的影响及其过程》，《心理学报》2016 年第 3 期。

怀默霆：《中国民众如何看待当前的社会不平等》，《社会学研究》2009 年第 1 期。

李炜：《社会公平感：结构与变动趋势（2006—2017 年）》，《华中科技大学学报》（社会科学版）2019 年第 6 期。

李迎生：《中国社会政策改革创新的价值基础——社会公平与社会政策》，《社会科学》2019 年第 3 期。

栗治强、王毅杰：《转型期中国民众公平感的影响因素分析》，《学术论坛》2014 年第 8 期。

刘亚、龙立荣、李晔：《组织公平感对组织效果变量的影响》，《管理世界》2003 年第 3 期。

王俊秀：《“冷词热传”反映的社会心态及内在逻辑》，《人民论坛》2021 年第 15 期。

薛洁：《关注公民公平感——我国部分公民公平感调查报告》，《吉林大学社会科学学报》2007 年第 5 期。

俞可平：《重新思考平等、公平和正义》，《学术月刊》2017 年第 4 期。

张衍：《主客观地位和流动感知对公平感的影响与变化（2019~2020 年）》，载王俊秀主编《中国社会心态研究报告（2021）》，社会科学文献出版社，2021。

张永山：《我国国有企业职工的公平感结构及成因分析》，《经济学动态》1992 年第 3 期。

张媛：《中国青少年社会公平感的结构与测量》，硕士学位论文，华中师范大学，2009。

郑雄飞、黄一倬：《社会公平感知对农村养老保险参与行为的影响——基于中国综合社会调查（CGSS）的实证研究》，《社会保障研究》2020 年第 5 期。

Hirschman, A. O., and M. Rothschild, “The Changing Tolerance for Income Inequality in the Course of Economic Development”, *The Quarterly Journal of Economics*, 87 (1973).

Kluegel, J. R., and E. R. Smith, “Beliefs about Stratification”, *Annual Review of Sociology*, 7 (1981).

# 价值观与共同富裕

Values and Common Prosperity

# B.5

## 民众教养价值观的特征及其影响因素

陈满琪　张岚清*

**摘　要：** 本研究分析了人口学变量、社会心态和社会价值观如何影响民众的教养价值观。采用2022年中国社会心态调查数据进行分析，结果表明，责任感、独立自主、勤奋、有礼貌、诚实是民众培养子代最看重的品质；不同群体的教养价值观展现出各自的特性；父母的社会心态和社会价值观影响对子代品质的培养。这些研究结果有助于理解当前青少年群体呈现的各种现象。

**关键词：** 教养价值观　社会心态　子代培养

* 陈满琪，中国社会科学院社会学研究所、中国社会科学院社会心理学研究中心、中国社会科学院社会心理与行为实验室副研究员，硕士生导师；张岚清，中国社会科学院大学硕士研究生。

# 一 引言

教育是中国人家庭生活中的重要话题，家庭是最早开始对子代进行社会化教育的场所，父母的养育对子代的发展具有极其重要的作用。教养价值观，亦称教养观念、教养信念、教育信念、育儿价值观等，学术界对这一概念界定并未形成统一的认识，Goodnow 等（1990）认为教养观念指父母对孩子所持的价值观、态度、感知、期望或认识等，是物质和社会实体下的建构物，是一种认知表征。综合起来，教养价值观通常被界定为父母在抚育子女过程中，基于对子代及其发展的认识，结合社会发展需求和父母培养子女的目标而形成的对子代的发展、教育子代的方式和途径的认知理解与价值判断（Alwin，2001；陈帼眉、何大慧，1994）。

教养价值观最为核心的内容就是父母想把子代培养成什么样的人，也就是说父母最希望子代获得哪些特征（Kohn et al.，1969）。不同父母对于“好子代”的定义不尽相同。这种定义的不同可能因以下几个因素共同发挥作用。一是父母对当前社会的总体社会心态。研究表明，父母教养子女的价值观和教养目标随着社会的变化而变化。研究发现，处于快速变化社会的父母价值观呈现复杂性和多样性，父母可能既重视个人主义，又重视顺从性（Tulviste et al.，2007）；父母可能会强调和鼓励成就和独立等特征以适应快速变化社会的需求（Lin & Fu，1990；Tudge et al.，2000；Tulviste et al.，2007），又同时看重孩子的顺从性。实质上，父母教养价值观的摇摆可能是其社会心态的反映，培养什么样的子代以应对未来社会可能是父母当前社会心态的一种映射。如果父母普遍认为社会是安全的、可信的、公平的，他们可能会倾向于培养孩子去顺应社会整体趋势以从社会中获得资源，反之如果父母普遍认为社会是不安全、不可信、不公平的，那么他们可能会倾向于培养孩子的自主性以保护自身的利益。

二是父母自身价值观念的影响。父母基于自身成长经历形成的价值观念对于培养子代何种品质可能起着指引作用。父母的价值观念可能包含了三个方向。首先，父母对于儿童品质培养的看法。当父母基于自身的经历认为个性或者品质是可改变的，父母便持有较高的成长型思维，那么他们在培养子代时可能更遵从于自己最拿手或者最便捷的方式。一旦父母基于自身的经历认为个性或者品质是不可改变的，父母便持有较高的固定型思维，那么他们培养子代的品质便只能从小抓起，不敢懈怠。其次，从父母个人价值观来看，父母可能强调子女要顺从父母、接受权威，那么其价值观念是传统的价值观，而当父母并不强调这些特质，那就是持有世俗理性的价值观，因此传统—世俗理性的价值观可能对父母的教养价值观产生影响。最后，从父母的社会总体判断来看，父母如果感知到阶层是流动或开放的，与感知到阶层是不流动或不开放的比起来，前者较之后者可能更侧重培养子代的自主性，更不强调子女的顺从性。

三是父母的个人特征。有学者认为，家长所在的阶层会影响教养价值观：工人阶级家庭更关心子代的顺从性，而中产阶级家庭则更重视子代的自主性（Xiao，2000；Tudge et al.，2013）。具体来讲，处于低阶层地位的家长通常持有较为传统的教育观念，即认为“好子代”的标准在于遵从和尊敬父母、取悦成人。较高阶层地位的家长则通常持有具有发展性的教育观念，即认为“好子代”的特征是健康、快乐、分享与合作、求知欲（刘程、廖桂村，2019）。同时，也有中国的研究者通过调查发现，当前中国城市中产家庭在教养态度上与底层家长并无明显差异（洪岩璧、赵延东，2014）。父母的教养价值观也存在“因材施教”的情况，子代的性别、年龄等特征会反过来影响父母的教养价值观（Barnett，1981；Tudge et al.，2013），亦有研究指出父亲的教养价值观往往与母亲的教养价值观有所差异，母亲比父亲更重视子代的自主性（Spade，1991）。

综上所述，教养价值观受诸多因素的影响，在不同文化语境、不同社会背景下呈现不同的特点。跨文化的研究发现，中国家长的教养价值观并不完全聚焦于培养孩子的某一品质（Wang，Tamis-Lemonda，2003），本报告拟基于2022年中国社会心态调查，选取其中有子女的样本，描述当前民众教养价值观的特征，通过比较不同类别群体的教养价值观以此揭示教养价值观的差异，探讨父母的社会心态、价值观念和个人特征如何对其教养子代的价值观念产生影响。

## 二　研究方法

### （一）数据来源

本研究所用数据来源于 2022 年中国社会心态调查（Chinese Social Mentality Survey，CSMS），是由中国社会科学院社会学研究所社会心理学研究中心发起的一项全国大型连续性随机抽样入户调查项目，抽样方法详见总报告。为了更好地开展研究，本文选取了总样本中“有子女”（不含怀孕）的部分，共计 4906 人。具体情况如表 1 所示。

**表 1　样本人口学信息**

单位：人，%

| 变量 | 类别 | 人数 | 有效百分比 |
|---|---|---|---|
| 性别 | 男 | 1978 | 40.3 |
| | 女 | 2928 | 59.7 |
| 出生年代 | 50~60 组 | 1404 | 28.6 |
| | 70~80 组 | 3080 | 62.8 |
| | 90~00 组 | 422 | 8.6 |
| 受教育程度 | 初中及以下 | 1411 | 28.8 |
| | 高中（中专、职高和技校） | 2091 | 42.6 |
| | 大学专科 | 865 | 17.6 |
| | 大学本科及以上 | 539 | 11.0 |
| 个人月收入 | 3000 元以下 | 1406 | 28.7 |
| | 3000~5000 元 | 1874 | 38.2 |
| | 5000 元以上 | 1626 | 33.1 |
| 常住地类型 | 城市 | 3407 | 69.4 |
| | 村镇 | 1499 | 30.6 |
| 主观社会阶层 | 下层 | 1631 | 33.2 |
| | 中层 | 1554 | 31.7 |
| | 上层 | 1721 | 35.1 |

## （二）测验工具

### 1. 教养价值观

采用“12 选 5”的方式，测量被调查者在培养孩子过程中最重视的 5 项品质。这些品质包括：有礼貌、独立自主、勤奋、责任感、有想象力、对别人宽容与尊重、节俭、坚韧、不自私、服从、懂得待人处世、诚实。

### 2. 主观社会阶层

主观社会阶层的测量采用国内外相关研究常用的阶梯量表，向被调查者展示由数字 1 到数字 10 标注的阶梯图案，其中 1 代表社会最底层，10 代表社会最顶层。让被调查者从 1 到 10 报告自己目前所在的阶层并记录对应的数字，数字越大说明被调查者认为自己所处的社会阶层越高。将被调查者分为上中下 3 个组别，下层包含主观社会阶层 1~4 的被调查者，中层为主观社会阶层为 5 的被调查者，上层包括主观社会阶层 6~10 的被调查者。

### 3. 安全感

安全感由 10 个题项构成，询问被调查者社会生活各个方面的安全程度，例如“个人和家庭财产安全”。量表采用李克特 7 点记分，1 表示非常不安全，7 表示非常安全。安全感最终得分为 10 道题目的平均分，分数越高说明安全感越强。

### 4. 一般信任感

一般信任感由 3 个题项构成，测量对社会上大多数人的信任程度。每道题目会给出 A 和 B 两种完全相反的表述，例如“社会上大多数人：A. 都可以信任；B. 要非常小心提防”，被调查者需要从 1 到 7 进行选择，1 代表非常同意 A，7 代表非常同意 B，4 代表中立。对反向题进行反向记分后取平均分，分数越高说明对社会上的其他人越信任。

### 5. 社会支持感

社会支持感由 4 个题项组成，分别测量家人、朋友、政府机关、社会组织维度的社会支持情况。量表采用李克特 7 点记分，1 表示完全不能获得支持，7 表示完全能获得支持。每个题项代表一种类别的社会支持，分数越高说明该类别的社会支持程度越高。

6. 社会公平感

社会公平感量表由 13 个题项组成，测量社会生活中的公平感。询问被调查者社会生活各个方面的公平程度，例如“工作与就业机会”。量表采用李克特 7 点记分，1 表示非常不公平，7 表示非常公平。社会公平感采用总题项的均分，分数越高，公平感越强。

7. 成长型思维

成长型思维是一种信念，即个体相信人的才智通过不断练习和努力是可以改变的，这些才智包括不同方面，如智力、创造力、人际关系或品格等。成长型思维由两个题项构成，如“一个人的品格，在需要改变时，是可以改变的”。要求被调查者从 1 至 7 进行评定，1 表示非常不同意，7 表示非常同意。分数越高，表明成长型思维程度越高。

8. 社会流动感知

社会流动感知分为阶层流动感知和阶层固化感知两个维度。阶层固化感知维度由 3 条陈述构成，例如“我们出生的社会环境决定了我们的一生”。阶层流动感知维度由 4 条陈述构成，例如“在当今社会，一个人可以通过努力提高自己的社会阶层”。题项均分构成两者的得分，得分越高表明阶层流动或固化感知程度越高。

9. 传统—世俗理性价值观

根据世界价值观调查（World Value Survey，WVS），传统—世俗理性由叛逆性、无神性、相对性、怀疑性组成，得分越低说明越倾向于传统，得分越高则说明越倾向于世俗。每个维度包含多道不同种类的题目，例如叛逆性维度由尊重权威、国家自豪、家庭主义 3 道题目组成，每道题目标准化为满分 1 分后反向记分并取平均分。

# 三 研究结果

## （一）教养价值观的总体情况

对被调查者选择的各项品质进行频次统计发现，从最重视程度来看，父母最重视培养孩子的品质前5项为责任感、独立自主、勤奋、有礼貌、诚实。从培养方向看，超过一半的父母培养孩子的品质集中于责任感、独立自主、勤奋、有礼貌4个方面。值得注意的是，在所选的品质中，父母最不重视的品质依次为服从、节俭、不自私、有想象力和对别人宽容与尊重，其中服从、节俭、不自私、有想象力的选择比例不到三成。各项品质具体出现的频次见图1。

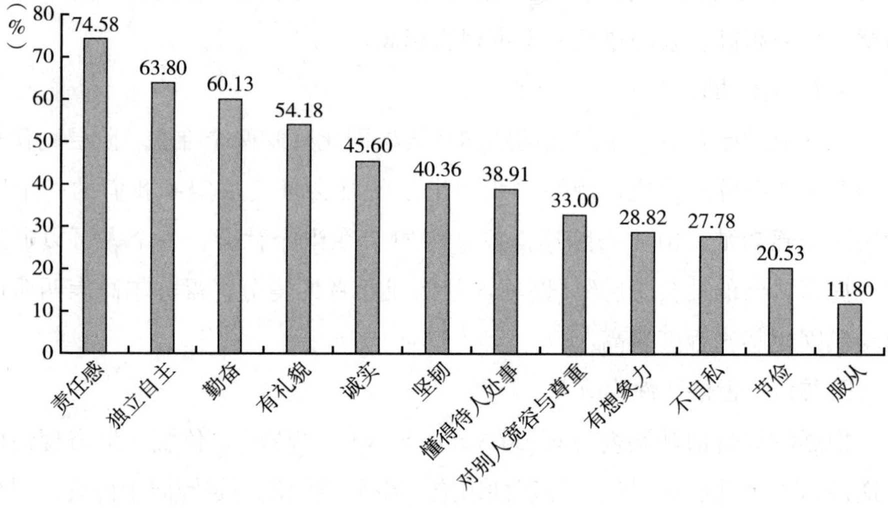


**图1 教养价值观总体情况**

## （二）不同群体的教养价值观

不同群体在培养何种子代方面可能存有一定的差异，本部分试图分析不同群体在教养价值观上体现出何种特点，这些群体涉及不同性别、出生世代、受教育程度、个人月收入、城乡、主观社会阶层等。

1. 父亲与母亲的教养价值观

描述性统计分析发现，超过半数的父母在培养子代时会强调责任感、独立自主、勤奋和有礼貌，而强调培养子代服从、节俭和不自私的父母只占不到三成。这表明父亲与母亲在培养子代的品质上具有较强的一致性。

卡方检验发现，母亲选择“对别人宽容与尊重”的比例显著高于父亲（$\chi^2=9.482$，$p<0.01$），选择“不自私”的比例显著高于父亲（$\chi^2=6.269$，$p<0.05$）。父亲选择“有想象力”的比例显著高于母亲（$\chi^2=7.601$，$p<0.01$），选择“服从”的比例显著高于母亲（$\chi^2=8.105$，$p<0.01$）。由此可见，父母在培养子女的品质时，较多地从自身的性别角色进行推衍。母亲更多地强调培养孩子的人际倾向，父亲更多地强调培养孩子的自身能力和遵从权威的特质。具体结果如表 2 所示。

**表 2　父亲与母亲的教养价值观**

单位：人，%

| 品　质 | 性别 | | | | $\chi^2$值 |
|---|---|---|---|---|---|
| | 男 | | 女 | | |
| | 人数 | 百分比 | 人数 | 百分比 | |
| 独立自主 | 1268 | 64.11 | 1862 | 63.59 | 0.134 |
| 有礼貌 | 1039 | 52.53 | 1619 | 55.29 | 3.638 |
| 勤奋 | 1217 | 61.53 | 1733 | 59.19 | 2.695 |
| 责任感 | 1490 | 75.33 | 2169 | 74.08 | 0.974 |
| 诚实 | 912 | 46.11 | 1325 | 45.25 | 0.347 |
| 懂得待人处事 | 749 | 37.87 | 1160 | 39.62 | 1.523 |
| 服从 | 265 | 13.40 | 314 | 10.72 | 8.105** |
| 不自私 | 511 | 25.83 | 852 | 29.10 | 6.269* |
| 坚韧 | 819 | 41.41 | 1161 | 39.65 | 1.509 |
| 节俭 | 395 | 19.97 | 612 | 20.90 | 0.629 |
| 对别人宽容与尊重 | 603 | 30.49 | 1016 | 34.70 | 9.482** |
| 有想象力 | 613 | 30.99 | 801 | 27.36 | 7.601** |

注：* $p<0.05$；** $p<0.01$；*** $p<0.001$，下同。

### 2. 不同世代的教养价值观

将不同出生年代的被调查者按照每 20 年分为一组，分为“50~60 组”“70~80 组”“90~00 组”，描述性统计结果表明，各世代选择最多的 5 项品质类别和次序相同，均为责任感、独立自主、勤奋、有礼貌、诚实。其中“责任感”“独立自主”“勤奋”“有礼貌”在各世代组的选择比例都超过五成。可见不同世代父母的教养价值观具有较大程度的一致性，具体结果如表 3 所示。

**表 3　不同出生年代父母的教养价值观**

单位：人，%

| 项　目 | 出生年代 | 人数 | 百分比 | $\chi^2$值 | 事后检验 |
|---|---|---|---|---|---|
| 责任感 | (1)50~60 组 | 1047 | 74.57 | 7.681* | (3)>(2),(1) |
| | (2)70~80 组 | 2274 | 73.83 | | |
| | (3)90~00 组 | 338 | 80.09 | | |
| 独立自主 | (1)50~60 组 | 900 | 64.10 | 0.097 | |
| | (2)70~80 组 | 1960 | 63.64 | | |
| | (3)90~00 组 | 270 | 63.98 | | |
| 勤奋 | (1)50~60 组 | 846 | 60.26 | 1.243 | |
| | (2)70~80 组 | 1840 | 59.74 | | |
| | (3)90~00 组 | 264 | 62.56 | | |
| 有礼貌 | (1)50~60 组 | 728 | 51.85 | 4.758 | |
| | (2)70~80 组 | 1704 | 55.32 | | |
| | (3)90~00 组 | 226 | 53.55 | | |
| 诚实 | (1)50~60 组 | 632 | 45.01 | 0.297 | |
| | (2)70~80 组 | 1410 | 45.78 | | |
| | (3)90~00 组 | 195 | 46.21 | | |
| 坚韧 | (1)50~60 组 | 531 | 37.82 | 5.912 | |
| | (2)70~80 组 | 1282 | 41.62 | | |
| | (3)90~00 组 | 167 | 39.57 | | |
| 懂得待人处事 | (1)50~60 组 | 549 | 39.10 | 0.14 | |
| | (2)70~80 组 | 1193 | 38.73 | | |
| | (3)90~00 组 | 167 | 39.57 | | |

续表

| 项　目 | 出生年代 | 人数 | 百分比 | $\chi^2$值 | 事后检验 |
|---|---|---|---|---|---|
| 对别人宽容与尊重 | (1)50~60组 | 491 | 34.97 | 3.658 | |
| | (2)70~80组 | 988 | 32.08 | | |
| | (3)90~00组 | 140 | 33.18 | | |
| 有想象力 | (1)50~60组 | 387 | 27.56 | 1.952 | |
| | (2)70~80组 | 909 | 29.51 | | |
| | (3)90~00组 | 118 | 27.96 | | |
| 不自私 | (1)50~60组 | 448 | 31.91 | 17.609*** | (1)>(2),(3) |
| | (2)70~80组 | 813 | 26.40 | | |
| | (3)90~00组 | 102 | 24.17 | | |
| 节俭 | (1)50~60组 | 292 | 20.80 | 0.375 | |
| | (2)70~80组 | 633 | 20.55 | | |
| | (3)90~00组 | 82 | 19.43 | | |
| 服从 | (1)50~60组 | 159 | 11.32 | 2.821 | |
| | (2)70~80组 | 379 | 12.31 | | |
| | (3)90~00组 | 41 | 9.72 | | |

卡方检验发现，在责任感品质上，不同世代的选择比例存在显著差异（$\chi^2=7.681$，$p<0.05$），事后检验发现90~00组选择比例显著高于其他两组。在不自私品质上，不同世代的选择比例有显著差异（$\chi^2=17.609$，$p<0.001$），事后检验发现，50~60组的选择比例显著高于70~80组、90~00组。由此可知，90~00组的新一代父母比以往更加重视责任感的培养，而较为忽视“不自私”的培养。

3.不同受教育程度父母的教养价值观

将不同受教育程度的父母进行归类，分为“初中及以下”“高中”“专科”“本科及以上”四类。各组选择比例最高的5项品质在种类和次序上与总体一致，其中“责任感”“独立自主”“勤奋”在各组的选择比例均超过五成，结果如表4所示。

**表 4　不同受教育程度父母的教养价值观**

单位：人，%

| 项　目 | 受教育程度 | 人数 | 百分比 | $\chi^2$值 | 事后检验 |
|---|---|---|---|---|---|
| 责任感 | (1)初中及以下 | 1024 | 72.57 | 6.401 | |
| | (2)高中 | 1559 | 74.56 | | |
| | (3)专科 | 667 | 77.11 | | |
| | (4)本科及以上 | 409 | 75.88 | | |
| 独立自主 | (1)初中及以下 | 902 | 63.93 | 11.092* | (4)>(2) |
| | (2)高中 | 1287 | 61.55 | | |
| | (3)专科 | 576 | 66.59 | | |
| | (4)本科及以上 | 365 | 67.72 | | |
| 勤奋 | (1)初中及以下 | 858 | 60.81 | 2.506 | |
| | (2)高中 | 1232 | 58.92 | | |
| | (3)专科 | 534 | 61.73 | | |
| | (4)本科及以上 | 326 | 60.48 | | |
| 有礼貌 | (1)初中及以下 | 797 | 56.48 | 11.102* | (1)>(4) |
| | (2)高中 | 1114 | 53.28 | | |
| | (3)专科 | 484 | 55.95 | | |
| | (4)本科及以上 | 263 | 48.79 | | |
| 诚实 | (1)初中及以下 | 638 | 45.22 | 1.756 | |
| | (2)高中 | 975 | 46.63 | | |
| | (3)专科 | 383 | 44.28 | | |
| | (4)本科及以上 | 241 | 44.71 | | |
| 坚韧 | (1)初中及以下 | 495 | 35.08 | 23.653*** | (2),(3),(4)>(1) |
| | (2)高中 | 892 | 42.66 | | |
| | (3)专科 | 358 | 41.39 | | |
| | (4)本科及以上 | 235 | 43.60 | | |
| 懂得待人处事 | (1)初中及以下 | 540 | 38.27 | 4.776 | |
| | (2)高中 | 832 | 39.79 | | |
| | (3)专科 | 314 | 36.30 | | |
| | (4)本科及以上 | 223 | 41.37 | | |
| 对别人宽容与尊重 | (1)初中及以下 | 468 | 33.17 | 0.192 | |
| | (2)高中 | 692 | 33.09 | | |
| | (3)专科 | 280 | 32.37 | | |
| | (4)本科及以上 | 179 | 33.21 | | |

续表

| 项　目 | 受教育程度 | 人数 | 百分比 | $\chi^2$值 | 事后检验 |
|---|---|---|---|---|---|
| 有想象力 | (1)初中及以下 | 384 | 27.21 | 4.676 | |
| | (2)高中 | 598 | 28.60 | | |
| | (3)专科 | 262 | 30.29 | | |
| | (4)本科及以上 | 170 | 31.54 | | |
| 不自私 | (1)初中及以下 | 422 | 29.91 | 11.266** | (1)>(4) |
| | (2)高中 | 592 | 28.31 | | |
| | (3)专科 | 226 | 26.13 | | |
| | (4)本科及以上 | 123 | 22.82 | | |
| 节俭 | (1)初中及以下 | 350 | 24.81 | 23.180*** | (1)>(2),(3),(4) |
| | (2)高中 | 403 | 19.27 | | |
| | (3)专科 | 160 | 18.50 | | |
| | (4)本科及以上 | 94 | 17.44 | | |
| 服从 | (1)初中及以下 | 168 | 11.91 | 9.308* | (2)>(3) |
| | (2)高中 | 269 | 12.86 | | |
| | (3)专科 | 77 | 8.90 | | |
| | (4)本科及以上 | 65 | 12.06 | | |

卡方检验发现，在独立自主品质上，不同受教育程度的父母选择比例有显著差异（$\chi^2=11.092$，$p<0.05$），事后检验发现，本科及以上学历的父母较之于高中学历的父母更加重视独立自主。在有礼貌品质上，不同受教育程度的父母选择比例有显著差异（$\chi^2=11.102$，$p<0.05$），事后检验发现，初中及以下学历的父母选择比例显著高于本科及以上学历的父母。在坚韧品质上，不同受教育程度的父母选择比例有显著差异（$\chi^2=23.653$，$p<0.001$），事后检验发现，初中及以下学历的父母选择比例显著低于其他三组。在不自私品质上，不同受教育程度的父母选择比例有显著差异（$\chi^2=11.266$，$p<0.01$），事后检验发现，初中及以下学历的父母选择比例显著高于本科及以上学历的父母。在节俭品质上，不同受教育程度的父母选择比例有显著差异（$\chi^2=23.180$，$p<0.001$），事后检验发现，初中及以下学历的父母选择比例高于其他三组。在服从品质上，不同受教育程度的父母选择比例有显著差异

($\chi^2$=9.308, $p<0.05$)，事后检验发现，高中学历的父母选择比例显著高于专科学历的父母。

上述分析发现，高学历父母更注重培养子代诸如独立自主、坚韧的自主性，而不太注重培养诸如有礼貌、不自私的人际品质。与之相反，学历相对较低的父母更注重培养子代有礼貌、不自私、节俭等传统美德，而较不重视自主性的培养。

4. 不同个人月收入父母的教养价值观

如表5所示，不同个人月收入父母选择最多的5项品质种类相同但次序不同，具体来说个人月收入3000元以下的父母在5项品质上强调有礼貌的比例高于勤奋，中等与高月收入的父母强调勤奋的比例高于有礼貌，这反映了不同月收入水平的父母教养价值观存在一定的差异，卡方检验结果对此提供了佐证。

**表5　不同个人月收入父母的教养价值观**

单位：人，%

| 项目 | 个人月收入 | 人数 | 百分比 | $\chi^2$值 | 事后检验 |
|---|---|---|---|---|---|
| 责任感 | (1)3000元以下 | 1034 | 73.54 | 10.578** | (3)>(1),(2) |
| | (2)3000~5000元 | 1366 | 72.89 | | |
| | (3)5000元以上 | 1259 | 77.43 | | |
| 独立自主 | (1)3000元以下 | 915 | 65.08 | 1.576 | |
| | (2)3000~5000元 | 1192 | 63.61 | | |
| | (3)5000元以上 | 1023 | 62.92 | | |
| 勤奋 | (1)3000元以下 | 771 | 54.84 | 24.474*** | (2),(3)>(1) |
| | (2)3000~5000元 | 1184 | 63.18 | | |
| | (3)5000元以上 | 995 | 61.19 | | |
| 有礼貌 | (1)3000元以下 | 794 | 56.47 | 12.323** | (1),(2)>(3) |
| | (2)3000~5000元 | 1040 | 55.50 | | |
| | (3)5000元以上 | 824 | 50.68 | | |
| 诚实 | (1)3000元以下 | 650 | 46.23 | 1.135 | |
| | (2)3000~5000元 | 863 | 46.05 | | |
| | (3)5000元以上 | 724 | 44.53 | | |

续表

| 项目 | 个人月收入 | 人数 | 百分比 | $\chi^2$值 | 事后检验 |
|---|---|---|---|---|---|
| 坚韧 | (1)3000 元以下 | 496 | 35.28 | 23.573*** | (2),(3)>(1) |
| | (2)3000~5000 元 | 772 | 41.20 | | |
| | (3)5000 元以上 | 712 | 43.79 | | |
| 懂得待人处事 | (1)3000 元以下 | 597 | 42.46 | 11.928** | (1)>(3) |
| | (2)3000~5000 元 | 720 | 38.42 | | |
| | (3)5000 元以上 | 592 | 36.41 | | |
| 对别人宽容与尊重 | (1)3000 元以下 | 457 | 32.50 | 1.121 | |
| | (2)3000~5000 元 | 609 | 32.50 | | |
| | (3)5000 元以上 | 553 | 34.01 | | |
| 有想象力 | (1)3000 元以下 | 373 | 26.53 | 16.078*** | (3)>(1),(2) |
| | (2)3000~5000 元 | 513 | 27.37 | | |
| | (3)5000 元以上 | 528 | 32.47 | | |
| 不自私 | (1)3000 元以下 | 454 | 32.29 | 25.923*** | (1)>(2)>(3) |
| | (2)3000~5000 元 | 519 | 27.69 | | |
| | (3)5000 元以上 | 390 | 23.99 | | |
| 节俭 | (1)3000 元以下 | 320 | 22.76 | 6.619* | (1)>(3) |
| | (2)3000~5000 元 | 377 | 20.12 | | |
| | (3)5000 元以上 | 310 | 19.07 | | |
| 服从 | (1)3000 元以下 | 160 | 11.38 | 4.467 | |
| | (2)3000~5000 元 | 205 | 10.94 | | |
| | (3)5000 元以上 | 214 | 13.16 | | |

卡方检验结果表明，在责任感品质上，不同个人月收入的父母选择比例有显著差异（$\chi^2=10.578$，$p<0.01$），事后检验发现，个人月收入 5000 元以上的父母选择比例显著高于个人月收入 3000 元以下、3000~5000 元的父母。在勤奋品质上，不同个人月收入的父母选择比例有显著差异（$\chi^2=24.474$，$p<0.001$），事后检验发现，个人月收入 3000 元以下的父母选择比例显著低于个人月收入 3000~5000 元、5000 元以上的父母。在有礼貌品质上，不同个人月收入的父母选择比例有显著差异（$\chi^2=12.323$，$p<0.01$），事后检验发现，个人月收入 5000 元以上的父母选择比例显著低于个人月收入 3000 元以下、3000~5000 元的父母。在坚韧品质上，不同个人月收入的父母选择比

例有显著差异（$\chi^2=23.573$，$p<0.001$），事后检验发现，个人月收入3000元以下的父母选择比例显著低于个人月收入3000元以上的父母。在懂得待人处事品质上，不同个人月收入的父母选择比例有显著差异（$\chi^2=11.928$，$p<0.01$），事后检验发现，个人月收入3000元以下的父母选择比例显著高于个人月收入5000元以上的父母。在有想象力品质上，不同个人月收入的父母选择比例有显著差异（$\chi^2=16.078$，$p<0.001$），事后检验发现，个人月收入5000元以上的父母选择比例显著高于个人月收入5000元以下的父母。在不自私品质上，不同个人月收入的父母选择比例有显著差异（$\chi^2=25.923$，$p<0.001$），事后检验发现，个人月收入3000元以下的父母选择比例显著高于3000~5000元的父母，而3000~5000元的父母选择比例显著高于5000元以上的父母，呈现随着个人月收入提升选择比例逐渐下降的趋势。在节俭品质上，不同个人月收入的父母选择比例有显著差异（$\chi^2=6.619$，$p<0.05$），事后检验发现，个人月收入3000元以下的父母选择比例显著高于5000元以上的父母。

总的来看，个人月收入较高的父母会更加重视子代自主性品质的培养，例如责任感、坚韧、有想象力，但不太重视人际层面的品质如有礼貌、懂得待人处事以及节俭、不自私等传统价值观念的培养。个人月收入较低的家长则呈现与之相反的趋势，在选择培养孩子的品质上更多受到社会规范和人际礼仪的影响，注重有礼貌、懂得待人处事、不自私和节俭等品质。

### 5. 不同居住地父母的教养价值观

不同居住地父母选择最多的5项品质在种类与次序上是一致的，结果如表6所示。卡方检验结果表明，在有礼貌品质上，不同居住地的父母选择比例有显著差异（$\chi^2=3.929$，$p<0.05$），居住在村镇的父母选择比例显著高于城市父母。在坚韧品质上，不同居住地的父母选择比例有显著差异（$\chi^2=12.063$，$p<0.001$），城市父母选择坚韧的比例则显著高于村镇父母。在懂得待人处事品质上，不同居住地的父母选择比例有显著差异（$\chi^2=4.326$，$p<0.05$），村镇父母的选择比例显著高于城市父母。在对别人宽容与尊重品

质上，不同居住地的父母选择比例有显著差异（$\chi^2=5.844$，$p<0.05$），城市父母的选择比例显著高于村镇父母。总体来讲，较之于村镇父母，城市父母更侧重于坚韧、对别人宽容与尊重，体现既注重自主性品质又重视人际品质的倾向。较之于城市父母，村镇父母比较看重有礼貌、懂得待人处事等人际品质。

**表 6　不同居住地父母的教养价值观**

单位：人，%

| 项　目 | 城市 | | 村镇 | | $\chi^2$值 |
|---|---|---|---|---|---|
| | 人数 | 百分比 | 人数 | 百分比 | |
| 责任感 | 2543 | 74.64 | 1116 | 74.45 | 0.02 |
| 独立自主 | 2163 | 63.49 | 967 | 64.51 | 0.471 |
| 勤　奋 | 2066 | 60.64 | 884 | 58.97 | 1.207 |
| 有礼貌 | 1814 | 53.24 | 844 | 56.30 | 3.929* |
| 诚　实 | 1533 | 45.00 | 704 | 46.96 | 1.627 |
| 坚　韧 | 1430 | 41.97 | 550 | 36.69 | 12.063*** |
| 懂得待人处事 | 1293 | 37.95 | 616 | 41.09 | 4.326* |
| 对别人宽容与尊重 | 1161 | 34.08 | 458 | 30.55 | 5.844* |
| 有想象力 | 991 | 29.09 | 423 | 28.22 | 0.383 |
| 不自私 | 935 | 27.44 | 428 | 28.55 | 0.638 |
| 节　俭 | 675 | 19.81 | 332 | 22.15 | 3.482 |
| 服　从 | 413 | 12.12 | 166 | 11.07 | 1.099 |

### 6. 不同主观社会阶层的教养价值观

三组不同主观社会阶层的父母在教养价值观上有一定差异，同时也有一定的相似性。如表 7 所示，在各组选择最多的 5 项品质中，种类和次序几乎一致，但主观社会阶层为上层的父母选择坚韧和诚实的比例并列第 5，而对于中层、下层来讲，坚韧仅仅排名第 6 或第 7，并未进入前 5。

**表 7　不同主观社会阶层父母的教养价值观**

单位：人，%

| 项目 | 主观社会阶层 | 人数 | 百分比 | $\chi^2$值 | 事后检验 |
|---|---|---|---|---|---|
| 责任感 | (1)下层 | 1225 | 75.11 | 4.411 | |
| | (2)中层 | 1180 | 75.93 | | |
| | (3)上层 | 1254 | 72.86 | | |
| 独立自主 | (1)下层 | 1082 | 66.34 | 6.834* | |
| | (2)中层 | 973 | 62.61 | | |
| | (3)上层 | 1075 | 62.46 | | |
| 勤奋 | (1)下层 | 980 | 60.09 | 4.839 | |
| | (2)中层 | 904 | 58.17 | | |
| | (3)上层 | 1066 | 61.94 | | |
| 有礼貌 | (1)下层 | 873 | 53.53 | 2.203 | |
| | (2)中层 | 866 | 55.73 | | |
| | (3)上层 | 919 | 53.40 | | |
| 诚实 | (1)下层 | 754 | 46.23 | 9.231** | (2)>(3) |
| | (2)中层 | 746 | 48.01 | | |
| | (3)上层 | 737 | 42.82 | | |
| 坚韧 | (1)下层 | 611 | 37.46 | 10.094** | (3)>(1) |
| | (2)中层 | 632 | 40.67 | | |
| | (3)上层 | 737 | 42.82 | | |
| 懂得待人处事 | (1)下层 | 686 | 42.06 | 10.420** | (1)>(2),(3) |
| | (2)中层 | 587 | 37.77 | | |
| | (3)上层 | 636 | 36.96 | | |
| 对别人宽容与尊重 | (1)下层 | 525 | 32.19 | 0.872 | |
| | (2)中层 | 514 | 33.08 | | |
| | (3)上层 | 580 | 33.70 | | |
| 有想象力 | (1)下层 | 450 | 27.59 | 1.807 | |
| | (2)中层 | 457 | 29.41 | | |
| | (3)上层 | 507 | 29.46 | | |
| 不自私 | (1)下层 | 444 | 27.22 | 0.884 | |
| | (2)中层 | 427 | 27.48 | | |
| | (3)上层 | 492 | 28.59 | | |
| 节俭 | (1)下层 | 318 | 19.50 | 2.184 | |
| | (2)中层 | 318 | 20.46 | | |
| | (3)上层 | 371 | 21.56 | | |
| 服从 | (1)下层 | 202 | 12.39 | 9.303** | (3)>(2) |
| | (2)中层 | 152 | 9.78 | | |
| | (3)上层 | 225 | 13.07 | | |

卡方检验结果也显示上述差异，在独立自主品质上，不同主观社会阶层父母的选择比例有显著差异（$\chi^2=6.834$，$p<0.05$），但事后检验未发现不同主观社会阶层父母之间在选择比例上的两两差异。在诚实品质上，不同主观社会阶层父母的选择比例有显著差异（$\chi^2=9.231$，$p<0.01$），事后检验发现，主观社会阶层为中层的父母选择比例显著高于上层。在坚韧品质上，不同主观社会阶层父母的选择比例有显著差异（$\chi^2=10.094$，$p<0.01$），事后检验发现，主观社会阶层为上层的父母选择比例显著高于下层。在懂得待人处事品质上，不同主观社会阶层父母的选择比例有显著差异（$\chi^2=10.420$，$p<0.01$），事后检验发现，主观社会阶层为下层的父母选择比例显著高于中层和上层。在服从品质上，不同主观社会阶层父母的选择比例有显著差异（$\chi^2=9.303$，$p<0.01$），事后检验发现，主观社会阶层为上层的父母选择比例显著高于中层。

整体而言，各主观社会阶层组的父母在教养价值观上都呈现各自的特点。下层父母特别重视懂得待人处事而不太重视坚韧，中层父母较不重视服从而较重视诚实，上层父母更注重坚韧且强调服从，但不太注重懂得待人处事和诚实。

### （三）不同教养价值观的影响因素

在教养价值观维度，以世界价值观调查数据为基础的分析尚未获得完全一致的结论（Voicu，2012），抽取世界价值观调查的中国人样本数据发现，中国人的教养价值观包含两个维度：自主性维度（autonomy）和顺从性维度（conformity）（Xiao，2000），自主性维度由独立性、坚韧和想象力 3 个指标构成，顺从性维度由节俭、勤奋和服从 3 个指标构成。本部分从父母的个人特质、社会心态和价值观 3 个方面探讨父母在选择教养子代的自主性与顺从性方面受何种因素影响。

在多层线性回归分析中纳入人口学变量、父母社会心态指标和父母价值观指标，分析三者如何对教养价值观产生影响，自变量采用层次进入的方式，考察每层中增加的变量对回归方程解释力度的影响，从而判定增加的变量是否和因变量独立关联。具体而言，以性别、户口、个人月收入、受教育程度、主观社会阶层、出生年代为第一层，其中性别、户口作为分类变量进行虚拟变量的转化，性别以女性为参照组，户口以外地农村户口为参照组。将安全感、一般信任感、社会公平感、社会支持来源作为父母社会心态的指标进入第二层。将成长型思维、阶层固化感知、阶层流动感知、传统—世俗理性价值观作为父母价值观的指标进入第三层。

由表8结果可知，父母社会心态显著增加了自主性回归模型的解释力度，父母价值观显著增加了自主性回归模型的解释力度。人口学特征、父母社会心态和父母价值观三者均独立地与自主性关联密切。从最终的回归方程来看，父母受教育程度与自主性呈显著正相关，父母受教育程度越高，越注重培养子代的自主性。父母社会心态中的一般信任感与自主性教养价值观呈显著负相关。父母一般信任感越高，越不注重培养子代的自主性。政府或机关的社会支持程度与自主性教养价值观呈显著负相关，父母遇到困难时越能够得到政府或机关的支持，越不注重培养子代的自主性。在父母的价值观中，成长型思维与培养子代的自主性呈显著负相关，父母越认为子代的品质是可变的，越不注重培养子代的自主性。传统—世俗理性价值观与培养子代的自主性呈显著正相关，父母的价值观越偏向世俗理性，越注重培养子代的自主性。

**表8　社会心态和价值观对自主性的回归模型**

| 变量 | 第一层标准化系数 β | 第二层标准化系数 β | 第三层标准化系数 β |
|---|---|---|---|
| 性别 | 0.029 | 0.031* | 0.027 |
| 本地城市户口 | -0.023 | -0.029 | -0.034 |
| 本地农村户口 | -0.023 | -0.031 | -0.035 |
| 外地城市户口 | 0.014 | 0.012 | 0.013 |
| 个人月收入 | 0.029 | 0.025 | 0.032 |
| 受教育程度 | 0.076*** | 0.072 | 0.072 |
| 出生年代 | -0.030 | -0.031 | -0.032 |
| 主观社会阶层 | 0.002 | 0.005 | 0.004 |
| 安全感 | | 0.016 | 0.020 |

续表

| 变量 | 第一层标准化系数 β | 第二层标准化系数 β | 第三层标准化系数 β |
|---|---|---|---|
| 一般信任感 | | -0.079*** | -0.076*** |
| 社会公平感 | | 0.030 | 0.035 |
| 家人支持 | | 0.000 | -0.001 |
| 朋友支持 | | 0.016 | 0.014 |
| 政府机关支持 | | -0.043* | -0.039* |
| 社会组织支持 | | -0.008 | -0.005 |
| 成长型思维 | | | -0.040** |
| 阶层固化感知 | | | -0.005 |
| 阶层流动感知 | | | 0.028 |
| 传统—世俗理性价值观 | | | 0.065*** |
| $R^2$ | 0.007 | 0.014 | 0.019 |
| $\triangle R^2$ | 0.009 | 0.008 | 0.005 |
| F | 5.484*** | 5.620*** | 5.894*** |

以顺从性为因变量，以上述各自变量做逐步回归分析。结果可知，父母社会心态显著增加了顺从性回归模型的解释力度，父母价值观显著增加了顺从性回归模型的解释力度。人口学特征、父母社会心态和父母价值观三者均独立地与顺从性关联密切。从最终的回归方程来看，相较于母亲，父亲更注重培养子代的顺从性。受教育程度与顺从性呈显著负相关，父母受教育程度越高，越不注重培养子女的顺从性。父母的主观社会阶层与顺从性维度呈显著的正相关，父母认为自己的社会阶层越高，越重视培养子女的顺从性。父母社会心态中的安全感、一般信任感、社会公平感、家人支持、朋友支持与顺从性教养价值观显著相关。父母安全感程度越高，在遇到困难时家人支持程度越高，越不注重培养子代的顺从性。父母的一般信任感越高，社会公平感越高，在遇到困难时朋友支持程度越高，越注重培养子代的顺从性。父母价值观中的成长型思维、阶层流动感知与子代的顺从性培养显著相关，父母持有个人品质具有可变性的观点，会更重视培养子代的顺从性，父母的阶层流动感知程度越高，越不注重培养子代的顺从性（见表9）。

表 9　社会心态和价值观对顺从性的回归模型

| 变量 | 第一层标准化系数 β | 第二层标准化系数 β | 第三层标准化系数 β |
|---|---|---|---|
| 性别 | 0.027 | 0.030* | 0.030* |
| 本地城市户口 | -0.032 | -0.042 | -0.044 |
| 本地农村户口 | -0.043 | -0.050 | -0.051 |
| 外地城市户口 | -0.001 | -0.003 | -0.005 |
| 个人月收入 | 0.020 | 0.013 | 0.015 |
| 受教育程度 | -0.073*** | -0.065*** | -0.066*** |
| 出生年代 | 0.025 | 0.018 | 0.018 |
| 主观社会阶层 | 0.048*** | 0.049*** | 0.049** |
| 安全感 | | -0.046* | -0.044* |
| 一般信任感 | | 0.025 | 0.030* |
| 社会公平感 | | 0.051** | 0.057** |
| 家人支持 | | -0.075*** | -0.065*** |
| 朋友支持 | | 0.050** | 0.046** |
| 政府机关支持 | | -0.030 | -0.030 |
| 社会组织支持 | | 0.002 | -0.005 |
| 成长型思维 | | | 0.048*** |
| 阶层固化感知 | | | 0.022 |
| 阶层流动感知 | | | -0.037* |
| 传统—世俗理性价值观 | | | -0.003 |
| $R^2$ | 0.005 | 0.011 | 0.014 |
| $\triangle R^2$ | 0.006 | 0.008 | 0.004 |
| F | 3.848*** | 4.799*** | 4.774*** |

## 四　总结与讨论

### （一）在培养子代品质方面，民众既有共识又有差异

在培养子代时民众最重视的 5 项品质的种类和次序基本一致，依次是责任感、独立自主、勤奋、有礼貌、诚实，这与此前在台湾地区研究的结果基本相符（Wang，Tamis-Lemonda，2003）。上述这 5 个方面的培养在不同世

代、不同受教育程度、不同居住地、不同主观社会阶层之间具有较强的一致性，表明这5项品质的培养获得了不同群体的认可，成为民众普遍接受的社会共识。

在共性基础上，不同群体的教养价值观也有着各自的特性。从性别视角来看，母亲更倾向于强调培养子代的人际倾向，而父亲则更加注重培养子代的自身能力，这与美国母亲更注重子代自主性的结论有一定的出入（Spade，1991），这可能是文化因素造成的，而非性别因素所导致，也可能源于父亲与母亲在教养子女方面的分工或功能不同，父亲通常更侧重于管教子女，而母亲通常是提供情感支持。从不同世代来看，对不自私品质的重视程度下降可能反映了不同世代对于“自私”的看法和观念发生了变化。基于社会阶层的客观指标，即受教育程度、个人月收入，以及社会阶层的主观指标，即主观社会阶层，研究发现社会阶层的客观与主观指标在民众的教养价值观上取得了较为一致的结论，呈现较为一致的趋势。具体来说，学历层次更高、个人月收入更高、居住在城市、主观社会阶层更高的民众更倾向于培养子代的坚韧、有想象力等偏自主性的特质，相反，学历层次更低、个人月收入更低、居住在村镇、主观社会阶层更低的民众更倾向于培养子代的有礼貌、懂得待人处事等易受社会规范约束且偏人际倾向的特质。这与以往关于不同阶层父母的教养价值观差异研究结果有相似性又有差异性。相似性在于不同阶层父母体现出培养子代品质的侧重点不同，如下层父母重视懂得待人处事的培养，中层父母重视诚实的培养，上层父母注重坚韧的培养；差异性在于以前研究所指的工人阶级更关注子代的顺从性，在本报告中倾向于下层父母更注重子代的人际交往品质和人际和谐能力的培养，这似乎表明在中国文化语境下，人际交往能力有别于顺从性，体现了当前民众教养价值观的新变化和新趋势。

### （二）父母的社会境遇影响子代品质的培养

父母的社会心态在一定程度上反映了父母在当前社会中所处的境遇，反映了父母如何体验和评价当前社会林林总总的基本面。教养价值观作为父母意图向子代传递其作为个体应具有的最重要品质，其实质是父母基于个体自身的实际情况浓缩、凝练出的如何应对社会的秘籍和法宝，因此教养价值观与父母的社会心态之间具有深层的联结。研究表明，当父母感到社会总体安全时倾向于不培养子代的顺从性，与之相对的是当父母感到社会是公平且可信任时倾向于培养子代的顺从性，而信任感的缺失会导致父母更倾向于培养子代的自主性，因此当总体社会心态在父母看来是向上时，父母希望子代能够更顺应社会整体的发展，只有总体社会心态在父母看来较为负面时，父母才会培养子代的自主性。

父母在社会上所处境遇的更为直观的衡量标准是当父母遇到困难时可以从哪些渠道获得帮助。研究表明，如果父母遇到困难时能够得到来自家庭或者政府的支持，那么父母倾向于不注重培养子代的自主性和顺从性，而如果父母遇到困难能够得到来自朋友的支持会强化父母培养子代的顺从性。这从一个侧面反映出自主性与顺从性其实是父母根据周边环境能否对其提供帮助与支持，对这一特性在人生发展中有效性的一种评估并以此为经验向子代传递。

### （三）父母价值观影响子代品质的培养

成长型思维是父母认为子代的人格品质是否可变的一种观念。当父母持有较高成长型思维时，父母更注重培养子代的顺从性，更不注重培养子代的自主性，这似乎意味着培养子代顺从性可能是更容易让子代融入社会的一种方式，也是更不与社会大环境发生冲突的较好方式。培养子代的自主性，通常意味着父母需要给予子代更多的空间，对父母教养能力的挑战更大，因此当子代的人格品质最终还是会发生变化时，那么父母会放弃自主性的培养，可能是为人父母更为省劲的做法。毕竟从传统的价值观念来看，顺从性一直是东亚强调的主流价值观念，顺从性的培养可能是父母更容易介入的，也比较容易培养的人格特质，而自主性的培养可能是父母较难把控的也较难培养的人格特质。

传统—世俗理性价值是 Inglehart 和 Welzel 所提出的文化差异价值观两

个维度中的一个，反映传统观念在不同社会文化群体中的差异。传统价值观强调宗教信仰、父母与子女关系、顺从权力和传统家庭价值观，世俗理性价值观则相反。研究表明，父母越倾向于世俗的价值观，越有培养子代自主性的倾向。父母阶层流动感知程度越高，越是降低了父母培养子女顺从性的倾向。由此可见，培养子代何种特质以应对未来社会是父母当前价值观念的反映。父母持有世俗理性的价值观意味着自身需要通过个人自主性摆脱传统价值观的束缚，父母通过自身的自主性实践朝着世俗理性的价值观迈进，这种行动所带来的自主性可能是父母经自身沉淀想传授给下一代的。阶层流动感知更是提供了另一个培养子代自主性的价值支持，培养顺从的子代可能无法冲破当前阶层流动的藩篱。

青少年就像是父母的一面镜子，父母如何培养子代不仅带有时代的烙印，也带上了父母的印记。父母教养价值观的描绘有助于社会各界理解当前青少年呈现出来的各种问题，也有助于父母反思自己的教养价值观是否能够经受得起社会的考验和捶打，为如何培养和开展青少年教育提供了一定的启示，为如何开展家校合作提供了一定的数据支持。

## 参考文献

陈帼眉、何大慧：《家长的教育观念——一个值得重视的新概念》，《家庭教育》1994 年第 1 期。

洪岩璧、赵延东：《从资本到惯习：中国城市家庭教育模式的阶层分化》，《社会学研究》2014 年第 4 期。

刘程、廖桂村：《家庭教养方式的阶层分化及其后果：国外研究进展与反思》，《外国教育研究》2019 年第 11 期。

Alwin, Duane F., "Parental Values, Beliefs, and Behavior: A Review and Promulga for Research into the New Century", *Advances in Life Course Research*, 6 (2001).

Barnett, Rosalind C., "Parental Sex-role Attitudes and Child-rearing Values", *Sex Roles*, 7.8 (1981).

Goodnow, Jacqueline F., Goodnow, Jacqueline J., and W. Andrew Collins, *Development*

*According to Parents: The Nature, Sources, and Consequences of Parents' Ideas*, US: Psychology Press, 1990.

Kohn, Melvin L., and Carmi Schooler, "Class, Occupation, and Orientation", *American Sociological Review*, (1969).

Lin, Chin-Yau Cindy, and Victoria R. Fu, "A Comparison of Child-rearing Practices among Chinese, Immigrant Chinese, and Caucasian-American Parents", *Child Development*, 61.2 (1990).

Spade, Joan Z., "Occupational Structure and Men's and Women's Parental Values", *Journal of Family Issues*, 12.3 (1991).

Tudge, Jonathan R. H., et al., "Parents' Child-rearing Values and Beliefs in the United States and Russia: The Impact of Culture and Social Class", *Infant and Child Development: An International Journal of Research and Practice*, 9.2 (2000).

Tudge, Jonathan R. H., et al., "Child-rearing Values in Southern Brazil: Mutual Influences of Social Class and Parents' Perceptions of their Children's Development", *Journal of Family Issues*, 34.10 (2013).

Tulviste, Tiia, et al., "Child-rearing Goals of Estonian, Finnish, and Swedish Mothers", *Scandinavian Journal of Psychology*, 48.6 (2007).

Voicu, Bogdan, "Measuring Child-rearing Values. A Research Note", *Social Change Review*, 10.1 (2012).

Wang, Shuyuan, and Catherine S. Tamis-Lemonda, "Do Child-rearing Values in Taiwan and the United States Reflect Cultural Values of Collectivism and Individualism?" *Journal of Cross-Cultural Psychology*, 34.6 (2003).

Xiao, Hong, "Structure of Child-rearing Values in Urban China", *Sociological Perspectives*, 43.3 (2000).

B.6

# 能力内隐观对幸福感的影响：内卷心态的积极作用*

毕重增　薛文惠　李永雪**

**摘　要：** 才智是个体重要的发展资本，而以智力可变性认知为核心的能力内隐理论也有其附加价值。本文探讨能力内隐观对幸福感的作用及其受内卷度影响的模式。结果发现，内卷度改变了能力内隐观对幸福感的影响方向或程度，具体表现为内卷改变了固化观对生活满意度和积极情感的作用方向，部分将其消极作用转变为积极作用；内卷还部分弱化了成长观对生活满意度和积极情感的作用程度。在消极情感方面，内卷呈现积极的抵御作用。这些研究结果启示，适度内卷有利于获得幸福感，除非内卷度过高，对大多数人而言，改变对自己聪明才智的看法、塑造更具韧性的发展观更具有适应性。

**关键词：** 幸福感　能力内隐观　内卷　躺平

## 一　引言

随着经济社会的高速发展，人们的生活压力也日益增加，近年出现了一

* 本文得到西南大学教育教学改革研究项目（项目编号：2022JY060）的资助。

** 毕重增，博士，西南大学教授，重庆市人文社会科学重点研究基地心理学与社会发展研究中心副主任，研究方向为人格与社会心理学；薛文惠，西南大学心理学部硕士研究生，研究方向为成长心态；李永雪，西南大学心理学部博士研究生，研究方向为文化自信。

系列反映压力的网络流行语，例如“打工人”“躺平”“内卷”等。其中，“内卷”是指一个系统在外部扩张受到约束的条件下，只能从内部不断精细化发展的过程（刘世定、邱泽奇，2004），代表一种无法自我实现的非稳定状态（成庆，2021；王俊秀，2021）。由于“内卷”所描述的社会现象能够引起青年群体的共鸣，主要在青年群体中不断涌现，已是当下媒体和学术界关注的一种青年亚文化现象。青年群体共同的“被内卷”感受已形成一种社会氛围，个体感受到一种强大的压力，并选择相同“内卷”的生活方式（王俊秀，2021）。个体以“内卷”这种模糊表达的方式概括某些难以回避的精神问题（成庆，2021），可以很轻便地用“内卷”描绘自身的处境，并且用于自我调侃和消解。从2020年末的“清华卷王”到2021年的“躺平即正义”，“内卷”还是“躺平”成为当代人不可回避的选择。背后传达了当下年轻群体参与社会竞争的消极心态，同时也潜藏了有关奋斗消解等深层话题。从一种“社会演化”的初始表达逐渐陷入低水平“内耗式”的滞涨态势（令小雄、王亚妮，2022），具有强烈的消极偏向。

关于内卷的研究，大多聚焦于“内卷式竞争”引发的内部恶性竞争带来的向下非多赢局面。内卷个体因时刻保持自我动能的消耗状态（王芊霓、葛诗凡，2020），陷入一种全面参与竞争、加速达成目标、持续超过对手、消极情绪无法规避的结构式困局（王斌，2022）。在“宁可累死自己，也要卷死别人”的话语中，内卷者往往会将主观感受置于价值与意义之上，进入一个纯粹追逐数字化的世界，滞留在一种重复简单、没有进步的轮回状态的社会心理结构中，造成精神与意义世界的贫穷（赛俊彦、闫翠娟，2022），产生重复性的社会化焦虑、习得性无助感和自我怀疑（令小雄、王亚妮，2022），更有甚者产生嫉妒、仇恨情绪（瞿磊，2011）。但值得注意的是，内卷并不是绝对消极的（牛天，2022），“内卷”也会激发个体自身的上进心，有助于个体的自我提高（邓子瑜、黄子健，2022；杜榕，2022）。“内卷”如同源发式机制，在奋斗中主动积极地表达自己，从而彰显追求美好生活的整体性能（令小雄、王亚妮，2022），持有“内卷”心态的个体在某些方面往往具有突出的表现，能够以积极的态度和行动应对环境变化和社会竞争，进而实现个人成长和自我价值（高仁爱，2022）。有研究者还注意到“内卷”作为一种激励也能够促使大学生创新竞争模式（杨秀芹等，2022）。

幸福是享受还是奋斗？研究表明，内卷能够影响个体幸福感的获得（韩智丽、陈科华，2022）。在移动互联网时代下，“内卷”以一种“万物皆可卷”的姿态出现在生活的各个角落。一方面，个体可以通过一种自嘲的方式消解生存压力带来的愤怒与焦虑，缓解消极情感；另一方面，“内卷”代表了个体努力奋斗的状态。而奋斗是个体实现发展、获得和体验幸福的必由之路。从“躺平”到“内卷”的取舍转变，直观展现了个体参与社会竞争欲望的逐步提升、内在奋斗动力的日益增加（覃鑫渊、代玉启，2022）。相比于“躺平”这种近乎放弃奋斗的心态，拥有有意义的生活目标并为之奋斗是个体获得幸福感的重要途径（Emmons，1986），内卷心态内含的个体努力进取在一定程度上能够深度影响个体的幸福感。习近平总书记曾多次指出：“幸福不会从天而降，人世间的一切幸福都需要靠辛勤的劳动来创造”。

个体幸福受到“内卷”心态影响是以智力等个体因素为条件的，而智力作用的发挥则进一步受到个体能力内隐观的影响。“内隐观”是指认为特质是否可变的信念（Heyman & Dweck，1998）。能力内隐观包含固化观和成长观两种，持有固化观的个体认为能力、智力是固定不变的；而持有成长观的个体认为能力、智力是可提升、可塑造的（Blackwell et al.，2007）。持有能力固化观的个体面对挑战时，容易放弃；而持能力成长观即成长心态的个体具有更高的积极情绪（Shih，2011）。在更广泛的意义上能力成长观是一种对个体品质的成长心态（growth mindsets）。所谓成长心态，指对个体自我实现过程中需要的智力、能力、人格等重要的个体属性持可变性的内在信念（Dweck，2008；Dweck，2017）。成长心态能够影响人们解释现实的方式和自我调节动机，能为个体提供适应性策略，以应对挫折、压力事件与心理困扰（Schroder et al.，2017），是一种保护机制。同时，持有成长心态的个体在情绪调节过程中能够获得自我效能感（Tamir et al.，2007），保护个体心理健康，提升幸福感。此外，实证研究发现，成长心态与更强的动机有关，能显著正向预测个体的生活满意度和幸福感（Chan，2012；Lam et al.，2020）；而持有能力固化观的人往往比持有能力成长观体验到更少的积极情感（Shih，2011；Tamir et al.，2007）。

本研究基于内卷心态盛行的社会背景展开，以幸福感为指标，探寻能力内隐观对个体适应的影响，以及内卷心态在其中的作用性质。从而发掘内卷行为背后蕴含的具有时代特色的青年奋斗幸福观，引导青年通过积极向上的方式获得和体验幸福。

## 二　方法

### （一）研究对象

本研究通过问卷星在线采集数据 420 份，其中女性 112 人（26.7%），男性 308 人（73.3%），平均年龄为 23.85 岁（SD=4.27）。

### （二）工具

#### 1. 幸福感

采用生活满意度、积极和消极情绪作为幸福感的指标。①生活满意度使用 Diener 等人（1985）编制的生活满意度量表中的 3 个条目。该工具测量个体对生活满意度的总体评价，采用李克特量表 4 点计分（1=极不符合，4=极为符合），量表均分越高，表示生活满意度越高。在本研究中该量表的内部一致性克隆巴赫 α 系数为 0.77。②积极和消极情绪采用邱林等（2008）修订的积极消极情绪量表。本研究采用原量表中消极、积极情绪各 3 个项目测量个体的主要情绪感受，数据结果显示两个维度具有良好的内部一致性，其克隆巴赫 α 系数分别为 0.87 和 0.90。

#### 2. 能力内隐观

选择 Dweck（2000）编制的智力思维模式量表中的 5 个条目测量个体的能力内隐观，包括 3 个测量固化观的条目，例如，“智力对于个人而言就是不能有很大变化的”，2 个测量成长观的条目，例如，“不管一个人的能力水平如何，总是能够显著变化的”。采用李克特量表 6 点计分（1=完全不同意，6=完全同意），两个因子均是得分越高，受测者的能力固化观或能力成长观水平越高。在本研究中该量表两个因子的内部一致性克隆巴赫 α 系数分别为 0.77 和 0.71。

3. 内卷度

自编 4 道题，以角度、速度、温度和硬度来形容自己的内卷状态。例如：若以角度表示人的状态，躺平是一条水平线（即 0 度），内卷是一个直角（即 90 度）。那么，你当前的状态大概是多少度？单一因子解释 4 道题总变异的 75.14%，其内部一致性克隆巴赫 α 系数为 0.78。计分时先将 4 道题得分进行标准化，而后乘以 10 加上 50 得到内卷指数。将该指数作为内卷度量化指标，其得分理论范围为 1~100，平均数为 50。

## 三　结果与讨论

### （一）研究变量的描述性分析

根据表 1 描述性统计与相关分析结果可知，研究样本的内卷度总体上处于相对较低的水平。能力固化观与幸福感负相关（与积极指标负相关，与消极指标正相关）、与内卷度负相关。能力成长观与幸福感的积极指标正相关，与内卷度显著正相关。内卷度与幸福感正相关，与积极指标正相关，与消极指标负相关。

**表 1　研究变量的平均数、标准差和相关系数**

| 变量 | 最小值 | 最大值 | 平均数 | 标准差 | 1 | 2 | 3 | 4 | 5 |
|---|---|---|---|---|---|---|---|---|---|
| 1. 能力固化观 | 1 | 6 | 3.91 | 1.29 | | | | | |
| 2. 能力成长观 | 1 | 6 | 4.54 | 0.96 | −0.16** | | | | |
| 3. 生活满意度 | 1 | 4 | 2.95 | 0.70 | −0.11* | 0.43*** | | | |

续表

| 变量 | 最小值 | 最大值 | 平均数 | 标准差 | 1 | 2 | 3 | 4 | 5 |
|---|---|---|---|---|---|---|---|---|---|
| 4. 积极情绪 | 1 | 5 | 3.88 | 0.85 | −0.16** | 0.52*** | 0.65*** | | |
| 5. 消极情绪 | 1 | 5 | 2.29 | 1.11 | 0.43*** | −0.02 | −0.18*** | −0.13** | |
| 6. 内卷度 | 22.45 | 69.86 | 50.00 | 8.67 | −0.27*** | 0.11* | 0.36*** | 0.35*** | −0.37*** |

注：N=420；* $p<0.05$，** $p<0.01$，*** $p<0.001$。

## （二）能力内隐观和内卷度对生活满意度的回归分析

简单回归分析发现，能力固化观显著负向预测个体的生活满意度（$\beta=-0.11$，$t=-2.33$，$p=0.020$）；能力成长观显著正向预测个体的生活满意度（$\beta=0.43$，$t=9.83$，$p<0.001$）。进一步采用回归分析探讨能力内隐观、内卷度及二者交互项对生活满意度的预测作用。

首先，以生活满意度为因变量，以固化观、内卷度及其交互项为自变量进行回归分析，结果发现模型具有显著的统计意义［$R^2=0.15$，$F(3, 416)=25.17$，$p<0.001$］；自变量及其交互项均有显著的统计意义，见表2。

**表2　能力固化观和内卷度对生活满意度的回归分析**

| 变量 | b | SE | t | p | b值95%置信区间 | |
|---|---|---|---|---|---|---|
| （截距） | −0.47 | 0.68 | −0.69 | 0.488 | −1.81 | 0.86 |
| 固化观 | 0.49 | 0.15 | 3.13 | 0.002 | 0.18 | 0.80 |
| 内卷度 | 0.08 | 0.01 | 5.33 | <0.001 | 0.05 | 0.12 |
| 交互项 | −0.01 | <0.01 | −3.23 | 0.001 | −0.02 | −0.01 |

进一步对交互项进行分析，可知在低内卷组，能力固化观对生活满意度的作用是积极的（$t=2.41$，$p=0.016$）；在中间组，这种作用是不显著的（$t=0.58$，$p=0.560$）；而在高分组，能力固化观对生活满意度的作用是消极的（$t=-1.98$，$p=0.049$），见图1。

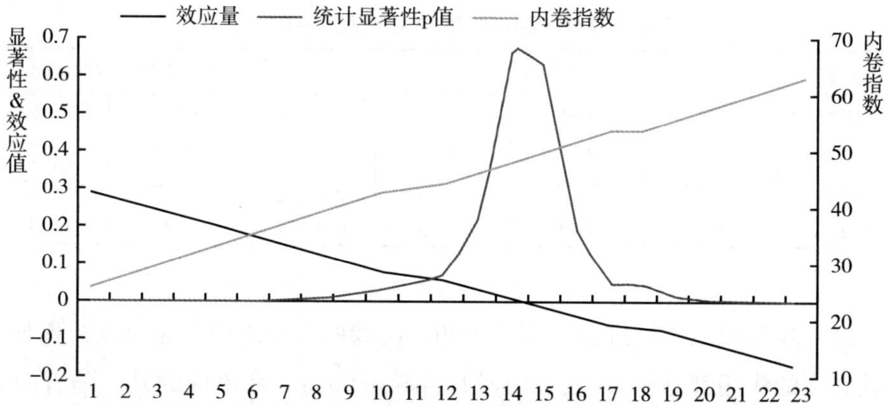


**图 1　能力固化观对生活满意度影响随内卷累积的效应量和统计显著性分布**

采用 Johnson-Neyman 法对内卷度的作用进行统计分组，得到内卷指数 44.52 和 59.16 两个分界点，其中内卷度低于第一个分界点者占总人数的 24.76%，在此内卷水平段的人，其能力固化观对生活满意度的作用是积极的；高于第二个分界点者占 13.57%，在此内卷水平段的人，其能力固化观对生活满意度的作用是消极的；处于两个分界点之间的人占 61.66%，其能力固化观对生活满意度的作用无统计学意义。

总的来看，内卷度逆转了能力固化观对生活满意度的影响。能力固化观整体上与生活满意度是负相关的，但内卷度部分改变了其作用的性质和方向，中低内卷度使得能力固化观的作用变为积极或无负面作用，而只有较高内卷程度群组（占调查对象的约 1/7），其消极作用仍然存在，表现为越持能力固化的观点，生活满意度越低。由于能力这个重要的内卷资本要素被视为稳定的、不变的，个人越感受到高水平内卷，任务或目标与能力之间落差就越大，这种消极的体验最终投射到对生活的整体评价上。因此，理想的生活满意度，可以部分通过改变智力不可变的观点来获得，也可以通过降低特定群体的内卷度来获得。

其次，以生活满意度为因变量，以成长观、内卷度及其交互作用为自变量进行回归分析，模型对数据有显著的解释意义［$R^2=0.34$，$F(3, 416)=70.67$，$p<0.001$］；自变量及其交互作用均有显著的统计意义，见表 3。

表 3　能力成长观和内卷度对生活满意度的回归分析

| 变量 | b | SE | t | p | b 值 95%置信区间 | |
|---|---|---|---|---|---|---|
| （截距） | -2.96 | 0.65 | -4.51 | <0.001 | -4.24 | -1.67 |
| 成长观 | 1.04 | 0.14 | 7.23 | <0.001 | 0.75 | 1.32 |
| 内卷度 | 0.12 | 0.02 | 7.12 | <0.001 | 0.08 | 0.15 |
| 交互项 | -0.02 | 0.01 | -5.29 | <0.001 | -0.03 | -0.01 |

进一步对交互作用进行分析，可知在内卷的各个组中，能力成长观对生活满意度的作用都是积极的、显著的（ps<0.001），所不同的是，随着内卷度的上升，效应值有下降的趋势（效应值分别为 0.44、0.30、0.18），见图 2。

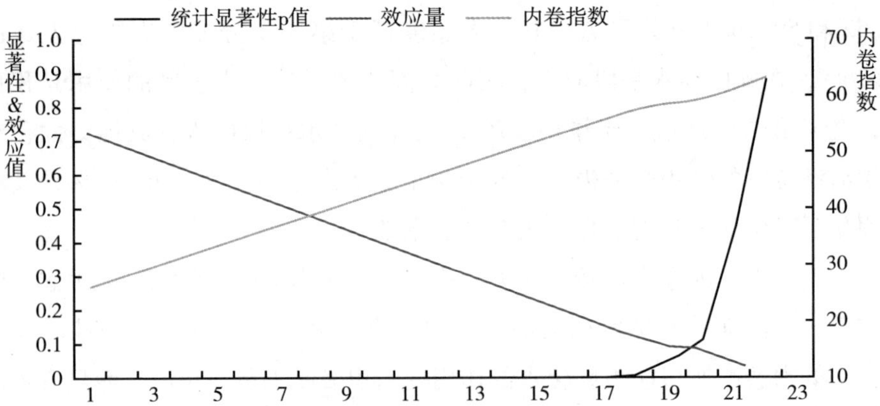


图 2　能力成长观对生活满意度影响随内卷累积的效应量和统计显著性分布

采用 Johnson-Neyman 法对内卷度的作用进行统计分组，得到一个内卷指数分界点（64.17），低于此分界点的人数占 95.48%，在此内卷水平段的人，其能力成长观对生活满意度的作用是积极的；高于此分界点的人数占 4.52%，在此内卷水平段的人，其能力成长观对生活满意度的作用是不显著的。也就是说，虽然能力成长观总体上是有利于生活满意度的，但对于内卷度偏高的少数人（低于调查样本的 5%），其积极效应是受抑制的。

## （三）能力内隐观和内卷度对积极情绪的回归分析

简单回归分析发现，能力固化观对积极情绪的预测方向为负（$\beta=-0.16$，$t=-3.29$，$p=0.001$）；能力成长观对积极情绪的预测方向为正（$\beta=0.52$，$t=12.30$，$p<0.001$）。进一步采用回归分析探讨能力内隐观和内卷度及二者交互对积极情绪的预测作用。

首先，以积极情绪为因变量，以固化观、内卷度及其交互作用为自变量进行回归分析，模型对数据有显著的解释意义［$R^2=0.15$，$F(3, 416)=24.01$，$p<0.001$］；自变量及其交互作用均有显著的统计意义，见表4。

**表4　能力固化观和内卷度对积极情绪的回归分析**

| 变量 | b | SE | t | p | b值95%置信区间 | |
|---|---|---|---|---|---|---|
| （截距） | -0.07 | 0.82 | -0.08 | 0.930 | -1.69 | 1.54 |
| 固化观 | 0.59 | 0.19 | 3.08 | 0.002 | 0.21 | 0.96 |
| 内卷度 | 0.10 | 0.02 | 5.26 | <0.001 | 0.06 | 0.14 |
| 交互项 | -0.02 | 0.01 | -3.37 | 0.001 | -0.03 | -0.01 |

进一步对交互作用进行分析，可知在低内卷组，能力固化观对积极情绪的作用有边缘显著的统计学意义（$t=1.84$，$p=0.065$）；在中间组，作用不显著（$t=-0.02$，$p=0.625$）；而在高分组，能力固化观对积极情绪的作用是消极的（$t=-3.04$，$p=0.003$），见图3。

采用Johnson-Neyman法对内卷度的作用进行统计分组，得到内卷指数39.29和54.62两个分界点，其中内卷度低于第一个分界点者占总人数的10.95%，在此内卷水平段的人，其能力固化观对积极情绪的作用是积极的；高于第二个分界点者占30.24%，在此内卷水平段的人，其能力固化观对积极情绪的作用是消极的；处于两个分界点之间的人占58.81%，其能力固化观对积极情绪的作用无统计学意义。能力固化观以内卷度分组影响积极情绪、生活满意度的作用模式相同。

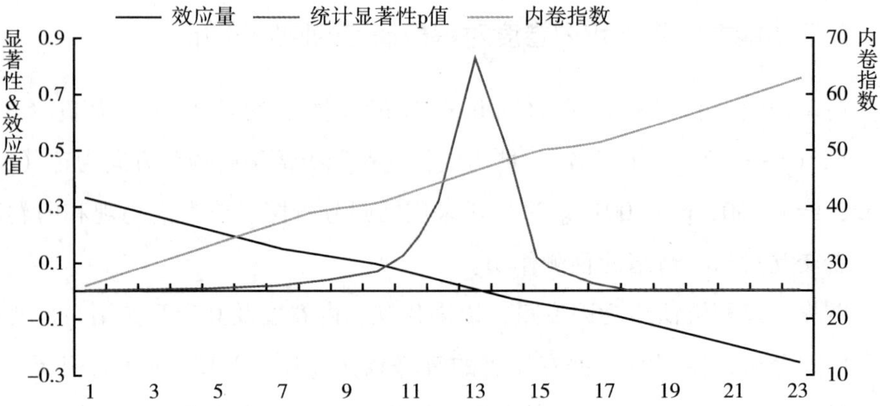


**图 3　能力固化观对积极情绪影响随内卷累积的效应量和统计显著性分布**

其次，以积极情绪为因变量，以成长观、内卷度及其交互作用为自变量进行回归分析，模型对数据有显著的解释意义［$R^2=0.40$，F（3，416）= 91.23，p<0.001］；自变量及其交互作用均有显著的统计意义，见表 5。

**表 5　能力成长观和内卷度对积极情绪的回归分析**

| 变量 | b | SE | t | p | b 值 95%置信区间 | |
|---|---|---|---|---|---|---|
| （截距） | -3.33 | 0.75 | -4.42 | <0.001 | -4.81 | -1.85 |
| 成长观 | 1.30 | 0.16 | 7.86 | <0.001 | 0.97 | 1.62 |
| 内卷度 | 0.14 | 0.02 | 7.13 | <0.001 | 0.10 | 0.17 |
| 交互项 | -0.02 | <0.01 | -5.37 | <0.001 | -0.03 | -0.01 |

进一步对交互作用进行分析，可知在内卷的各个组中，能力成长观对积极情绪的作用都是积极的、显著的（ps<0.001），所不同的是，随着内卷度的上升，效应值有下降的趋势（效应值分别为 0.60、0.44、0.30），见图 4。

采用 Johnson-Neyman 法对内卷度的作用进行统计分组，得到一个内卷指数分界点（67.89），低于此分界点的人数占 98.33%，在此内卷水平段的人，其能力成长观对积极情绪的作用是积极的；高于此分界点的人数占 1.67%，在此内卷水平段的人，其能力成长观对积极情绪的作用是不显著

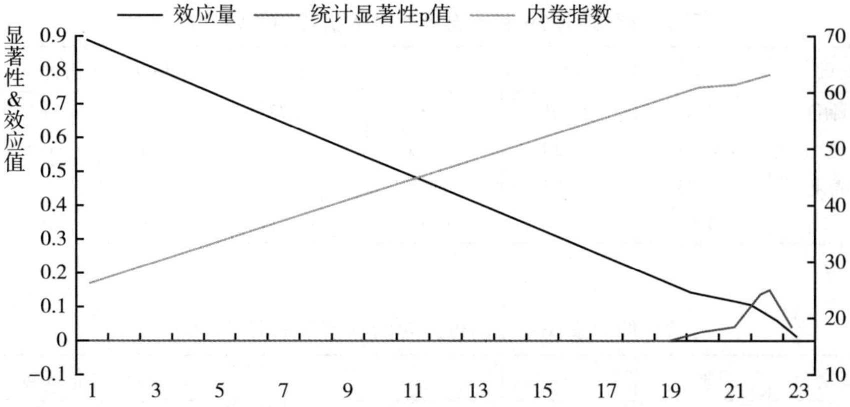


**图 4　能力成长观对积极情绪影响随内卷累积的效应量和统计显著性分布**

的。也就是说，虽然能力成长观总体上是有利于积极情绪的，但对于内卷度偏高的少数人（低于调查样本的 2%），其积极效应是受抑制的。

## （四）能力内隐观和内卷度对消极情绪的回归分析

简单回归分析显示，能力固化观对消极情绪的预测方向为正（$\beta=0.43$，$t=9.63$，$p<0.001$）；能力成长观对消极情绪的预测无统计学意义（$\beta=-0.02$，$t=1.07$，$p=0.286$）。在包含能力固化观、内卷度及其交互项的模型中，所有变量对消极情绪均无显著的预测作用（见表 6）。这些结果虽然表明能力固化观和内卷度对消极情绪无解释或预测效力，但对比相关系数中这两个变量与消极情绪都有显著的较高相关度可知，能力固化与否、内卷程度对消极情绪的复杂作用仍然需要进一步的解析或探究。可能是两个变量的作用方向相反，也可能是其作用在人群中产生了分化，使得其效应相互遮掩、相互抵消而未展示出来。

回归分析显示，在包含能力成长观、内卷度及其交互项的模型中，只有内卷度对消极情绪有显著的预测作用（见表 7）。与能力固化观不同，这个回归的结果与简单相关相似，内卷度可以预测消极情绪的减少，能力成长观不能解释或预测消极情绪。

表6　能力固化观和内卷度对消极情绪的回归分析

| 变量 | b | SE | t | p | b 值 95%置信区间 | |
|---|---|---|---|---|---|---|
| (截距) | 2.33 | 1.01 | 2.31 | 0.022 | 0.34 | 4.32 |
| 固化观 | 0.41 | 0.23 | 1.73 | 0.084 | −0.05 | 0.87 |
| 内卷度 | −0.03 | 0.02 | −1.37 | 0.172 | −0.08 | 0.02 |
| 交互项 | <−0.01 | 0.01 | −0.44 | 0.661 | −0.01 | 0.01 |

表7　能力成长观和内卷度对消极情绪的回归分析

| 变量 | b | SE | t | p | b 值 95%置信区间 | |
|---|---|---|---|---|---|---|
| (截距) | 4.98 | 1.18 | 4.20 | <0.001 | 2.65 | 7.31 |
| 成长观 | −0.10 | 0.26 | −0.38 | 0.701 | −0.61 | 0.41 |
| 内卷度 | −0.07 | 0.03 | −2.39 | 0.017 | −0.13 | −0.01 |
| 交互项 | <0.01 | 0.01 | 0.44 | 0.656 | −0.01 | 0.02 |

有观点认为，内卷不利于身心健康，对幸福感有损害。然而本研究却发现，内卷对幸福感总体上呈现积极效应，不但可以预测生活满意度和积极情绪，还抵御消极情绪。更重要的是内卷度调节了能力内隐观对幸福感消极作用的方向和程度。内卷度部分改变了能力固化观对幸福感的消极作用，表现为在低内卷水平区间能力固化观的作用由消极转变为积极，中内卷水平区间无影响，只有在内卷的高水平区间，对生活满意度和积极情绪的作用是消极的。能力成长观对幸福感作用受内卷度的影响较小，虽然随着内卷度的提升，能力成长观的积极效应越来越低，甚至对部分人（小于5%）的积极作用变得不再显著，但总体上并没有出现消极影响。

## 四　对策与建议

### （一）合理认识内卷，避免过度竞争

无论是直接效应还是调节能力内隐观的作用，内卷总体上对幸福感的作

用都是积极的，很难将“内卷”与消极画上等号。而本研究的数据结果也显示，不但内卷指数总体上处于较低水平，以幸福感为指标来衡量也处于较合理区间。内卷的作用和水平均与引发社会焦虑的流行叙述不相符，由此提醒需要辩证看待有关内卷的舆论，合理理解生活中被夸张的内卷现象。一定程度的内卷是积极的、对于幸福生活不可或缺的，需要反对的是“躺平主义”，放弃奋斗的躺平可能真的会损害幸福感，增加消极感受、减少积极感受、降低生活满意度。在推动共同富裕的进程中，不可避免地会遇到各种困难和挑战，无论是凭借努力还是能耐达到目标，尤其是破除心理上的上升“玻璃天花板”，“内卷”所蕴含的热情投入和努力坚持，都是一个不可忽视的精神因素。当然，内卷度过高显示出的消极适应倾向，也提醒在倡导奋斗和竞争时，要注意极少数人可能会卷入损害性的过度内卷。

### （二）改变个人对心理资本性质的认知

对个体特性的稳定自我认知，在特定内卷度环境中是适应的，但在竞争需求强的环境中（高内卷）固化自我的特征还会产生消极影响，带来的是更多消极感受。按照本研究的发现，在信息极大丰富、终身学习的大变革时代，能力乃至个性品质的固化观是不适应的。个体在寻求向上社会流动过程中，要适时调整对自己能力的看法，既要有稳定的、客观化的理性认识，又赋予能力以发展的积极心理预期。积极心理品质是向上社会流动的资本，对这些心理品质具有建设性的发展观还能带来额外的价值。由此，各种心理品质因开放心态而获得更多的锻炼和成长，积极适应效果又会强化这种自我适应性，使自我在选择和奋斗中实现真正的改变。

## 参考文献

成庆：《“内卷化”与意义世界的重建——兼与徐英瑾教授商榷》，《探索与争鸣》2021 年第 7 期。

邓子瑜、黄子健：《“内卷化”反映社会现象及成因分析》，《公关世界》2022 年第 12 期。

杜榕：《新时代青年奋斗精神的培育困境与培育理路——基于“内卷”“躺平”的分析与思考》，《湖南广播电视大学学报》2022 年第 3 期。

高仁爱：《对青年大学生“内卷”与“躺平”现象的反思》，《领导科学论坛》2022 年第 7 期。

韩智丽、陈科华：《当代“内卷”困境与儒家伦理视域中的突围之道》，《理论建设》2022 年第 4 期。

令小雄、王亚妮：《“内卷”“佛系”“躺平”：概念演进、边界层序及矫治策略——基于文化哲学视域的诠解》，《新疆师范大学学报》（哲学社会科学版）2022 年 12 月 8 日。

刘世定、邱泽奇：《“内卷化”概念辨析》，《社会学研究》2022 年第 5 期。

牛天：《内卷化与去内卷化：斜杠青年的工作困境及出路》，《当代青年研究》2022 年第 5 期。

邱林、郑雪、王雁飞：《积极情感消极情感量表（PANAS）的修订》，《应用心理学》2008 年第 3 期。

瞿磊：《宽容是民主巩固的社会心理基础——基于公民文化与公民美德的考察》，《湖北行政学院学报》2011 年第 4 期。

赛俊彦、闫翠娟：《“躺平”与“内卷”：青年心态的二重困境与超越》，《山东青年政治学院学报》2022 年第 6 期。

覃鑫渊、代玉启：《“内卷”“佛系”到“躺平”——从社会心态变迁看青年奋斗精神培育》，《中国青年研究》2022 年第 2 期。

王斌：《平台社会的主体化模式危机：理解“躺平”情绪的新视角》，《当代青年研究》2022 年第 6 期。

王俊秀：《“冷词热传”反映的社会心态及内在逻辑》，《人民论坛》2021 年第 15 期。

王芊霓、葛诗凡：《专访｜人类学家项飚谈内卷：一种不允许失败和退出的竞争》，澎湃新闻·文化课，https：//www.thepaper.cn/newsDetail_ forward_ 9648585，2020 年 10 月 22 日。

杨秀芹、徐叶莹、汪宇：《艰难的突围：大学生“内卷”的多重效应》，《高教探索》2022 年第 5 期。

Blackwell, L. S. et al., “Implicit Theories of Intelligence Predict Achievement across an Adolescent Transition: A Longitudinal Study and an Intervention”, *Child Development*, 78 (2007).

Chan, D. W., “Life Satisfaction, Happiness, and the Growth Mindset of Healthy and Unhealthy Perfectionists among Hong Kong Chinese Gifted Students”, *Roeper Review*, 34

(2012).

Diener, E. D. et al., "The Satisfaction with Life Scale", *Journal of Personality Assessment*, 49 (1985).

Dweck, C. S., *Self-theories: Their Role in Motivation, Personality, and Development*, Psychology Press, 2000.

Dweck, C. S., "Can Personality be Changed? The Role of Beliefs in Personality and Change", *Current Directions in Psychological Science*, 17 (2008).

Dweck, C. S., "The Journey to Children's Mindsets and Beyond", *Child Development Perspectives*, 11 (2017).

Emmons, R. A., "Personal Strivings: An Approach to Personality and Subjective Well-being", *Journal of Personality and Social Psychology*, 51 (1986).

Heyman, G. D., & Dweck, C. S., "Children's Thinking about Traits: Implications for Judgments of the Self and Others", *Child Development*, 69 (1998).

Lam, K. K. L., & Zhou, M. A., "A Serial Mediation Model Testing Growth Mindset, Life Satisfaction, and Perceived Distress as Predictors of Perseverance of Effort", *Personality and Individual Differences*, 167 (2020).

Schroder, H. S. et al., "Growth Mindset of Anxiety Buffers the Link between Stressful Life Events and Psychological Distress and Coping Strategies", *Personality and Individual Differences*, 110 (2017).

Shih, S. S., "Perfectionism, Implicit Theories of Intelligence, and Taiwanese Eighth-grade Students' Academic Engagement", *Journal of Educational Research*, 104 (2011).

Tamir, M. et al., "Implicit Theories of Emotion: Affective and Social Outcomes across a Major Life Transition", *Journal of Personality and Social Psychology*, 92 (2007).

# B.7 民众的社会经济价值观及影响因素分析

张　静*

**摘　要：** 本研究通过对2022年中国社会心态调查数据的分析，总结了民众在社会价值观和经济价值观两个方面的特点，并进一步探究了不同人口学变量和主观社会阶层对社会价值观和经济价值观的不同影响。研究结果发现：在社会价值观方面，民众对家庭的重要性评价最高，且分歧相对最小。其次是工作、朋友、休闲时间、政治，对宗教的重要性评价最低。在经济价值观方面，关于收入差距容忍度，民众倾向于"加大收入差距，以鼓励个人努力工作"，但不同民众的观念分歧相对较大；在经济所有制方面，民众倾向于"国有经济成分应该扩大"，且分歧相对最小；在经济责任归属方面，民众更倾向于"个人应承担更多的责任来养活自己"；在对竞争的看法方面，民众更倾向于"竞争是有利的"。性别、年龄、学历、婚姻状况、户籍状况、收入状况和主观社会阶层等因素对社会价值观和经济价值观存在显著影响，且影响程度有所不同。

**关键词：** 社会价值观　经济价值观　社会心态

## 一　引言

价值观是人文社会科学的重要研究对象，一直都被学者们重视。杨宜音

* 张静，中国社会科学院大学博士研究生，研究方向为社会心理学。

提出，从社会心理学的角度看，价值观既是个体的选择倾向，又是个体态度、观念的深层结构，它主宰了个体对外在世界感知和反应的倾向，因此是重要的个体社会心理过程和特征；与此同时，价值观还是群体认同的重要根据——共享的符号系统，因此又是重要的群体社会心理现象。而在社会变迁的背景下，个体和群体的价值观都会表现出很大的变化。所以，它还是关注社会变迁的人文社会科学家特别重视的社会心理标志（杨宜音，1998）。从社会发展动力的角度来看，价值观在引导人类产生社会行为并进一步推动社会进步的过程中起着至关重要的作用（张宇、王冰，2012）。

国外很多学者也一直试图对价值观进行界定，例如 Kluckhohn 等学者认为价值观是一种信仰，并且与情感紧密相连，也可以说是激励人类行动的与人生目标相关的内容；同样，价值观超越了特定的事物与行为，是一种在人们的经济、种族与政治等行为中做出指引的标准（Kluckhohn，1951；Morris，1956）。研究欧洲社会问题的谢洛姆·施瓦茨（ Shalom H. Schwartz）在“价值观学说”（ values theory）中将价值观总结性地定义为：“会随环境改变的合适目标，能够转移重心，作为人们生活中引导人们的准则”（Schwartz，2006）。

从现实层面来看，当下中国正在经历一场翻天覆地的社会转型，所谓“百年未有之大变局”。改革开放以来，中国社会不仅在经济上实现了跨越、使教育得到了普及，贫富差距也不断拉大，传统的社会观念受到很大的冲击，而中国独特的政治、经济、文化环境又是与任何一个其他社会所不同的，没有任何可以照搬的社会样例，面对这种复杂的社会发展和历史演进形势，人文社会科学领域的学者试图从各方面进行研究，社会经济价值观便是研究分析的重要部分。当下的传统价值观、现代价值观与外来价值观多元混合，社会各方面产生了不同程度的割裂，不同价值观之间的冲突和整合使我们意识到研究中国民众的社会价值观十分必要且紧迫。

国内有些学者研究了改革开放以来市场经济冲击下传统价值观与外来价值观的关系，比如苏伟指出，市场经济价值观的实质是以个体利益为出发点和归宿，但又有别于利己主义的“个体主义”，二者存在非对抗性的矛盾（苏伟，2001）。有些学者将经济价值观与普适价值观联系起来，指出两者是一般与特殊的关系，探讨普适价值观在经济领域内的适用。针对社会价值观的研究国内大多是理论性研究，也有一些针对某一群体的实证研究，尤其是青年群体，比如中国社会科学院价值观课题组在1988~1990年先后两次对4357名城乡青年进行的价值观调查，研究者从人生价值观、道德价值观、政治价值观、职业价值观、婚恋与性价值观5个方面进行了分析。黄希庭等人1994年从政治、道德、审美、宗教、职业、人际、婚恋、自我、人生、幸福等10个维度对青年人的价值观进行了调查研究，并根据研究结果提出了价值观教育方面的对策（黄希庭等，1994；金盛华、辛志勇，2003）。

自20世纪七八十年代起，国外很多研究者们使用价值观普查的方式来研究个体微观价值观的转变，并进一步将其与宏观的世界问题联系起来，其中典型代表主要是欧洲社会调查（European Social Survey，ESS）和世界价值观调查（World Values Survey，WVS）等。这些研究从不同社会人们的价值观调查数据中总结提炼该社会的代表性特征，并将它们描绘在一个欧洲乃至世界范围的价值观地图（world map of values）上。本研究借鉴了世界价值观调查的部分问卷，从实证角度分别研究民众社会价值观和经济价值观的不同特点，并进一步探究了不同群体（性别、年龄、学历、婚姻状况、收入、户籍状况、主观社会阶层）之间的变化。

## 二　研究方法

### （一）数据来源

本研究所用数据来源于2022年中国社会心态调查，是由中国社会科学院社会学研究所社会心理学研究中心发起的一项全国大型连续性随机抽样入户调查项目，抽样方法和样本情况详见总报告。

## （二）研究变量

### 1. 社会价值观

作为世界价值观调查的理论支撑，英格尔哈特（Ronald Inglehart）在全球范围内进行跨文化差异研究（cross-cultural variation）时设计出一个平面坐标体系来构建世界价值观地图，他将坐标体系中人类价值观的4个维度定义为“传统”、“世俗理性”、“生存”和“自我表达”（张宇、王冰，2012），并设计了世界价值观测量问卷。本文研究社会价值观采用世界价值观调查学会（World Values Survey Association，WVSA）在世界价值观调查[①]中制定的社会价值观测量问卷中的题目：“请说明下列各项在您生活中的重要程度”，询问与社会价值观相关的6个类目：家庭、朋友、休闲时间、政治、工作、宗教的重要性评价，采用4点量表计分，4代表很重要，3代表重要，2代表不太重要，1代表很不重要。根据每个类目选项情况分别求出平均分作为各维度得分，得分越高代表民众对该维度的重要性评价越高。

### 2. 经济价值观

经济价值观采用世界价值观调查学会在世界价值观调查中制定的经济价值观测量问卷中的题目，询问受访者在与经济价值观相关的4个问题上的倾向度，其中在收入差距容忍度方面，1代表倾向于“收入应尽可能均等”，10代表倾向于“加大收入差距，以鼓励个人努力工作”，最后计算得分，数值越小越倾向于前者，数值越大越倾向于后者（下同）；在经济所有制方面，1代表倾向于“民营经济成分应该扩大”，10代表倾向于“国有经济成分应该扩大”；在经济责任归属方面，1代表倾向于“国家应承担更多的责任保障每个人的生活”，10代表倾向于“个人应承担更多的责任来养活自己”；在对竞争的看法方面，1代表倾向于“竞争是有利的”，10代表倾向

① 世界价值观调查（WVS）是一个国际研究项目，由美国密歇根大学的创始人兼首任主席Ronald Inglehart教授及其团队于1981年启动，自那时起已在全球120多个社会开展。该项目的主要研究工具是每5年在全球进行一次有代表性的比较社会调查。

于“竞争是有害的”。1 和 10 的中间数字是 5.5，所以在数据处理和分析时求出该题目的均值，然后与 5.5 比较，如果比 5.5 小则说明倾向于前者，反之则倾向于后者。

3. 社会主观阶层测量

采用国内外研究中常用的阶梯量表，给受访者呈现标注了 1 到 10 数字的阶梯图形，1 代表处于社会的最底层，10 代表处于社会的最上层，让他们报告自己目前处于哪个等级。本文在原始数据的基础上，进一步将主观社会阶层概括为五级：低阶层（得分为 1~2 分）、中低阶层（得分为 3~4 分）、中阶层（得分为 5~6 分）、中高阶层（得分为 7~8 分）和高阶层（得分为 9~10 分）。

### （三）数据处理

社会经济价值观的描述性分析、人口学变量上的差异性分析和回归分析，均采用统计分析软件 SPS22.0 进行。

## 三　研究结果

### （一）社会经济价值观的描述性分析

社会价值观的情况如图 1 所示，民众对家庭（M=3.66）这个维度的重要性评价得分最高，其次是工作（M=3.40）、朋友（M=3.22），均大于 3 分，而休闲时间（M=2.98）、政治（M=2.74）、宗教（M=1.70）得分较低，且均小于 3 分，其中宗教的重要性评价得分最低。

从标准差的情况可以看出（见表 1），政治（SD=0.84）的标准差最大，这表明人们在政治的重要性评价上分歧和差异比较大，观念不一致，其次是宗教（SD=0.74），家庭（SD=0.53）的标准差最小，这表明民众在家庭的重要性评价上分歧相对较小。

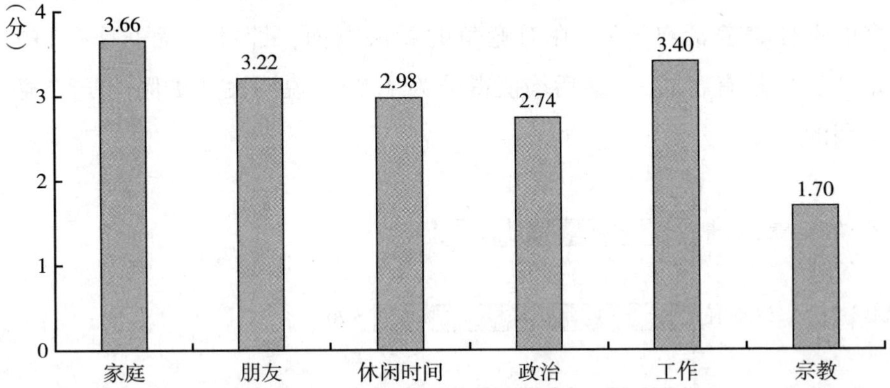


**图 1　社会价值观各类目得分情况**

**表 1　社会价值观各类目得分情况和标准差**

单位：分

| 事　项 | 平均值 | 标准差 |
| --- | --- | --- |
| 家　庭 | 3. 66 | 0. 53 |
| 朋　友 | 3. 22 | 0. 57 |
| 休闲时间 | 2. 98 | 0. 68 |
| 政　治 | 2. 74 | 0. 84 |
| 工　作 | 3. 40 | 0. 68 |
| 宗　教 | 1. 70 | 0. 74 |

经济价值观的情况如表 2 和图 2 所示，在收入差距容忍度上，针对"收入应尽可能均等"还是"加大收入差距，以鼓励个人努力工作"的问题，最后均值得分为 5. 66，说明更多的人倾向于"加大收入差距，以鼓励个人努力工作"，在这一类别上的标准差（SD = 2. 54）最大，表明民众对这个问题的观念分歧较大；在经济所有制方面，针对"民营经济成分应该扩大"还是"国有经济成分应该扩大"，最后均值得分为 6. 07，表明民众更倾向于"国有经济成分应该扩大"，在这一类别上的标准差（SD = 2. 21）最小，表明民众对这个问题的观念分歧较小；在经济责任归属方面，针对"国家应承担更多的责任保障每个人的生活"还是"个人应承担更多的责

任来养活自己"，最后均值得分为5.70，表明民众更倾向于"个人应承担更多的责任来养活自己"；在对竞争的看法方面，针对"竞争是有利的"还是"竞争是有害的"，最后均值得分为4.82，说明民众更倾向于"竞争是有利的"。

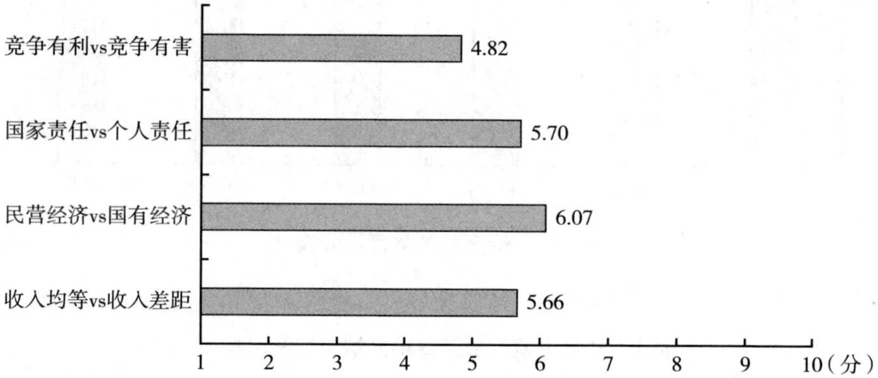


**图2　经济价值观各类目得分情况**

**表2　经济价值观各类目得分情况和标准差**

单位：分

| 事　项 | 平均值 | 标准差 |
| --- | --- | --- |
| 收入均等 vs 收入差距 | 5.66 | 2.54 |
| 民营经济 vs 国有经济 | 6.07 | 2.21 |
| 国家责任 vs 个人责任 | 5.70 | 2.37 |
| 竞争有利 vs 竞争有害 | 4.82 | 2.31 |

注：均值分数越大越支持后者，如"收入差距"，越小越支持前者，如"收入均等"，下同。

## （二）不同变量上民众社会经济价值观差异性分析

### 1. 社会经济价值观的性别差异

比较不同性别的民众在各种类目重要性评价上的差异，结果如表3所示，整体上，不同性别的民众在家庭、朋友、休闲时间上的重要性评价没有显著差异（$p>0.05$），在其他如政治、工作、宗教方面的重要性评价有显著差异（$p<0.05$）。在对政治和工作的重要性评价上，男性的得分高于女性；在对宗教的重要性评价上，女性的得分高于男性。

**表 3　社会价值观的性别差异**

单位：分

| 事　项 | 男 | 女 | t 值 |
|---|---|---|---|
| 家　庭 | 3.65 | 3.67 | -1.53 |
| 朋　友 | 3.22 | 3.23 | -0.33 |
| 休闲时间 | 2.98 | 2.98 | -0.05 |
| 政　治 | 2.77 | 2.71 | 2.61** |
| 工　作 | 3.43 | 3.37 | 3.56*** |
| 宗　教 | 1.66 | 1.73 | -3.86*** |

注：p 值根据 95%的置信度判断，* $p<0.05$，** $p<0.01$，*** $p<0.001$，下同。

经济价值观的性别差异情况如表 4 所示，经济价值观中除了关于责任归属“国家应承担更多的责任保障每个人的生活”与“个人应承担更多的责任来养活自己”的性别差异是显著的（$p<0.05$），其他各项都是不显著的。男性比女性更倾向于认同“个人应承担更多的责任来养活自己”。

**表 4　经济价值观的性别差异**

单位：分

| 事项 | 男 | 女 | t 值 |
|---|---|---|---|
| 收入均等 vs 收入差距 | 5.66 | 5.67 | -0.15 |
| 民营经济 vs 国有经济 | 6.11 | 6.04 | 1.28 |
| 国家责任 vs 个人责任 | 5.78 | 5.64 | 2.33* |
| 竞争有利 vs 竞争有害 | 4.81 | 4.83 | -0.49 |

### 2. 社会经济价值观的年龄差异

比较不同年龄的民众在各种类目重要性评价上的差异，结果如表 5 所示，整体上，在家庭、朋友、休闲时间、政治、工作方面的重要性评价有显著差异（$p<0.05$）。20 岁及以下民众在家庭（$M=3.78$）、休闲时间（$M=$

3.22）方面的得分均高于其他年龄组，这表明20岁及以下民众对这两项更为重视，21~30岁民众则刚好相反，家庭（M=3.56）、休闲时间（M=2.82）这两项得分均低于其他年龄组，但21~30岁民众对朋友（M=3.25）的重视程度高于其他年龄组；41~50岁民众对工作（M=3.52）的重视程度高于其他年龄组，20岁及以下和41~50岁民众对政治（M=2.80）的重要性评价得分相同，相对于其他年龄组都略高。不同年龄的民众对宗教的重视程度没有显著差异（p>0.05）。

**表5　社会价值观的年龄差异**

单位：分

| 年龄 | 家庭 | | 朋友 | | 休闲时间 | | 政治 | | 工作 | | 宗教 | |
|---|---|---|---|---|---|---|---|---|---|---|---|---|
| | 平均值 | 标准差 | 平均值 | 标准差 | 平均值 | 标准差 | 平均值 | 标准差 | 平均值 | 标准差 | 平均值 | 标准差 |
| 20岁及以下 | 3.78 | 0.42 | 3.18 | 0.44 | 3.22 | 0.57 | 2.80 | 0.79 | 3.43 | 0.68 | 1.71 | 0.76 |
| 21~30岁 | 3.56 | 0.59 | 3.25 | 0.65 | 2.82 | 0.75 | 2.70 | 0.85 | 3.30 | 0.74 | 1.65 | 0.72 |
| 31~40岁 | 3.63 | 0.55 | 3.23 | 0.59 | 3.04 | 0.71 | 2.71 | 0.84 | 3.44 | 0.64 | 1.68 | 0.73 |
| 41~50岁 | 3.70 | 0.49 | 3.23 | 0.55 | 3.02 | 0.68 | 2.80 | 0.85 | 3.52 | 0.60 | 1.71 | 0.76 |
| 51~60岁 | 3.70 | 0.50 | 3.22 | 0.53 | 3.00 | 0.67 | 2.74 | 0.84 | 3.40 | 0.67 | 1.73 | 0.73 |
| 61岁及以上 | 3.70 | 0.49 | 3.15 | 0.52 | 2.95 | 0.67 | 2.67 | 0.84 | 3.08 | 0.82 | 1.72 | 0.76 |
| F | 11.90*** | | 2.59* | | 10.67*** | | 3.26** | | 42.06*** | | 1.51 | |

经济价值观的年龄差异结果如表6和图3所示，整体上，在收入差距容忍度、经济责任归属、对竞争的看法方面的观念有显著差异（p<0.001）。基于数值越大越支持右侧观念、越小越支持左侧观念可知，在收入差距容忍度方面，31~40岁民众最支持"加大收入差距，以鼓励个人努力工作"的观念，其次是41~50岁民众，相反，最支持"收入应尽可能均等"的是61岁及以上居民，其次是20岁及以下居民。类似地，在经济责任归属方面，31~40岁民众最支持"个人应承担更多的责任来养活自己"，其次是20岁及以下民众，而最支持"国家应承担更多的责任保障每个人的生活"的是61岁及以上的民众。在对竞争的看法方面，41~50岁民众最支持"竞争是有利的"，其次是51~60岁民众，而21~30岁民众则最支持"竞争是有害

的”。在经济所有制方面，关于“民营经济成分应该扩大”还是“国有经济成分应该扩大”这个问题的年龄差异不显著。

表 6　经济价值观的年龄差异

单位：分

| 年龄 | 收入均等 vs 收入差距 | | 民营经济 vs 国有经济 | | 国家责任 vs 个人责任 | | 竞争有利 vs 竞争有害 | |
|---|---|---|---|---|---|---|---|---|
| | 平均值 | 标准差 | 平均值 | 标准差 | 平均值 | 标准差 | 平均值 | 标准差 |
| 20 岁及以下 | 5.43 | 2.37 | 5.90 | 2.28 | 5.80 | 2.63 | 4.96 | 2.32 |
| 21~30 岁 | 5.71 | 2.56 | 6.07 | 2.20 | 5.77 | 2.32 | 5.11 | 2.28 |
| 31~40 岁 | 5.86 | 2.57 | 6.05 | 2.24 | 5.86 | 2.36 | 4.95 | 2.37 |
| 41~50 岁 | 5.74 | 2.57 | 6.04 | 2.23 | 5.79 | 2.42 | 4.64 | 2.35 |
| 51~60 岁 | 5.50 | 2.49 | 6.12 | 2.15 | 5.57 | 2.32 | 4.67 | 2.19 |
| 61 岁及以上 | 5.18 | 2.38 | 6.11 | 2.24 | 5.24 | 2.37 | 4.85 | 2.22 |
| F | 7.90*** | | 0.31 | | 7.23*** | | 7.32*** | |

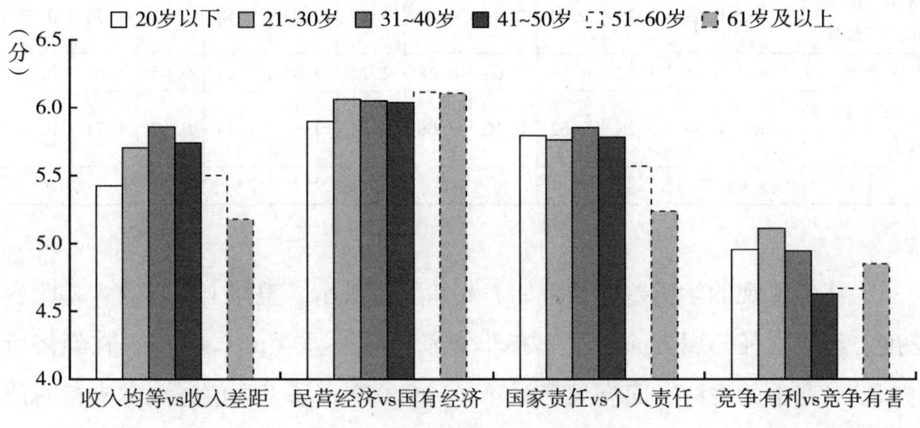


图 3　经济价值观的年龄差异

### 3. 社会经济价值观的学历差异

比较不同受教育程度的民众在社会价值观各种类目重要性评价上的差异，结果如表 7 所示，整体上，在家庭、休闲时间、政治、工作方面的看重程度有显著差异（p<0.001），对朋友的看重程度也有显著差异（p<0.01）。大学本科及以上学历的民众对朋友（M=3.28）、休闲时间（M=3.10）的重要性评价得分均高于其他学历民众，并且对休闲时间的重要性评价随着学历的增加呈上升趋势。

小学及以下学历的民众则对家庭（M=3.44）、朋友（M=3.15）、休闲时间（M=2.68）、工作（M=3.23）的重视程度均低于其他学历民众，对家庭的重要性评价最高的是高中（中专、职高和技校）学历的民众。不同学历民众对宗教的看重程度没有显著差异（p>0.05）。

**表 7　社会价值观的学历差异**

单位：分

| 受教育程度 | 家庭 | | 朋友 | | 休闲时间 | | 政治 | | 工作 | | 宗教 | |
|---|---|---|---|---|---|---|---|---|---|---|---|---|
| | 平均值 | 标准差 | 平均值 | 标准差 | 平均值 | 标准差 | 平均值 | 标准差 | 平均值 | 标准差 | 平均值 | 标准差 |
| 小学及以下 | 3.44 | 0.59 | 3.15 | 0.60 | 2.68 | 0.79 | 2.69 | 0.92 | 3.23 | 0.74 | 1.75 | 0.83 |
| 初中 | 3.64 | 0.53 | 3.20 | 0.56 | 2.86 | 0.70 | 2.68 | 0.85 | 3.32 | 0.71 | 1.69 | 0.74 |
| 高中（中专、职高和技校） | 3.70 | 0.49 | 3.23 | 0.54 | 2.99 | 0.66 | 2.74 | 0.84 | 3.42 | 0.68 | 1.71 | 0.75 |
| 大学专科 | 3.64 | 0.55 | 3.22 | 0.59 | 3.03 | 0.68 | 2.72 | 0.85 | 3.44 | 0.65 | 1.67 | 0.72 |
| 大学本科及以上 | 3.66 | 0.54 | 3.28 | 0.62 | 3.10 | 0.66 | 2.84 | 0.82 | 3.43 | 0.67 | 1.71 | 0.74 |
| F | 12.93*** | | 3.77** | | 30.24*** | | 5.64*** | | 9.32*** | | 0.97 | |

经济价值观的学历差异结果如表 8 和图 4 所示，整体上，在收入差距容忍度、经济责任归属方面的观念有非常显著的差异（p<0.001），在经济所有制、对竞争的看法方面有显著差异（p<0.05）。基于数值越大越支持右侧观念、越小越支持左侧观念可知，在收入差距容忍度方面，高中学历的民众最支持“加大收入差距，以鼓励个人努力工作”的观念，其次是大学专科和大学本科及以上学历的居民，相反，最支持“收入应尽可能均等”的是小学及以下学历的民众，其次是初中学历的民众。类似地，在经济责任归属方面，高中学历的民众最支持“个人应承担更多的责任来养活自己”，其次

是大学专科学历的居民，而最支持“国家应承担更多的责任保障每个人的生活”的是小学及以下学历的居民。在经济所有制方面，高中学历的民众最支持“国有经济成分应该扩大”，其次是大学专科学历的居民。在对竞争的看法方面，初中学历的民众更支持“竞争是有利的”，其次是大学本科及以上学历的民众。

**表 8　经济价值观的学历差异**

单位：分

| 受教育程度 | 收入均等 vs 收入差距 | | 民营经济 vs 国有经济 | | 国家责任 vs 个人责任 | | 竞争有利 vs 竞争有害 | |
|---|---|---|---|---|---|---|---|---|
| | 平均值 | 标准差 | 平均值 | 标准差 | 平均值 | 标准差 | 平均值 | 标准差 |
| 小学及以下 | 5.12 | 2.51 | 5.85 | 2.17 | 5.26 | 2.18 | 5.19 | 2.07 |
| 初中 | 5.45 | 2.50 | 5.95 | 2.21 | 5.65 | 2.36 | 4.73 | 2.23 |
| 高中(中专、职高和技校) | 5.83 | 2.48 | 6.18 | 2.17 | 5.82 | 2.34 | 4.83 | 2.31 |
| 大学专科 | 5.65 | 2.66 | 6.13 | 2.27 | 5.74 | 2.43 | 4.91 | 2.38 |
| 大学本科及以上 | 5.65 | 2.56 | 5.95 | 2.24 | 5.53 | 2.39 | 4.74 | 2.34 |
| F | 7.46*** | | 3.84** | | 5.11*** | | 2.73* | |

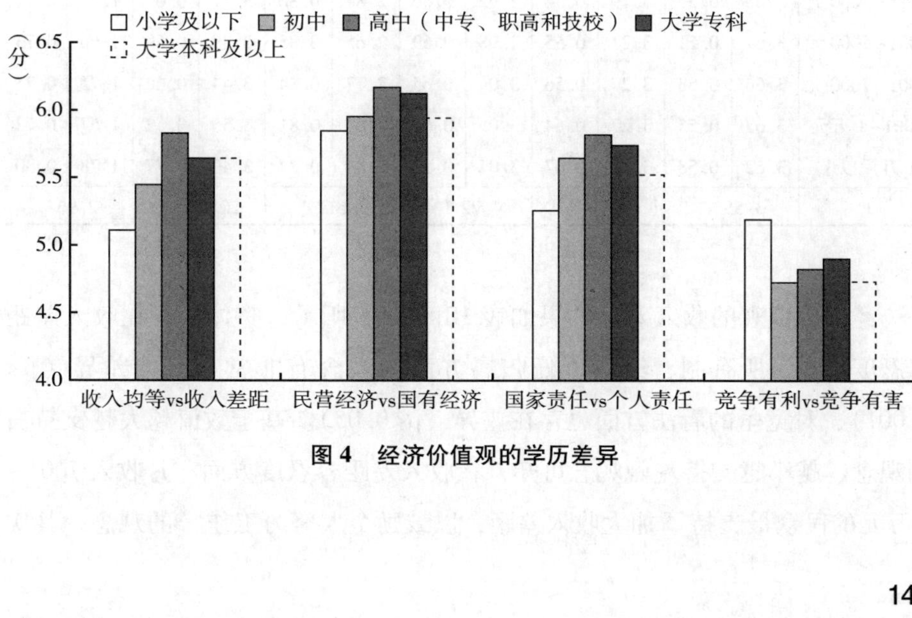


**图 4　经济价值观的学历差异**

### 4. 社会经济价值观的收入状况差异

比较不同收入情况的民众在社会价值观各种类目重要性评价上的差异，结果如表 9 所示，在朋友、休闲时间、政治、工作方面的重要性评价有显著差异（p<0. 001），对家庭和宗教的重要性评价也有差异（p<0. 05）。月收入在 1000 元及以下的民众在家庭、朋友、休闲时间、工作方面的重要性评价得分均低于其他收入的民众，对家庭的重要性评价最高的是月收入在 1001~3000 元的民众。对政治和宗教的重要性评价得分最高的是月收入为 1 万元以上的居民，对工作的重要性评价得分最高的是月收入为 7001~1 万元的居民，其次是月收入 5001~7000 元的居民。月收入在 1 万元以上的民众对休闲时间和政治的重要性评价得分均高于其他收入的民众，并且对休闲时间的重要性评价随着收入的增加呈上升趋势。

**表 9　社会价值观的收入差异**

单位：分

| 月收入 | 家庭 | | 朋友 | | 休闲时间 | | 政治 | | 工作 | | 宗教 | |
|---|---|---|---|---|---|---|---|---|---|---|---|---|
| | 平均值 | 标准差 | 平均值 | 标准差 | 平均值 | 标准差 | 平均值 | 标准差 | 平均值 | 标准差 | 平均值 | 标准差 |
| 1000 元及以下 | 3. 57 | 0. 59 | 3. 18 | 0. 60 | 2. 84 | 0. 73 | 2. 68 | 0. 82 | 3. 15 | 0. 73 | 1. 70 | 0. 77 |
| 1001~3000 元 | 3. 68 | 0. 50 | 3. 19 | 0. 54 | 2. 92 | 0. 66 | 2. 81 | 0. 86 | 3. 37 | 0. 66 | 1. 70 | 0. 77 |
| 3001~5000 元 | 3. 67 | 0. 51 | 3. 21 | 0. 55 | 2. 98 | 0. 69 | 2. 65 | 0. 85 | 3. 39 | 0. 69 | 1. 66 | 0. 73 |
| 5001~7000 元 | 3. 66 | 0. 53 | 3. 27 | 0. 56 | 3. 04 | 0. 65 | 2. 77 | 0. 84 | 3. 44 | 0. 66 | 1. 75 | 0. 73 |
| 7001~1 万元 | 3. 67 | 0. 55 | 3. 27 | 0. 64 | 3. 05 | 0. 69 | 2. 83 | 0. 81 | 3. 55 | 0. 62 | 1. 67 | 0. 72 |
| 1 万元以上 | 3. 62 | 0. 58 | 3. 27 | 0. 67 | 3. 07 | 0. 72 | 2. 84 | 0. 87 | 3. 40 | 0. 77 | 1. 78 | 0. 80 |
| F | 3. 55** | | 4. 72*** | | 4. 72*** | | 9. 61*** | | 20. 05*** | | 2. 96* | |

经济价值观的收入差异结果如表 10 和图 5 所示，整体上，在收入差距容忍度、经济所有制、经济责任归属方面的观念有非常显著的差异（p<0. 001），对竞争的看法方面也存在差异（p<0. 05）。基于数值越大越支持右侧观念、越小越支持左侧观念可知，在收入差距容忍度方面，月收入 7001~1 万元的民众最支持“加大收入差距，以鼓励个人努力工作”的观念，其次

是月收入1万元以上的居民，相反，最支持“收入应尽可能均等”的是月收入1000元及以下的民众，其次是月收入3001~5000元的民众；在经济所有制方面，月收入1万元以上的居民最支持“国有经济成分应该扩大”，其次是月收入5001~7000元和7001~1万元的居民；在经济责任归属方面，月收入1万元以上的民众最支持“个人应承担更多的责任来养活自己”，其次是月收入7001~1万元和5001~7000元的居民，而最支持“国家应承担更多的责任保障每个人的生活”的是月收入1000元及以下的居民。在对竞争的看法方面，月收入1001~3000元的民众最支持“竞争是有利的”，其次是月收入3001~5000元和5001~7000元的民众。

**表10 经济价值观的收入差异**

单位：分

| 月收入 | 收入均等 vs 收入差距 | | 民营经济 vs 国有经济 | | 国家责任 vs 个人责任 | | 竞争有利 vs 竞争有害 | |
|---|---|---|---|---|---|---|---|---|
| | 平均值 | 标准差 | 平均值 | 标准差 | 平均值 | 标准差 | 平均值 | 标准差 |
| 1000元及以下 | 5.31 | 2.58 | 5.80 | 2.26 | 5.39 | 2.33 | 5.10 | 2.11 |
| 1001~3000元 | 5.72 | 2.49 | 5.85 | 2.30 | 5.70 | 2.43 | 4.71 | 2.19 |
| 3001~5000元 | 5.48 | 2.52 | 6.12 | 2.16 | 5.61 | 2.32 | 4.81 | 2.28 |
| 5001~7000元 | 5.76 | 2.60 | 6.19 | 2.20 | 5.77 | 2.41 | 4.81 | 2.40 |
| 7001~1万元 | 6.08 | 2.51 | 6.19 | 2.24 | 5.98 | 2.38 | 4.82 | 2.52 |
| 1万元以上 | 6.06 | 2.40 | 6.29 | 2.12 | 6.02 | 2.24 | 5.08 | 2.30 |
| F | 9.85*** | | 5.59*** | | 5.25*** | | 2.51* | |

### 5. 社会经济价值观的婚姻状况差异

比较不同婚姻状况的民众在社会价值观各种类目重要性评价上的差异，结果如表11所示，整体上，在家庭、休闲时间、工作方面的重要性评价有显著差异（$p<0.001$），对宗教的重要性评价也有差异（$p<0.05$）。已婚或同居的民众对家庭、工作的重要性评价得分高于其他婚姻状况的民众，但对休闲时间的重要性评价得分低于其他婚姻状况的居民。未婚的民众对休闲时间的重要性评价得分高于其他婚姻状况的民众，但对宗教的重要性评价最

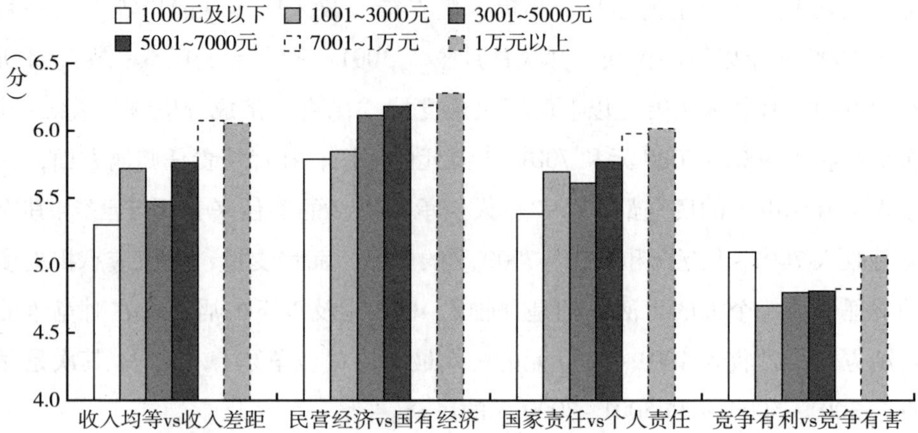


**图 5　经济价值观的收入差异**

低。离异或丧偶的居民对家庭、工作的重要性评价得分都低于其他婚姻状况的居民，但是对宗教的重要性评价最高。

**表 11　社会价值观的婚姻状况差异**

单位：分

| 婚姻状态 | 家庭 | | 朋友 | | 休闲时间 | | 政治 | | 工作 | | 宗教 | |
|---|---|---|---|---|---|---|---|---|---|---|---|---|
| | 平均值 | 标准差 | 平均值 | 标准差 | 平均值 | 标准差 | 平均值 | 标准差 | 平均值 | 标准差 | 平均值 | 标准差 |
| 未婚 | 3. 58 | 0. 59 | 3. 27 | 0. 63 | 3. 07 | 0. 72 | 2. 74 | 0. 85 | 3. 33 | 0. 72 | 1. 64 | 0. 73 |
| 已婚或同居 | 3. 68 | 0. 51 | 3. 22 | 0. 56 | 2. 96 | 0. 67 | 2. 74 | 0. 84 | 3. 42 | 0. 67 | 1. 70 | 0. 74 |
| 离异或丧偶 | 3. 53 | 0. 56 | 3. 21 | 0. 59 | 3. 01 | 0. 73 | 2. 71 | 0. 84 | 3. 26 | 0. 75 | 1. 83 | 0. 88 |
| F | 14. 48*** | | 2. 12 | | 7. 44*** | | 0. 15 | | 7. 20*** | | 5. 10** | |

经济价值观的婚姻状况差异结果如表 12 和图 6 所示，整体上，在收入差距容忍度、经济责任归属观念上不存在显著差异（$p>0.05$），在经济所有制和对竞争的看法方面有显著差异（$p<0.05$）。基于数值越大越支持右侧观念，越小越支持左侧观念可知，在经济所有制方面，已婚或同居的居民最支持“国有经济成分应该扩大”，其次是未婚的居民；在对竞争的看法方面，已婚或同居的民众最支持“竞争是有利的”，其次是离婚或丧偶的民众。

**表 12　经济价值观的婚姻状况差异**

单位：分

| 婚姻状态 | 收入均等 vs 收入差距 | | 民营经济 vs 国有经济 | | 国家责任 vs 个人责任 | | 竞争有利 vs 竞争有害 | |
|---|---|---|---|---|---|---|---|---|
| | 平均值 | 标准差 | 平均值 | 标准差 | 平均值 | 标准差 | 平均值 | 标准差 |
| 未　婚 | 5. 59 | 2. 51 | 5. 99 | 2. 23 | 5. 64 | 2. 36 | 5. 03 | 2. 33 |
| 已婚或同居 | 5. 68 | 2. 54 | 6. 10 | 2. 21 | 5. 72 | 2. 37 | 4. 78 | 2. 30 |
| 离异或丧偶 | 5. 49 | 2. 54 | 5. 74 | 2. 15 | 5. 61 | 2. 41 | 4. 81 | 2. 23 |
| F | 1. 01 | | 3. 38 * | | 0. 66 | | 4. 32 * | |

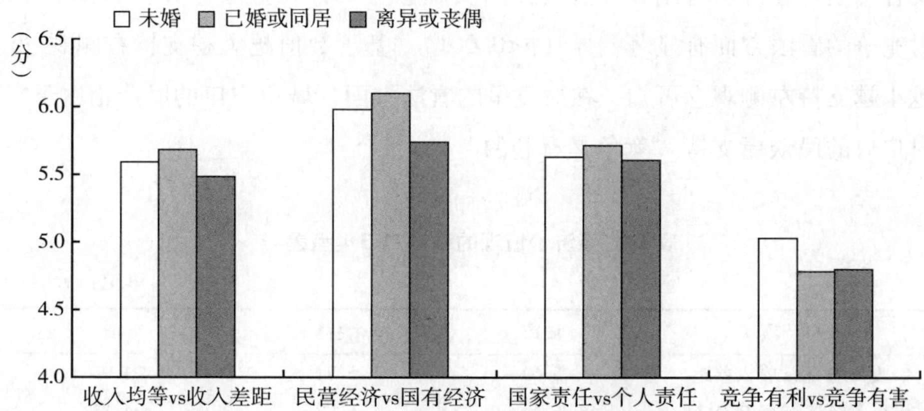


**图 6　经济价值观的婚姻状况差异**

## 6. 社会经济价值观的城乡层面差异

比较不同户口类型的民众在社会价值观各种类目重要性评价上的差异，结果如表 13 所示，在政治方面的重要性评价有显著差异（p<0. 001），在家庭、朋友、休闲时间、工作、宗教方面的重要性评价差异不显著（p>0. 05）。农村户口的民众对政治的重要性评价得分高于城市户口的民众。

表 13　社会价值观的城乡户口类型差异

单位：分

| 事　项 | 城市 | 农村 | t 值 |
|---|---|---|---|
| 家　庭 | 3.66 | 3.66 | -0.50 |
| 朋　友 | 3.22 | 3.23 | -1.21 |
| 休闲时间 | 2.97 | 2.99 | -1.42 |
| 政　治 | 2.68 | 2.80 | -5.38*** |
| 工　作 | 3.39 | 3.41 | -0.96 |
| 宗　教 | 1.70 | 1.69 | 0.77 |

经济价值观的城乡户口类型差异结果如表 14 所示，整体上，在收入差距容忍度、经济所有制和经济责任归属观念上不存在显著差异（$p>0.05$），对竞争的看法方面有显著差异（$p<0.001$）。基于数值越大越支持右侧观念、越小越支持左侧观念可知，在对竞争的看法方面，城市户口的民众相比于农村户口的民众更支持“竞争是有利的”。

表 14　经济价值观的城乡户口类型差异

单位：分

| 事　项 | 城市 | 农村 | t 值 |
|---|---|---|---|
| 收入均等 vs 收入差距 | 5.62 | 5.71 | -1.30 |
| 民营经济 vs 国有经济 | 6.12 | 6.02 | 1.81 |
| 国家责任 vs 个人责任 | 5.65 | 5.77 | -1.89 |
| 竞争有利 vs 竞争有害 | 4.68 | 4.99 | -5.26*** |

### 7. 社会经济价值观的主观社会阶层差异

比较不同主观社会阶层的民众在社会价值观各种类目重要性评价上的差异，结果如表 15 所示，在家庭、政治、工作、宗教方面的重要性评价有显著差异（$p<0.001$），对朋友、休闲时间的重要性评价也有差异（$p<0.05$）。高阶层的民众对家庭、朋友、休闲时间、宗教的重要性评价得分高于其他阶层的民众，对家庭和宗教的重要性评价随着阶层的提高而呈现提升趋势，中

阶层民众对朋友的重要性评价最低，中阶层和中低阶层民众对休闲时间的重要性评价最低。中高阶层民众对工作的重要性评价最高，其次是中阶层民众，低阶层民众对工作的重要性评价最低。

表 15　社会价值观的主观社会阶层差异

单位：分

| 主观社会阶层 | 家庭 | | 朋友 | | 休闲时间 | | 政治 | | 工作 | | 宗教 | |
|---|---|---|---|---|---|---|---|---|---|---|---|---|
| | 平均值 | 标准差 | 平均值 | 标准差 | 平均值 | 标准差 | 平均值 | 标准差 | 平均值 | 标准差 | 平均值 | 标准差 |
| 低阶层 | 3.59 | 0.57 | 3.24 | 0.59 | 3.02 | 0.70 | 2.57 | 0.80 | 3.29 | 0.67 | 1.56 | 0.70 |
| 中低阶层 | 3.63 | 0.54 | 3.24 | 0.58 | 2.96 | 0.72 | 2.68 | 0.87 | 3.35 | 0.69 | 1.68 | 0.71 |
| 中阶层 | 3.67 | 0.51 | 3.20 | 0.56 | 2.96 | 0.67 | 2.74 | 0.82 | 3.42 | 0.68 | 1.70 | 0.74 |
| 中高阶层 | 3.70 | 0.51 | 3.25 | 0.58 | 3.03 | 0.65 | 2.88 | 0.88 | 3.48 | 0.69 | 1.76 | 0.78 |
| 高阶层 | 3.73 | 0.48 | 3.37 | 0.69 | 3.20 | 0.58 | 2.87 | 0.79 | 3.35 | 0.58 | 1.98 | 1.03 |
| F | 5.00*** | | 2.78* | | 3.82** | | 13.27*** | | 8.46*** | | 7.68*** | |

经济价值观的主观社会阶层差异结果如表 16 和图 7 所示，整体上，在收入差距容忍度、对竞争的看法、经济责任归属方面的观念有非常显著的差异（$p<0.001$），在经济所有制方面也有显著差异（$p<0.05$）。基于数值越大越支持右侧观念、越小越支持左侧观念可知，在收入差距容忍度方面，主观社会阶层为高阶层的民众最支持“加大收入差距，以鼓励个人努力工作”的观念，对这种观念的认可度随着主观社会阶层的提高而呈现提高趋势，最支持“收入应尽可能均等”的是主观社会阶层为低阶层的民众；经济责任归属观念呈现类似的趋势，主观社会阶层为高阶层的民众最支持“个人应承担更多的责任来养活自己”，其次是主观社会阶层为中高阶层的民众，而最支持“国家应承担更多的责任保障每个人的生活”的是低阶层的居民。在经济所有制方面，主观社会阶层为高阶层的居民最支持“国有经济成分应该扩大”，其次是中高阶层的居民；在对竞争的看法方面，中阶层的民众最支持“竞争是有利的”，其次是低阶层的民众，而高阶层的民众则最支持“竞争是有害的”。

**表 16 经济价值观的主观社会阶层差异**

单位：分

| 主观社会阶层 | 收入均等 vs 收入差距 | | 民营经济 vs 国有经济 | | 国家责任 vs 个人责任 | | 竞争有利 vs 竞争有害 | |
|---|---|---|---|---|---|---|---|---|
| | 平均值 | 标准差 | 平均值 | 标准差 | 平均值 | 标准差 | 平均值 | 标准差 |
| 低阶层 | 4.87 | 2.51 | 5.81 | 2.34 | 4.93 | 2.32 | 4.73 | 2.24 |
| 中低阶层 | 5.16 | 2.38 | 6.08 | 2.07 | 5.43 | 2.20 | 4.97 | 2.14 |
| 中阶层 | 5.89 | 2.52 | 6.04 | 2.23 | 5.84 | 2.38 | 4.70 | 2.31 |
| 中高阶层 | 6.09 | 2.61 | 6.25 | 2.33 | 6.04 | 2.51 | 4.91 | 2.53 |
| 高阶层 | 6.62 | 3.15 | 6.65 | 2.39 | 6.40 | 2.84 | 5.83 | 2.58 |
| F | 42.65*** | | 4.18** | | 25.23*** | | 7.15*** | |

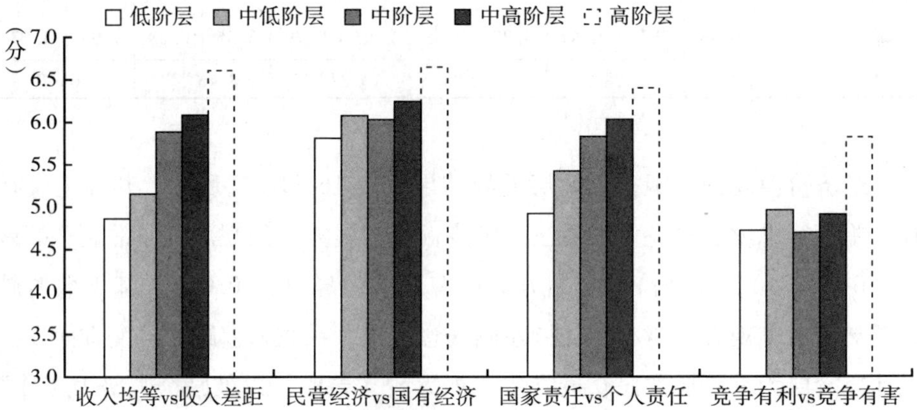


**图 7 经济价值观的主观社会阶层差异**

## （三）回归分析

上文我们考察了不同群体的社会经济价值观差异，但到底哪些因素能够对社会经济价值观产生因果效应的影响，以及影响的大小和方向如何，还尚不可知。因此采用多元线性回归方法进行探索。

1. 社会价值观的影响因素

在社会价值观影响因素的回归分析上，本研究以性别、年龄、户口类型、受教育程度、婚姻、月收入和主观社会阶层等社会与人口学变量为自变量，以家庭、朋友、休闲时间、政治、工作和宗教为因变量，分别进行多重线性回归分析，以自变量进入的方式，考察各个自变量对因变量的影响。

回归分析结果如表 17 所示，可以看到，性别因素对各个因变量都没有显著的影响。年龄因素对家庭、政治和宗教的重要性评价具有正向的影响作用，而对工作的影响为负向，其中年龄对家庭影响的标准化系数最高，这意味着在其他因素不变的情况下，年龄变动一个单位，对家庭重要性的影响要比其他事项更高。户口因素在宗教以外的事项上都能产生显著影响，在控制其他变量不变的情况下，农村户口人群比城市户口人群更加看重家庭、朋友、休闲时间、政治和工作。在受教育程度方面，它只对家庭、休闲时间和政治产生正向作用，而对其他事项没有显著影响，在其他因素不变的情况下，受教育程度越高，越重视家庭、休闲时间和政治。婚姻状态只对工作和宗教有显著影响，相比未婚人群，其他婚姻状况的人群会更加看重工作，这可能由于未婚人群还没有开始承担养家的压力。月收入因素只对朋友、休闲时间和工作有显著影响，而且都是正向影响，在控制其他因素不变的情况下，月收入越高的人群，对朋友、休闲时间和工作越重视。最后的主观社会阶层变量对家庭、政治、工作和宗教都有正向影响，在其他因素不变的情况下，主观社会阶层越高的人群，越重视家庭、政治、工作、宗教。

**表 17　社会人口学属性对社会价值观影响的回归分析**

| 指　标 | 家庭 | 朋友 | 休闲时间 | 政治 | 工作 | 宗教 |
|---|---|---|---|---|---|---|
| 性别(女性=0) | -0.02 | -0.02 | -0.02 | 0.03 | 0.02 | -0.05 |
| 年龄 | 0.13*** | 0.01 | 0.01 | 0.06*** | -0.05** | 0.02*** |
| 户口(农村=0) | -0.04** | -0.04** | -0.06*** | -0.10*** | -0.04*** | -0.01 |
| 受教育程度 | 0.10*** | 0.02 | 0.12*** | 0.08*** | 0.02 | 0.01 |
| 婚姻(未婚=0) | -0.01 | -0.02 | -0.01 | -0.01 | 0.06*** | 0.03* |
| 月收入 | 0.00 | 0.06*** | 0.06*** | 0.01 | 0.08*** | 0.02 |
| 主观社会阶层 | 0.05*** | -0.02 | -0.01 | 0.09*** | 0.05*** | 0.06*** |
| $R^2$ | 0.02 | 0.00 | 0.02 | 0.02 | 0.02 | 0.01 |
| F | 14.74 | 5.15 | 19.75 | 18.72 | 16.40 | 7.56 |

注：以上变量的系数皆为标准化系数值。下同。

2. 经济价值观的影响因素

在经济价值观影响因素的回归分析上，本研究依旧以性别、年龄、户口类型、受教育程度、婚姻、月收入和主观社会阶层等社会与人口学变量为自变量，以收入差距容忍度、经济所有制、经济责任归属和对竞争的看法为因变量，分别进行多重线性回归分析，以自变量进入的方式，考察各个自变量对因变量的影响。

回归分析结果如表 18 所示，可以看到，在收入差距容忍度方面，除了性别因素，其他自变量都会对价值偏向产生影响，其中，在控制其他变量不变的情况下，年龄增长、受教育程度提高和城市户口都会更偏向支持收入均等，而非未婚、月收入提高和主观社会阶层提高则会更偏向支持收入差距，从标准化系数绝对值的大小来看，主观社会阶层每变动一个单位对收入差距容忍度的影响最大。在经济所有制方面，只有月收入和主观社会阶层有显著影响，具体来说，月收入越高越偏向支持国有经济，主观社会阶层越高越偏向支持国有经济。在保障个人生活更多的是国家责任还是个人责任的问题上，除了性别因素外，其他因素都有显著影响，其中年龄增长、受教育程度提高和城市户口都会更偏向认为保障个人生活属于国家责任，而非未婚、月收入提高和主观社会阶层提高则会更偏向认为保障个人生活属于个人责任。最后，对竞争的看法方面，年龄、户口和受教育程度有显著影响，其他因素没有统计上的显著影响。具体而言，在控制其他因素不变的情况下，年龄越大越认为竞争有利，城市户口人群相比农村户口人群更支持竞争有利，受教育程度越高越认为竞争有利。

**表 18　社会人口学属性对经济价值观影响的回归分析**

| 指　标 | 收入均等 vs 收入差距 | 民营经济 vs 国有经济 | 国家责任 vs 个人责任 | 竞争有利 vs 竞争有害 |
|---|---|---|---|---|
| 性别(女性=0) | -0.02 | 0.00 | 0.02 | -0.02 |
| 年龄 | -0.08*** | 0.02 | -0.11*** | -0.06*** |
| 户口(农村=0) | -0.04** | 0.00 | -0.03** | -0.07*** |
| 受教育程度 | -0.04* | -0.02 | -0.08*** | -0.04* |

续表

| 指　标 | 收入均等 vs 收入差距 | 民营经济 vs 国有经济 | 国家责任 vs 个人责任 | 竞争有利 vs 竞争有害 |
|---|---|---|---|---|
| 婚姻（未婚=0） | 0.04* | -0.01 | 0.04** | -0.02 |
| 月收入 | 0.04** | 0.07*** | 0.04** | 0.03 |
| 主观社会阶层 | 0.16*** | 0.03* | 0.13*** | 0.01 |
| $R^2$ | 0.03 | 0.00 | 0.03 | 0.01 |
| F | 29.16 | 4.52 | 24.07 | 7.56 |

# 四　结论与讨论

在社会价值观上，民众生活中最重要的事项依次是家庭、工作、朋友、休闲时间、政治和宗教。家庭拥有最亲的血缘关系，在中国差序格局的人脉关系网络中居于最核心的位置，因此家庭排在第一位有深厚的文化基础。家庭是社会的细胞和基础，也是个人价值的一个重要归属。按照自我价值定向理论的观点，每个人所认可的价值体系实质上是个人的自我价值定向，这意味着现在民众依然把家庭的传统价值放在重要地位。

从回归数据看，年龄越大越重视家庭，主观社会阶层越高越重视家庭，传统文化更深厚的农村比城市更重视家庭。工作是绝大多数人收入的主要来源，是生存的基础和个人发展的主要平台，但也比不上家庭重要，这从本质上反映了一种集体主义价值取向，在家庭面前，个体的生存发展要排在后面，而且这一观念在不同年龄层的人群中具有一致性。所以，虽然差序格局理论将个体置于中心位置，但是一旦最亲的血缘关系构成家庭这个整体，那么这个整体的重要性就要超越中心的个体。杨宜音认为，与西方人作为“在群体中的个体”（individual in the group）相比，中国人不够“个体化”；与西方人通过“自我类化”（self-categorization）建立对所属群体的归属感（sense of belonging）而成为“在个体中的群体”（group in the individual）相比，中国人又不够“群体化”。所以，既会表现出对以家为核心观念的凝聚力，又会表现出对集体的事情不热心，散漫而自私。事实上，关键的问题在于中国人有自己独特的“个体—群体”概念，有以“自己人”为特征的整合和协调两极的心理机制（杨宜音，1995）。在本研究中呈现的家庭的重要性评价最高、政治的重要性评价较低的结果，印证了这一说法。

宗教的重要性最低且大幅低于其他事项，这与我国社会的主流文化“无神论”相符，而且中国的宗教信仰更多的是一种功利性信仰，而非西方式的“虔敬”信仰。中国人有句老话，叫作“无事不登三宝殿”，心有所求，才到庙中求神拜佛，愿望实现了，便再去“还愿”。中国人这种功利性的宗教观也会降低宗教在生活中的重要程度。另外，回归分析结果显示，年纪越大、主观社会阶层越高，对宗教的重要性评价越高。

月收入越高、学历越高和住在城市的人群对休闲时间越重视，这与美国学者凡勃伦1899年发表的《有闲阶级论》中提到的有闲阶级基本吻合，他认为有闲阶级具备两个特征，一是享有某种较高的社会、政治或经济地位，即上层阶级；二是脱离了具体的生产劳动。他试图从经济学家的视角分析和证明休闲与消费是如何联系在一起的，他发现高收入者在获得物质享受的同时已开始追求精神生活的丰富和享乐（马惠娣、刘耳，2001）。

总的来说，本文在社会价值观方面的研究结果与朱谦（1995）对1988年中国人的文化价值观的调查结果有相通部分：中国人家庭关系相当稳固，勤劳工作的美德未受太大的影响，宗教信仰被存疑等。

在经济价值观上，整体上中国人是支持偏市场化的价值理念的，但又不赞成过度的市场化，这体现在经济价值观得分上没有明显的一边倒的分数，比如在收入差距容忍度方面，支持有收入差距，但只是略高于中间值，在经济责任归属方面，虽然偏向个人责任，但也是只略高于中间值。这说明大家关于政府对经济的调节程度具有一定的矛盾心态。在中国传统社会中，政府是公共权力的象征，对经济生产的支配力量体现在社会生活的方方面面，老百姓对于政府普遍具有一种依赖和慑服心态。在计划经济时代政府犹如人们的家长一样具有超过任何民间机构的公信力，老百姓已经习惯于把经济活动的选择权和管理权交给政府，尤其对于个人能力很难掌控的、涉及国家经济命脉的行业，表现出普遍的“漠不关心”。人们对政府既依赖又放任的矛盾心态表明中国社会正处于从传统向现代的转型过程中（史娜，2010）。

在对竞争的看法方面，回归分析结果显示，年龄越大越认为竞争有利，城市户口人群相比农村户口人群更支持竞争有利，受教育程度越高越认为竞争有利。这都说明人们受到更多的竞争教育，可以引导个体越来越重视内在能力和自身实力，这也是市场经济所要求的程序公正的一种具体表现。

回归分析结果显示，月收入越高、主观社会阶层越高越偏向支持国有经济，这说明经济价值观与社会主义市场经济具有内在的一致性，社会主义市场经济是以公有制为主体、多种所有制经济共同发展的经济，公有制的主体地位决定了必须在市场条件下做强国有经济，与调查中民众偏向支持国有经济成分扩大是一致的。发展社会主义市场经济要发挥市场在资源配置中的决定性作用，以市场竞争激发各类市场主体的积极性和创造性，做大国民经济“蛋糕”，这就决定了不能搞平均主义，而要鼓励竞争，强化个体责任意识，支持凭借个人努力获得收入优势，支持自己对自己的生活负责。但这并不意味着把所有事情都交给市场，社会主义市场经济的根本目标是要实现共同富裕，因此在鼓励市场竞争的同时，也要注重社会公平，国家责任不能缺位，竞争不能无序，收入差距不能无限扩大，要充分发挥再分配和三次分配的作用，完善财富分配制度和社会保障制度，引导经济发展的成果为全体人民共享。这与民众在调查中所体现的价值取向也是一致的。

就研究的不足之处而言，本研究虽然从描述性分析、差异性分析、回归分析层面对社会经济价值观进行了初步的探索，但是社会经济价值观涵盖范围广、影响因素复杂，且随经济社会发展而变化，因此，值得从更丰富的内涵、更多维的角度和更长的时间跨度上展开进一步分析。

## 参考文献


陈占友、时永松:《论与我国社会主义市场经济相适应的一般价值观》,《南京政治学院学报》2003 年第 4 期。

〔美〕凡勃伦:《有闲阶级论:关于制度的经济研究》,李华夏译,中央编译出版社,2012。

费孝通:《乡土中国》,三联书店,1985。

黄希庭等:《当代中国青年价值观与教育》,四川教育出版社,1994。

金盛华、辛志勇:《中国人价值观研究的现状及发展趋势》,《北京师范大学学报》(社会科学版)2003 年第 3 期。

马惠娣、刘耳:《西方休闲学研究述评》,《自然辩证法研究》2001 年第 5 期。

苏伟:《论社会主义价值观与市场经济价值观的矛盾统一》,《四川大学学报》(哲学社会科学版)2001 年第 3 期。

史娜:《改革开放以来中国社会价值观的嬗变与建构》,博士学位论文,辽宁大学,2010。

谭旭运、董洪杰、张跃、王俊秀:《获得感的概念内涵、结构及其对生活满意度的影响》,《社会学研究》2020 年第 5 期。

王俊秀、应小萍:《认知、情绪与行动:疫情应急响应下的社会心态》,《探索与争鸣》2020 年第 4 期。

杨国枢主编《中国人的价值观:社会科学观点》,中国人民大学出版社,2013。

杨宜音:《试析人际关系及其分类——兼与黄光国先生商榷》,《社会学研究》1995 年第 5 期。

杨宜音:《社会心理领域的价值观研究述要》,《中国社会科学》1998 年第 2 期。

张衍、王俊秀、席居哲:《幸灾乐祸的重新审视和互动过程模型的构想》,《心理科学进展》2021 年第 3 期。

张宇、王冰:《观念改变世界——“世界价值观调查”研究评价》,《华中科技大学学报》(社会科学版)2012 年第 4 期。

朱谦:《中国大陆当今文化价值观念之探索》,载乔健、潘乃谷主编《中国人的观念与行为》,天津人民出版社,1995。

Kluckhohn, C., “Values and Value-orientations in the Theory of Action: An Exploration in Definition and Classification,” In Parsons T. and Shils, *Toward A General Theory of Action*, US: Harvard University Press, 1951.

Morris, C., *Varieties of Human Value*, US: University of Chicago Press, 1956.

R. Inglehart, *Modernization and Postmodernization: Cultural, Economic and Political Change in 43 Societies*, US: Princeton University Press, 1997.

Schwartz, S. H., *Basic Human Values: An Overview*, The Hebrew University of Jerusalem, 2006.

# 信念与共同富裕

Belief and Common Prosperity

## B.8

## 中国民众奋斗信念和信心的社会心态基础分析

高文珺*

**摘　要：** 提升民众奋斗进取精神对推动中国式现代化建设具有重要意义。本研究分析了当前民众的奋斗信念和发展信心的特点，以及相关的社会心态因素。对2022年中国社会心态调查6168名居民数据的分析发现：①多数民众持有勤奋有回报的奋斗信念，对个人和国家的未来发展比较有信心，但奋斗信念和信心都存在年龄、受教育程度和收入上的差异。②阶层固化感知会减弱奋斗信念和信心，向上流动机会感知、社会公平感和生命意义感可以增强人们的奋斗信念，提升人们对未来发展的信心。

**关键词：** 奋斗信念　发展信心　社会流动　社会公平　生命意义感

* 高文珺，中国社会科学院社会学研究所、中国社会科学院社会心理学研究中心、中国社会科学院社会心理与行为实验室，副研究员，博士，研究方向为社会心理学。

## 一 引言

党的二十大报告提出中国式现代化的本质要求之一是实现高质量发展，实现全体人民共同富裕（新华社，2022），实现这一目标，不仅有赖于政治、经济、文化建设与社会主义现代化发展相匹配，更有赖于全体人民的共同奋斗，形成人人参与、人人共享的共建格局。而构建这种共建格局，就要激发全体社会成员的积极性、主动性和创造性，让更多人投入现代化建设之中，为实现美好生活而努力奋斗，这种积极向上、奋斗进取的精神本身也是精神富有的一个体现。因此，增强人们奋斗的动力、形成坚定的信心对推进现代化建设具有重要意义。

本研究将分析影响民众奋斗信念和信心的社会心态因素，在此基础上提出增强奋斗积极性的建议。本研究认为与奋斗信念形成有关的社会心态基础包括社会流动感知、社会公平感和生命意义感。第一，促进社会流动被认为是实现共同富裕的重要途径之一（蔡昉，2021），习近平总书记曾强调“要防止社会阶层固化、畅通向上流动通道，给更多人创造致富机会，形成人人参与的发展环境”（习近平，2021）。而当民众感知到开放、有活力、阶层可以跨越的社会流动氛围，就更容易产生奋斗的动力。有研究显示，当人们对向上流动有信心的时候，幸福感和公平感都会提升（张衍，2021；陈丽君等，2022），社会认同更积极，对自己的未来发展也会更有信心（高文珺，2022）。相反，低社会流动感让人认为阶层不可跨越，没有机会改变自己的地位现状，会让人变得消极，失去努力的动力。有研究显示，当人们认为社会阶层向上流动的可能性很小的时候，就很少会相信“努力会有回报”的奋斗信念，公平感下降（Day & Fiske，2017）。

第二，党的二十大报告明确提出中国式现代化以人民为中心，要着力维护和促进社会公平正义。研究显示，公平感会影响人们的生活满意度、社会情绪、社会信任感、对政府的满意度、对未来生活水平和国家发展的预期（高文珺，2015），进而可能会影响人们的发展信心和奋斗的热情。

第三，就个体而言，奋斗是为了实现人生的理想和追求，理想和追求的形成又受到生命意义感的影响。生命意义感是指人们发现和理解自己生命的意义、确定和追寻生命中的目标。生命意义感会给予人们长远的目标指向、动力和价值（Steger，2012；赵礼等，2022）。有研究显示，生命意义感可以提升幸福感（Yalçın & Malkoç，2015）、提高学习成绩和工作绩效（Ahmed et al.，2016）。基于此，本研究认为树立生命意义感将有助于坚定人们的奋斗信念。

本文将根据2022年中国社会心态调查（Social Mentality Survey 2022，SMS 2022）对全国6168名居民的调查数据①，分析社会流动感知、社会公平感和生命意义感对于人们奋斗信念的影响，并提出增强人们奋斗信心的建议。

## 二 变量说明

### （一）奋斗信念

在本研究中，通过勤奋努力有回报信念（以下简称“勤奋回报”）和未来发展信心来测量人们的奋斗信念。其中，勤奋回报信念的测量源自社会公理（social axioms）量表相应分量表（Leung et al.，2002），得分越高，代表调查对象越相信勤奋努力会获得回报、取得成就，奋斗信念越坚定。未来发展信心则通过询问调查对象对未来一年个人发展（如个人收入、家庭生活质量等）和国家发展（政府工作、国际地位、国际关系等）的信心，得分越高，代表对未来发展越有信心，奋斗信心越足。为清晰呈现结果，将相关变量得分划分为高中低三组，高分组代表相信勤奋有回报、未来发展会更好，奋斗信念较强；低分组代表不相信勤奋有回报，预期未来发展会变差，缺乏奋斗信心；中分组表示奋斗的信念和信心处于中间水平。

### （二）奋斗信念形成的社会心态基础

本研究分析了与奋斗信念形成相关的三种社会心态基础，分别是社会流

① 调查抽样及调查对象具体情况参见本书总报告部分。

动感知、社会公平感和生命意义感。其中，社会流动感知的测量源自“社会流动感知量表”（Day & Fiske，2017），包括两个方面，一是社会阶层固化感知，认为社会阶层流动性较低，阶层很难跨越；二是社会向上流动机会感知，认为社会阶层可以向上流动。社会公平感测量源自自编的“社会公平感量表”，测量人们感知到的义务教育、高考制度、就业机会、公共医疗、社会保障、城乡待遇等12个方面的社会公平程度，分数越高社会公平感越强。生命意义感测量题目源自“生命意义感量表”（Steger et al.，2006；刘思斯、甘怡群，2010），高分代表认为自己的生命存在有意义或是努力寻求生命意义。同样，根据各变量得分将社会流动感知、社会公平感和生命意义感划分为高中低三组，高分组分别代表社会阶层固化感知强、社会向上流动机会感知强，社会公平感高，生命意义感强。

## 三　研究结果

### （一）当前我国民众奋斗信念特点

**1. 民众普遍相信奋斗有意义，但青年的奋斗信念偏弱**

社会心态调查中，大部分民众（57.81%）都相信勤奋努力会得到回报，获得成功；40.19%的民众持有中立态度，对奋斗有所得的观念既不肯定也不否定；只有1.99%的民众明确不相信奋斗的意义。

对比不同人群发现，奋斗信念存在人口学差异。首先，不同年龄段的调查对象奋斗信念存在明显差异，青年人的奋斗信念最弱，中老年人的奋斗信念更强。按照出生年代划分，此次调查中，“60后”及以前出生的人占比23.15%，“70后”占比26.57%，“80后”占比27.32%，“90后”及以后出生的人占比22.96%。从图1结果看，“90后”及以后的青年中，明确相信勤奋努力会获得回报的人在所有年龄段中比例最低，不足半数。“60后”及以前和“70后”奋斗信念相对最强，都超过了六成，“80后”也有接近六成的人相信努力就会有收获。

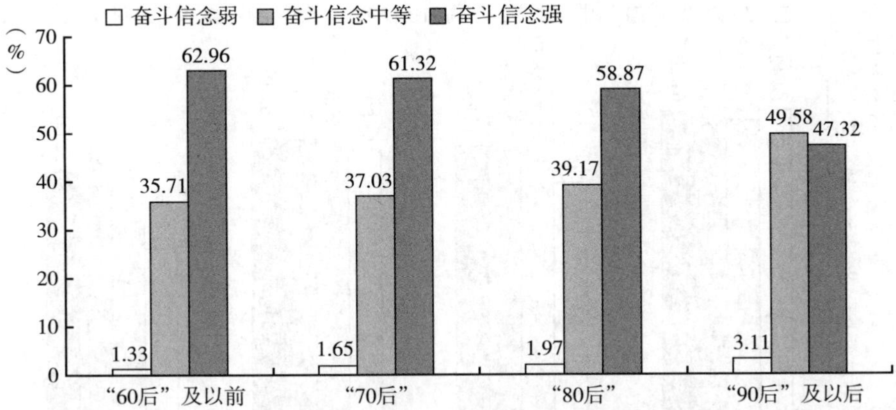


**图1　奋斗信念的年龄差异（N=6168）**

其次，不同受教育程度的调查对象奋斗信念也存在差异，并且这种差异在不同年龄的群体中有不同的趋势（见图2）。“60后”及以前和“70后”群体中，奋斗信念与受教育程度并不是线性变化的关系，特别是“70后”群体中，受教育程度为高中（中专、职高和技校）的调查对象最相信努力有回报的信念，大学专科和大学本科及以上学历的调查对象信念强度反而下降。而“80后”和“90后”及以后群体中，奋斗信念基本呈现随受教育程度升高而增强的趋势，特别是“90后”及以后青年群体，大学本科及以上受教育程度的受访对象奋斗信念最强。

最后，不同收入的调查对象奋斗信念也有差异。采用中国社会科学院社会学研究所对收入相对标准的划分，根据调查对象月收入中位值将调查对象划分为低收入群体、中低收入群体、中高收入群体和高收入群体（李培林，2017），其中低收入群体占26.39%、中低收入群体占50.89%、中高收入群体占16.20%、高收入群体占6.52%。对比结果发现（见图3），低收入群体中有更高比例的人奋斗信念较强，而高收入群体中，奋斗信念较强的比例则最少，这种差异在不同年龄群体中相似。

**2. 民众对未来发展有一定信心，对国家发展的信心强于对个人发展的信心**

从个人发展和国家发展两方面衡量人们对未来发展的整体信心。用7点

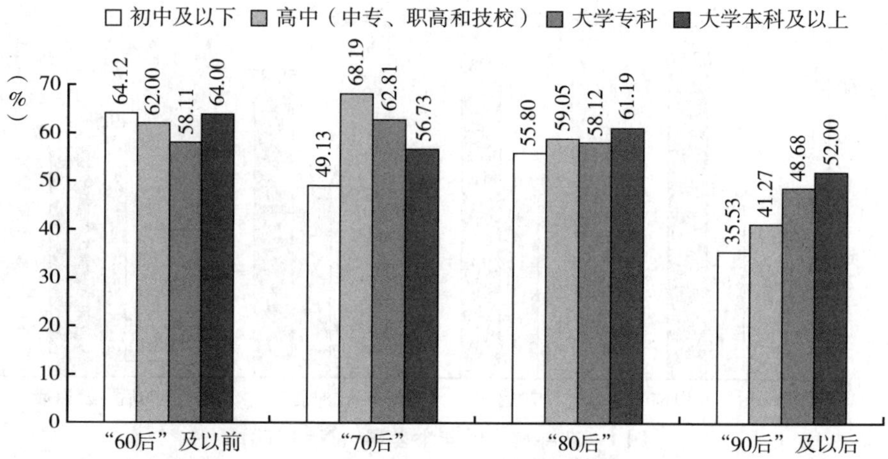


**图 2　不同年龄群体的奋斗信念的受教育程度差异（N=6168）**

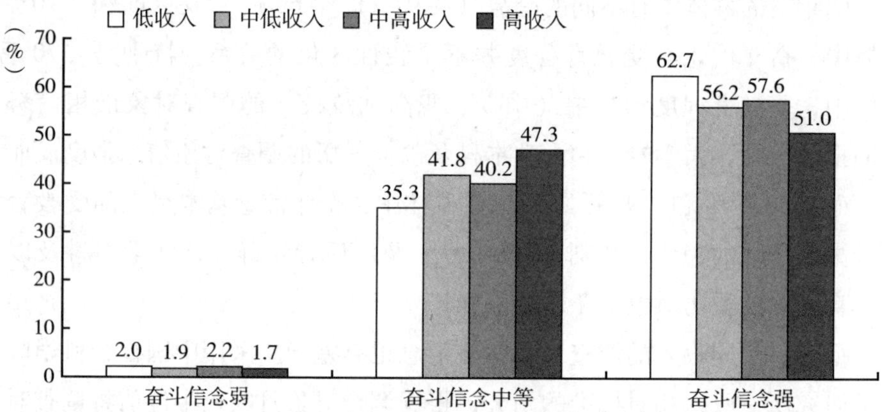


**图 3　奋斗信念的月收入差异（N=6168）**

量表进行测量，4 为中间值，从均值看（见表 1），总体而言，未来发展信心均值是 4.89，表明大部分民众对未来比较有信心。其中，民众对国家的发展信心最强，均值为 5.13；对个人家庭发展的信心次之，对个人收入发展的信心相对最弱，总体上，对个人发展的信心均值为 4.65，不及对国家发展的信心。将均值根据中间值划分为高中低三组，64.70%的调查对象对国家未来发展都有比较高的信心水平，只有 3.50%的人明确认为未来发展水平会下降。44.34%的人对个人未来发展有信心，只有5.61%的人明确认为自己的收入和家庭生活水平会下降。

**表1　民众未来发展信心的特点（N=6168）**

单位：%

| 指标 | | 平均值 | 维度均值 | 信心低 | 信心中等 | 信心高 |
|---|---|---|---|---|---|---|
| 个人发展信心 | 收入水平 | 4.26 | 4.65 | 5.61 | 50.05 | 44.34 |
| | 家庭关系和睦 | 4.87 | | | | |
| | 家庭生活质量 | 4.82 | | | | |
| 国家发展信心 | 人们对政府的信心 | 4.96 | 5.13 | 3.50 | 31.79 | 64.70 |
| | 国家应对突发事件能力 | 5.21 | | | | |
| | 我国国际地位 | 5.24 | | | | |

对比不同群体发现，未来发展信心也存在人口学差异。首先，在年龄上，中年人对自己和家庭未来发展的信心要强于年轻人和老人（见图4），具体表现为“70后”对个人未来发展预期乐观的人数比例最高，为47.90%，“80后”次之（45.70%），都要高于“90后”及以后和“60后”及以前。而对国家未来的发展信心则是中老年人更强，“60后”及以前（66.39%）和“70后”（66.32%）群体中认为国家各项发展水平都会提升的比例要高于“80后”（63.20%）和“90后”及以后（62.92%）群体。

其次，受教育程度不同的调查对象对未来的发展预期也不同，并且在不同年龄群体中有不同的差异特点。个人发展信心上（见图5），“60后”及以前、“70后”和“80后”群体中，对个人未来发展的预期最乐观的是高中（中专、职高和技校）受教育水平的调查对象，受教育水平高的调查对象未来发展预期反而下降，在“70后”群体中这种趋势尤为突出。但在“90后”及以后群体中，表现出的趋势则是对个人未来的发展信心随受教育程度增加而增强。国家发展信心上（见图6），中年人（“70后”“80后”）群体中，高中受教育程度的调查对象信心最强，老年人（“60后”及以前）和青年人（“90后”及以后）大体的趋势是发展信心随着受教育程度增加而增强。

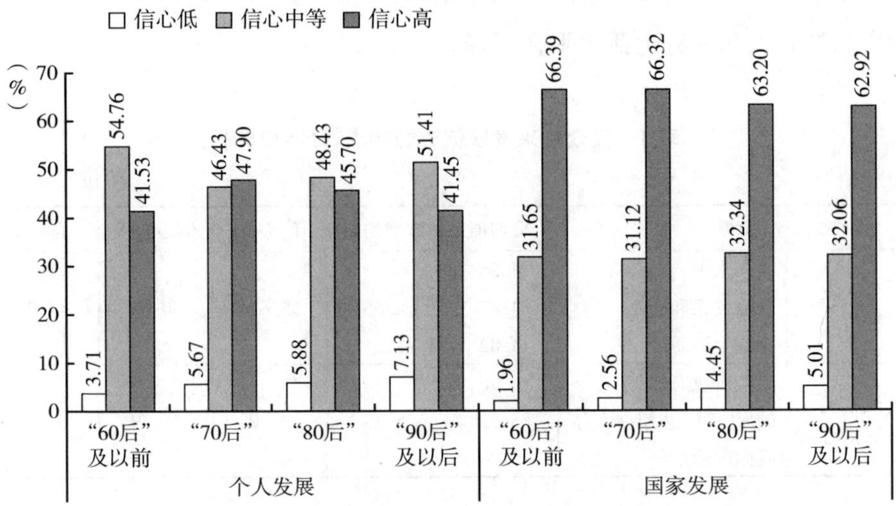


**图 4　未来发展信心的年龄差异（N=6168）**

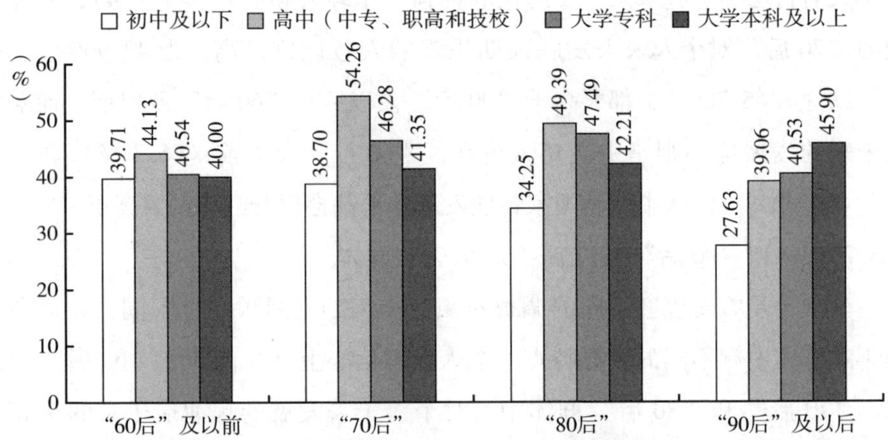


**图 5　不同年龄群体个人发展信心的受教育程度差异（N=6168）**

最后，不同收入的调查对象在对个人未来发展的信心上没有明显的差异，但是在对国家未来发展的信心上存在差异，且这种差异因年龄不同而不同（见图 7）。"60 后"及以前群体中，高收入群体中对国家未来发展有信心的人数比例最高。而"70 后"和"90 后"及以后群体中，则是低收入群

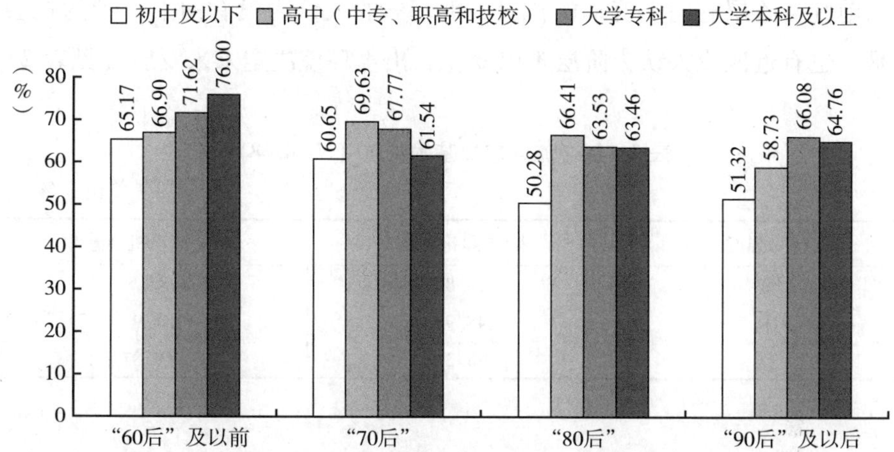


**图 6　不同年龄群体国家发展信心的受教育程度差异（N=6168）**

体对国家未来的发展信心最强，高收入群体反而信心较低。“80 后”群体中不同收入的人在国家发展信心上没有明显差异。

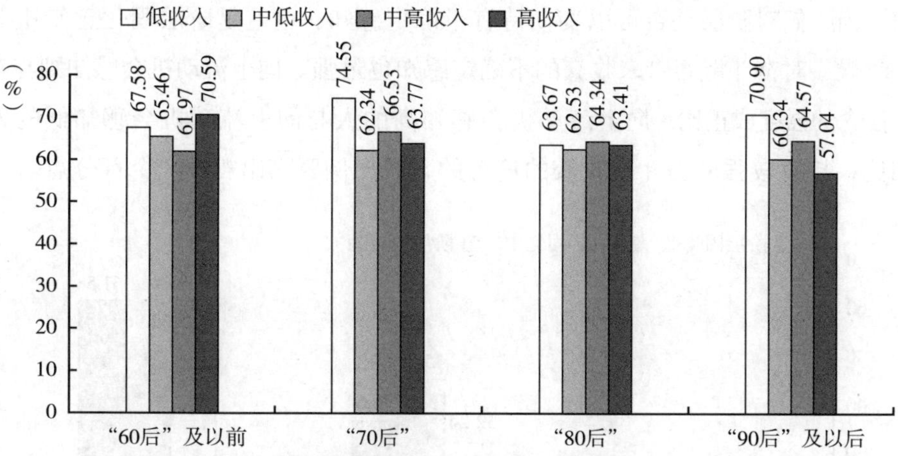


**图 7　不同年龄群体国家发展信心的收入水平差异（N=6168）**

## （二）社会流动感知与民众奋斗信念和信心

### 1. 向上社会流动增强民众的奋斗信念，阶层固化让人更不相信勤奋有回报

本次调查受访民众整体上对当前社会流动持有积极的预期，近六成人认

为当前社会阶层有向上流动的机会，8.15%的人认为没有向上流动的机会；但是，也有近四成人认为阶层难以变化，出生环境决定未来发展（见表2）。

**表2　社会流动感知基本特点（N=6168）**

单位：%

| 感知强度 | 阶层固化感知 | 向上流动机会感知 |
|---|---|---|
| 低 | 12.82 | 8.15 |
| 中 | 48.95 | 31.97 |
| 高 | 38.23 | 59.87 |

进一步分析社会流动感知与勤奋努力有收获这一信念的关系发现，人们感受到的社会流动状况不同时，对奋斗有所得的信念也会产生差异（见图8和图9）。阶层固化感知的变化会导致奋斗信念的变化，当人们不认为阶层不可流动，即阶层固化感知比较低的时候，对勤奋有回报这一奋斗信念最为相信。当人们对阶层是否可以变动持有不确定感知，也就是阶层固化感知中等的时候，对奋斗能否带来收获的不确定感知也最强。向上流动机会感知则与奋斗信念的强度成正比，向上流动机会感知高的人与向上流动机会感知低的人相比，持有较强的奋斗有收获的信念的人数比例要高出46.48个百分点。

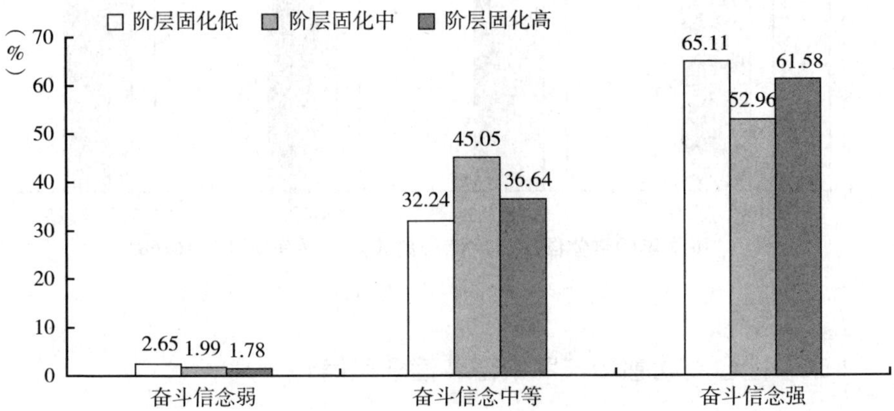


**图8　阶层固化感知与奋斗信念（N=6168）**

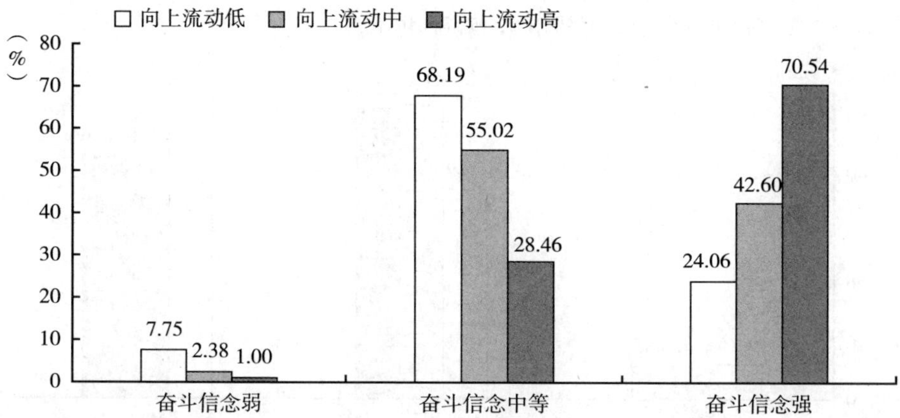


**图 9　向上流动机会感知与奋斗信念（N=6168）**

2. 向上社会流动畅通、阶层没有固化的感知会明显增强民众对个人发展的信心

人们对社会流动状况的感知不同，对个人未来收入、家庭发展的信心也会有所不同（见图 10 和图 11）。阶层固化感知会降低人们对个人未来发展的乐观预期，阶层固化感知高或是不确定阶层是否能够流动的人群中，分别只有 42.66%和 42.43%的人相信自己未来的收入、家庭生活质量等都会提高；而阶层固化感知低的人，即不认为阶层不可流动和改变的人群中，则有 56.64%的人对个人未来发展持有积极的预期。向上流动机会感知也与个人发展信心成正比关系，向上流动感知越高，对未来发展越有信心，预期越乐观。向上流动机会感知高的人与向上流动机会感知低的人相比，对个人发展持有积极预期的人数比例要高出 21.58 个百分点。

3. 向上流动畅通和阶层没有固化的感知会明显增强民众对国家发展的信心

人们对社会流动状况的感知不同，对国家的民心、应对突发事件能力、国际地位等的发展信心也会有所不同，结果如图 12 和图 13 所示。阶层固化感知降低了人们对国家未来积极发展的信心，随着阶层固化感知的提高，对国家的发展信心降低，阶层固化感知低的人对国家发展的信心最高。向上流动机会感知与国家发展信心成正比，向上流动机会感知越高，对国家未来的发展

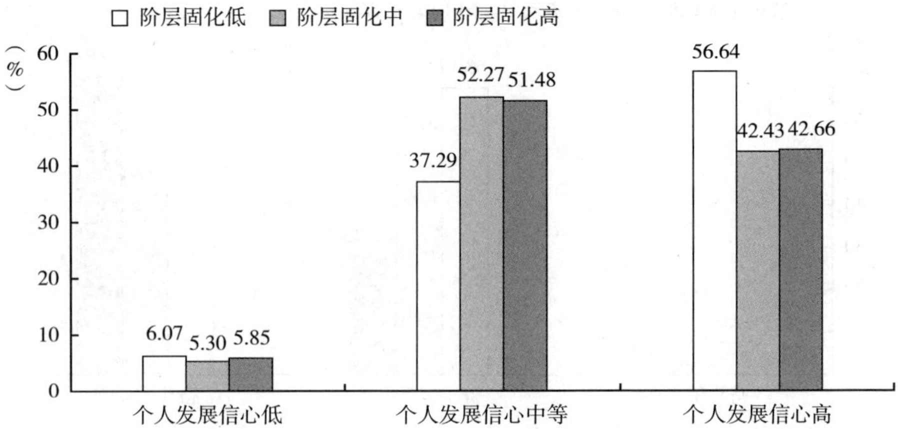


**图 10　阶层固化感知与个人发展信心（N=6168）**

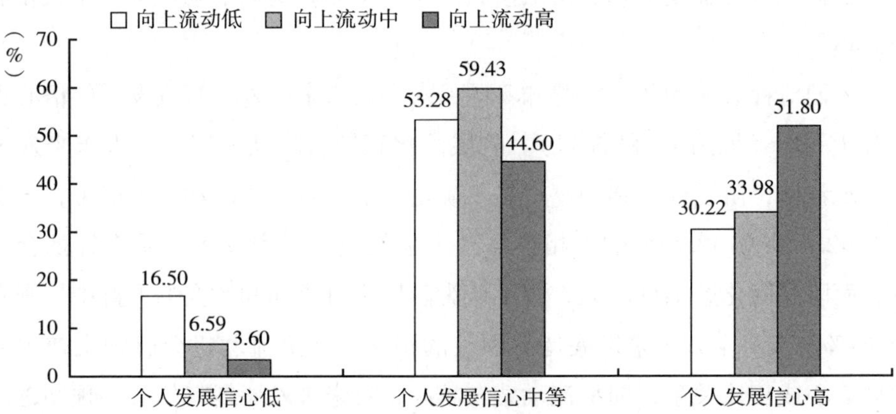


**图 11　向上流动机会感知与个人发展信心（N=6168）**

越有信心，预期越乐观。相信社会向上流动畅通的人与不相信能够向上社会流动的人相比，对国家发展信心程度高的人数比例要高出 28.49 个百分点。

## （三）社会公平感与民众奋斗信念和信心

### 1. 社会公平感知越强，民众奋斗信念越坚定

本次调查受访民众的社会公平感知较高，超过半数的人认为当前社会在

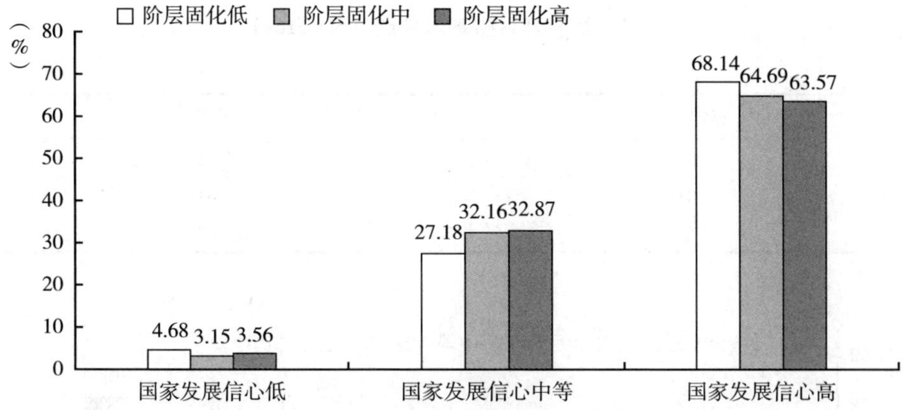


**图 12　阶层固化感知与国家发展信心（N=6168）**

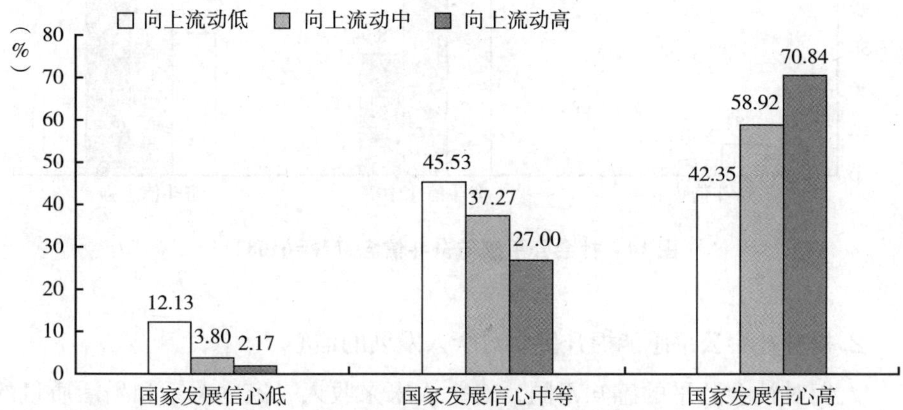


**图 13　向上流动机会感知与国家发展信心（N=6168）**

教育、医疗、司法、就业机会等方面比较公平，四成多的人认为社会公平程度一般，只有 2.08%的人明确表示不公平（见表 3）。

分析社会公平感与勤奋努力有收获这一信念的关系，结果如图 14 所示，人们对社会公平的感知程度与其奋斗有所得信念的强度成正比。越是认为社会公平，越是相信勤奋努力能够最终获得成功，有所收获。社会公平感高的人与社会公平感一般的人相比，奋斗信念较强的比例要高出 25.33 个百分点；与社会公平感低的人相比，奋斗信念较强的比例则高出了 36.20 个百分点。

**表 3　社会公平感基本特点（N=6168）**

单位：%

| 感知强度 | 社会公平感 |
|---|---|
| 低 | 2.08 |
| 中 | 44.31 |
| 高 | 53.62 |

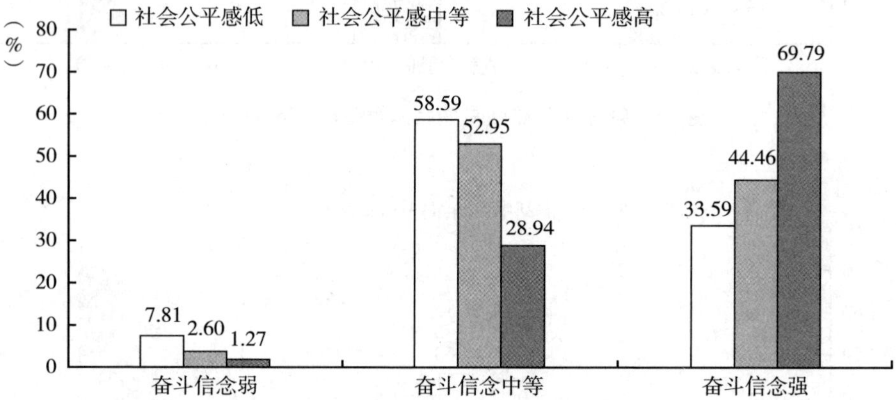


**图 14　社会公平感与奋斗信念（N=6168）**

2. 提升社会公平感能提升民众对个人发展的信心

人们对社会公平的感知不同，对个人未来收入、家庭关系和生活质量的发展信心也会有所不同（见图 15）。越是认为社会公平，对个人发展的预期就会越乐观。社会公平感高的人和社会公平感低的人相比，对个人未来发展比较有信心的比例要高出 30.67 个百分点。而社会公平感低的人，对个人未来发展没有信心的比例也要远高于其他人，有 21.88%的人没有信心，这一数值在社会公平感高的人群中仅为 3.90%。

3. 提升社会公平感能提升民众对国家发展的信心

对社会公平的感知还会影响人们对国家发展的判断，社会公平感越高，对国家未来发展越有信心（见图 16）。社会公平感高的人有 71.24%对国家未来发展信心较高，而社会公平感低的人，这一比例为 42.97%，相差

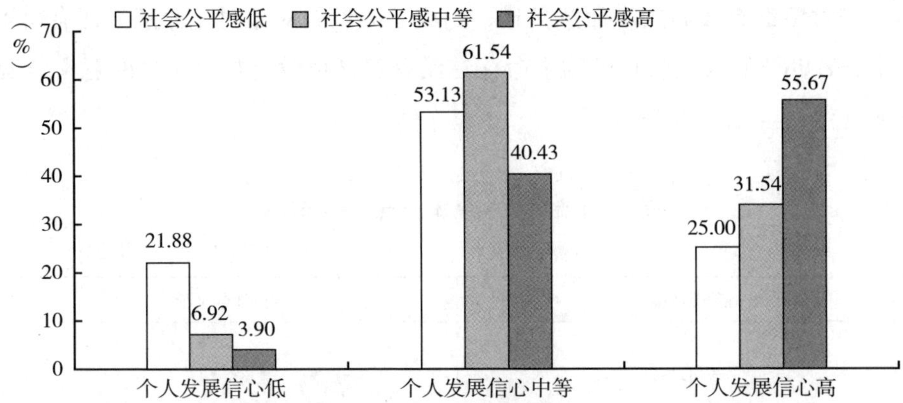


**图 15　社会公平感与个人发展信心（N=6168）**

28.27 个百分点。社会公平感低的人，对国家未来发展没有信心的比例也更高，有 11.72%的人对国家未来的发展持有消极预期，而社会公平感高的人群中只有 2.15%的人如此。

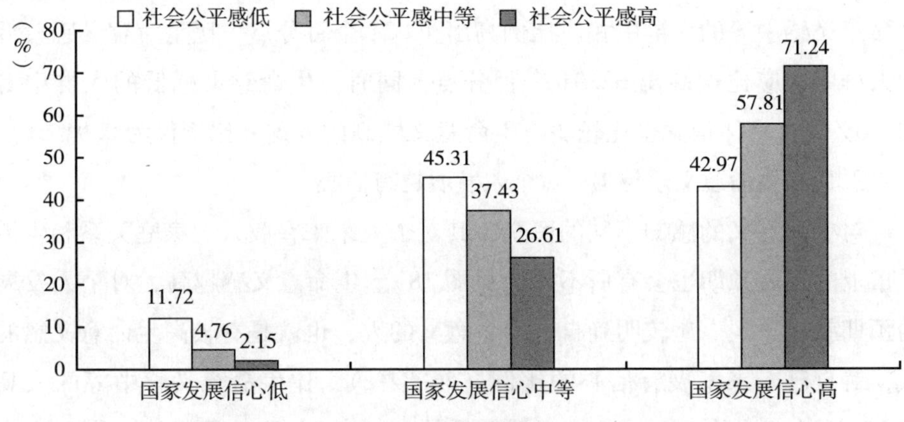


**图 16　社会公平感与国家发展信心（N=6168）**

## （四）生命意义感与民众奋斗信念和信心

### 1. 是否具有生命意义感对民众奋斗信念有明显影响

生命意义感是人们发现和理解自己的生命意义，本次调查中，超过半数的调查对象都有较高的生命意义感，四成多的调查对象对生命意义还有所不确定，1.98%的人认为自己的生命存在没有意义也没有找寻生命的意义（见表4）。

**表4 生命意义感基本特点（N=6168）**

单位：%

| 感知强度 | 生命意义感 |
| --- | --- |
| 低 | 1.98 |
| 中 | 46.14 |
| 高 | 51.88 |

分析生命意义感与勤奋努力有收获这一奋斗信念的关系，结果如图17所示，人们的生命意义感与其相信奋斗有所得的程度成正比。越是认为自己的生命存在有意义，就越相信勤奋努力最终会有所收获或取得成功。生命意义感高的人，有77.66%都相信奋斗的意义，这一比例远高于其他人群，比生命意义感中等的人群中相应比例高出40.31个百分点，比生命意义感较低的人群中相应比例高出62.91个百分点。同时，生命意义感低的人群中有12.30%的人奋斗信念也比较弱，生命意义感高的人这一比例仅为0.91%。

2. 民众生命意义感越强，对个人发展越有信心

对生命意义的感知不同的民众，其对个人未来在收入、家庭关系和生活质量上的发展预期也会有所不同（见图18）。生命意义感越高，对个人发展的预期就越乐观。比较明确自己生命意义的人，也就是有较高生命意义感的人，对自己未来发展有信心的比例（56.84%），比生命意义感中等的人高出25.60个百分点，比生命意义感较低的人高出34.71个百分点。同时，生命意义感较低的人，对自己未来发展信心较低的比例接近两成，而生命意义感高的人这一比例仅为3.25%。

3. 民众生命意义感越强，对国家发展越有信心

对生命意义的感知不同的民众，其对国家未来的应急能力、国际地位等方面的发展预期也会有较大差异（见图19）。生命意义感越高，对国家的发

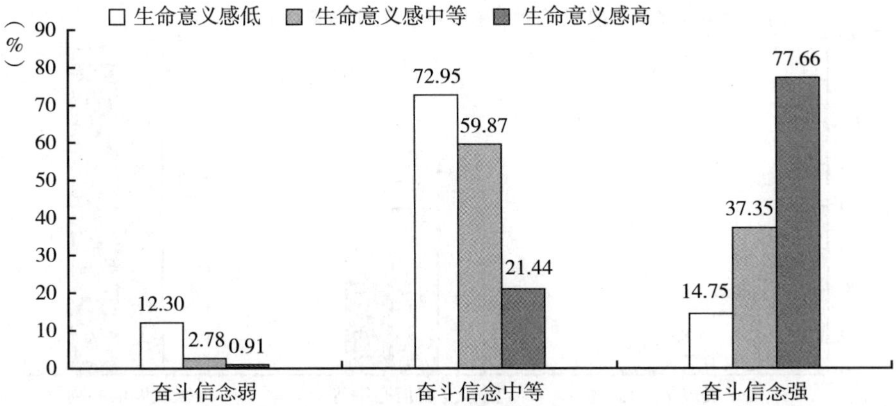


**图 17 生命意义感与奋斗信念（N=6168）**

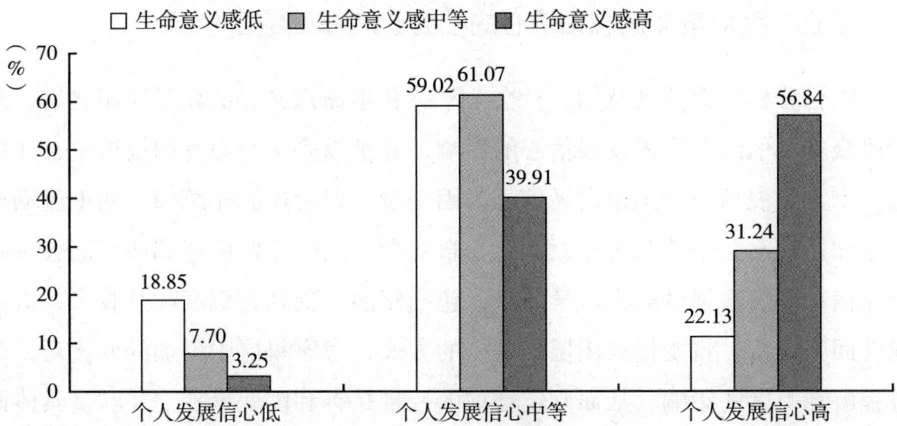


**图 18 生命意义感与个人发展信心（N=6168）**

展就越有信心。有较高生命意义感的人群中，对国家未来发展有信心的比例超过七成，比生命意义感中等的人高出 18.46 个百分点，比生命意义感较低的人高出 31.22 个百分点。同时，生命意义感较低的人，对国家未来发展的预期也更消极，没有信心的比例为 13.93%，这一比例在生命意义感较高的人群中仅为 1.91%。

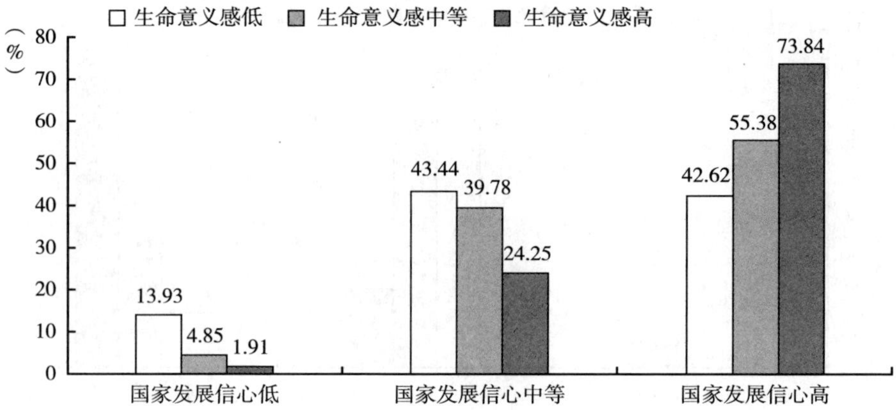


**图 19　生命意义感与国家发展信心（N=6168）**

## （五）民众奋斗信念和信心的社会心态基础综合分析

综合分析社会流动感知、社会公平感和生命意义感的相互作用之后，对于民众奋斗信念和未来发展信心的影响，分别以勤奋努力有回报这一奋斗信念、个人发展信心和国家发展信心为因变量，以阶层固化感知、向上流动机会感知、社会公平感和生命意义感为自变量，同时控制前述那些可能会影响奋斗信念和信心强度的人口学变量，包括年龄、受教育程度和月收入，进行线性回归分析。自变量采用层次进入的方式，考察每层中增加的变量对回归方程解释力度的影响，从而判定增加的变量是否和因变量独立关联。具体而言，每个回归方程中，第一层进入人口学变量，第二层进入所考察的社会心态变量。

从表 5 可以看出，两步回归之后的回归方程可解释奋斗信念 32.5% 的变异。在控制了人口学变量的影响之后，所考察的社会心态变量增加了回归方程的解释力，阶层固化感知与奋斗信念显著负相关，表明感知到阶层固化会减弱人们的奋斗信念。向上流动机会感知、社会公平感和生命意义感都与奋斗信念正相关。从相关系数大小看，生命意义感与奋斗信念关系最为紧密，对自身生命存在意义的确认和探索能明显提升人们对奋斗有收获信念的认可；其次，向上流动机会感知也与奋斗信念关系比较紧密，感知到社会向上流动通道畅通，会增强人们的奋斗信念；最后，社会公平感越高，奋斗信念也会越强，只是相关系数低于生命意义感和向上流动机会感知。

**表5　奋斗信念对社会流动感知、社会公平感和生命意义感的回归结果（N=6168）**

| 变量 | 第一层标准化系数β | 第二层标准化系数β |
|---|---|---|
| 年龄 | 0.151*** | 0.096*** |
| 受教育程度 | 0.070*** | 0.033* |
| 月收入 | −0.043*** | −0.043*** |
| 阶层固化感知 | | −0.080*** |
| 向上流动机会感知 | | 0.229*** |
| 社会公平感 | | 0.079*** |
| 生命意义感 | | 0.388*** |
| 调整后 $R^2$ | 0.018 | 0.325 |
| △F | 39.422*** | 701.393*** |

注：*** 表示 $p<0.001$，* 表示 $p<0.05$。

表6和表7的结果显示，两步回归之后的回归方程可解释个人发展信心17.7%和国家发展信心12.9%的变异。控制人口学变量影响之后，社会心态变量增加了回归方程的解释力。阶层固化感知与个人和国家发展信心都是显著负相关，感知到当前社会阶层固化会降低人们对未来发展的信心，对自己和国家的未来预期更为消极。向上流动机会感知、社会公平感和生命意义感都与个人和国家发展信心正相关。从相关系数大小看，社会公平感与发展信心关系最为紧密，对社会各领域公平程度感知的提升，将增强人们对自己和国家未来发展的信心。同时，生命意义感越强，对自身存在的意义的肯定，会增强人们的发展信心；向上流动机会感知越强，越是相信阶层可以跨越，人们对未来的发展信心也会显著提高。

**表 6　个人发展信心对社会流动感知、社会公平感和生命意义感的回归结果（N=6168）**

| 变量 | 第一层标准化系数β | 第二层标准化系数β |
|---|---|---|
| 年龄 | 0.045** | 0.027* |
| 受教育程度 | 0.065*** | 0.046*** |
| 月收入 | -0.030* | -0.036** |
| 阶层固化感知 | | -0.104*** |
| 向上流动机会感知 | | 0.145*** |
| 社会公平感 | | 0.210*** |
| 生命意义感 | | 0.188*** |
| 调整后 $R^2$ | 0.003 | 0.177 |
| △F | 6.731*** | 326.404*** |

注：*** 表示 $p<0.001$，** 表示 $p<0.01$，* 表示 $p<0.05$。

**表 7　国家发展信心对社会流动感知、社会公平感和生命意义感的回归结果（N=6168）**

| 变量 | 第一层标准化系数β | 第二层标准化系数β |
|---|---|---|
| 年龄 | 0.077*** | 0.059*** |
| 受教育程度 | 0.055*** | 0.037* |
| 月收入 | -0.057*** | -0.060*** |
| 阶层固化感知 | | -0.053*** |
| 向上流动机会感知 | | 0.121*** |
| 社会公平感 | | 0.177*** |
| 生命意义感 | | 0.161*** |
| 调整后 $R^2$ | 0.007 | 0.129 |
| △F | 15.001*** | 217.330*** |

注：*** 表示 $p<0.001$，* 表示 $p<0.05$。

## 四　讨论和结论

提升民众奋斗进取的精神、增强人们奋斗的动力有利于推进中国式现代化进程。本文提出社会流动感知、社会公平感和生命意义感是增强奋斗信念和信心的社会心态基础，并对此逐一进行分析检验，得到如下结论。

### （一）半数以上民众具有较高的奋斗信念和信心，青年人的奋斗信念和信心需要进一步提升

调查中，超过半数的民众持有勤奋努力会有所收获的奋斗信念，对自己个人未来的发展和国家未来的发展都有积极的预期，特别是对国家发展的信心强于对个人发展的信心。但是，“90后”及以后的青年人无论是奋斗信念还是发展信心，都要比中老年人低，他们更少相信奋斗会有所收获，对自己和国家未来发展预期乐观的人数比例更低。而青年强则国强，青年是现代化进程中的主要建设者之一，坚定其奋斗信念、提升他们的信心、增强其奋斗的动力应引起进一步重视。

### （二）每代人奋斗信念和信心的形成有其时代烙印，要考虑不同年龄群体的奋斗动力

本研究发现，不同年代的人，其奋斗信念的特点都具有自己的时代烙印，比如“70后”的受教育程度和奋斗信念与发展信心并不是线性关系，高中受教育程度的调查对象奋斗信念和发展信心都最强；而“90后”及以后则会随受教育程度增加而更加相信勤奋努力有回报，这一结果可能就从侧面反映出时代特点。“70后”成长的时代，接受高等教育的人数较少，初高中学历比较常见，又恰逢改革开放初期新的发展机会不断涌现，很多人都通过不同渠道的努力而有所收获，甚至比学历更高的同龄人收获更多。而“90后”及以后成长的时代，受教育程度与就业和收入的关联更为紧密，家庭对教育又普遍重视。从价值观角度看，“90后”及以后勤奋努力的目标往往包括接受更高水平的教育，以获得更好的发展。从经验角度看，能接受更高水平教育也大多是勤奋努力的结果，更容易体验到勤奋与获得的关系。因此，“90后”及以后的奋斗信念形成与其受教育程度关联会更紧密。

### （三）社会流动感知、社会公平感和生命意义感是提升奋斗精神的重要社会心态基础

本研究发现，人们对于社会流动状况的感知、对于社会公平状况的感知

和对于自身生命意义的感知都会显著影响其奋斗的信念和发展的信心。首先，社会流动感知方面，阶层固化感知会打击人们的奋斗信念，减少人们对自己和国家未来发展的信心，但向上流动机会感知却可以大幅增强人们关于勤奋努力有回报这一奋斗信念，提升人们对未来发展的信心。未来可从深化户籍制度改革、提高基本公共服务水平和均等化程度、推进教育深化改革和均衡发展等方面，促进社会向上流动，提升人们对社会向上流动的感知，从而加强人们奋斗的动力。

其次，社会公平感方面，提升人们在教育、就业、医疗、司法等多方面的公平感知，可以增强人们的奋斗信念和发展信心，特别是发展信心，在考虑和其他因素的相互作用之后，回归分析显示社会公平感与发展信心关系紧密。因此，促进社会公平不仅是现代化建设的要求，也能提升人们的奋斗精神。

最后，生命意义感能给予人们长远的目标指向、动力和价值，本研究也发现生命意义感能大幅提升人们的奋斗信念和发展信心，对自己生命存在意义的确认和找寻，让人们更加相信勤奋努力的意义，对自己和国家的未来预期也更积极。提升人们的奋斗进取精神，可考虑从更根本的心理入手，加强生命意义教育，让人们对自身的存在价值有所认识，确立目标和追求，从而坚定奋斗的信念和信心。

## 参考文献

蔡昉：《“人人向上”才是共同富裕》，《北京日报》2021 年 11 月 29 日。

陈丽君、胡晓慧、顾昕：《社会流动感知和预期如何影响居民幸福感？——公共服务满意度的中介作用和社会公平感的调节作用》，《公共行政评论》2022 年第 1 期。

高文珺：《社会公平感特点及社会心理效应——基于 2013“中国社会状况综合调查”（CSS）》，载王俊秀、杨宜音主编《中国社会心态研究报告（2015）》，社会科学文献出版社，2015。

高文珺：《社会流动与共同富裕——以青年外卖骑手为例》，《中国社会科学院大学学报》2022 年第 7 期。

李培林：《中国跨越“双重中等收入陷阱”的路径选择》，《劳动经济研究》2017 年第 1 期。

刘思斯、甘怡群：《生命意义感量表中文版在大学生群体中的信效度》，《中国心理卫生杂志》2010 年第 6 期。

习近平：《扎实推动共同富裕》，《求是》2021 年第 20 期。

新华社：《习近平：高举中国特色社会主义伟大旗帜　为全面建设社会主义现代化国家而团结奋斗——在中国共产党第二十次全国代表大会上的报告》，http://www.news.cn/politics/cpc20/2022-10/25/c_1129079429.htm，2022 年 11 月 23 日。

张衍：《主客观地位与流动感知对公平感的影响与变化（2019~2020）》，载王俊秀主编《中国社会心态研究报告（2021）》，社会科学文献出版社，2021。

赵礼、管健、黄明珠：《国家认同、国家信心与大学生生命意义感》，《青年研究》2022 年第 4 期。

Ahmed, U. et al., “Meaningful Work and Work Engagement: A Relationship Demanding Urgent Attention”, *International Journal of Academic Research in Business and Social Sciences*, 6 (2016).

Day & Fiske, “Movin on up? How Perceptions of Social Mobility Affect Our Willingness to Defend the System”, *Social Psychological and Personality Science*, *8* (2017).

Leung, K., et al., “Social Axioms the Search for Universal Dimensions of General Beliefs about How the World Functions”, *Journal of Cross-Cultural Psychology*, *33. 3* (2002).

Leung, K., & Bond, M. H., “Social Axioms: A Model for Social Beliefs in Multicultural Perspective”, In M. P. Zanna (Ed.), *Advances in Experimental Social Psychology*, Elsevier Academic Press, 36 (2004).

Steger, M. F., Frazier, P., Oishi, S., et al., “The Meaning in Life Questionnaire: Assessing the Presence of and Search for Meaning in Life”, *Journal of Counseling Psychology*, *53* (2006).

Steger, M. F. “Experiencing Meaning in Life: Optimal Functioning at the Nexus of Well-Being, Psychopathology, and Spirituality”, In P. T. P. Wong (ed.), *The Human Quest for Meaning* (*2nd edition*), New York: Routledge, 2012.

Taylor & Moghaddam, *Theories of Intergroup Relations*: *International Social Psychological Perspectives* (*2nd ed.*), New York: Praeger, 1994.

Yalçın, i., A. Malkoç, “The Relationship between Meaning in Life and Subjective Well-Being: Forgiveness and Hope as Mediators”, *Journal of Happiness Studies*, *16* (2015).

# B.9

# 主客观社会阶层对城乡居民阶层系统合理信念的影响

张 跃*

**摘 要：** 阶层系统合理信念反映人们对社会阶层系统公正性、合理性、正当性的感知，以及相应的支持和维护社会分层系统的态度。本报告基于2022年中国社会心态调查数据库，考察了民众阶层系统合理信念的现状及其人口学差异，检验了主客观社会阶层对阶层系统合理信念的影响，并基于“共时态”与“历时态”双重视角，分析了其城乡差异。结果表明：①当前民众阶层系统合理信念处于中等偏上水平，其中机会合理性维度得分高于分配合理性维度；②青年人群和老年人群的阶层系统合理信念相对偏低，应着力提升青年人群对机会合理性的认知与预期，更加关注老年人群对分配合理性的要求；③主、客观低阶层者阶层系统合理信念均较低，应关注中低收入、小学及以下学历和大学专科学历等重点人群在机会合理性方面的诉求；④城市低阶层民众的阶层系统合理信念偏低，在缩小城乡差距、统筹城乡发展方面进一步发力的同时，也要对城市弱势人群给予更多关注，为其提供更多发展机会。

**关键词：** 社会阶层 阶层系统合理信念 城乡差异

* 张跃，博士，中国社会科学院社会学研究所博士后，研究方向为社会心态、社会阶层与阶层流动心理学、系统合理化。

# 一 引言

社会公正与平等是人类社会普遍追求的重要价值（Schwartz，1992）。不过，日益增加的经济不平等逐渐成为世界范围内的严重社会问题之一（Wilkinson & Pickett，2017）。在我国，后小康时代仍将长期面临相对贫困的问题（杨菊华，2020），“不平衡不充分的发展”在一定程度上制约民众美好生活需要的实现（许宪春等，2019）。对此，党的二十大报告提出，要“促进机会公平，增加低收入者收入，扩大中等收入群体”，“使人人都有通过勤奋劳动实现自身发展的机会”。在此背景之下，有必要客观把握不同阶层民众对社会分层系统的态度，以助推共同富裕的实现。

作为社会心态的一种重要表现，系统合理信念这一概念源于系统合理化理论（system justification theory，Jost & Banaji，1994）。该理论认为，在一些特定情境下，人们为了满足存在性、认识性、关系性等基本需求，不可避免地需要维护、支持、合理化所在系统的各个方面，包括当下的社会、经济与政治系统、制度和安排（Jost et al.，2004；Jost，2019）。该理论还进一步提出，即使是在不平等的社会分层系统中处于弱势地位的低阶层者，也会表现出较高的系统合理信念（Jost et al.，2004）。根据分析框架的不同，系统合理信念表现为政治、经济、性别等领域的多种形式。其中，阶层系统合理信念（class system justifying belief）反映人们对社会阶层系统公正性、合理性、正当性的感知，以及相应的支持和维护社会分层系统的态度（Rudman & Saud，2020）。

低阶层者是否也会维护和支持不平等的社会分层系统，表现出较高的阶层系统合理信念呢？当前研究对此尚无定论（杨沈龙等，2016；张跃等，2022）。一些研究者认为，社会阶层的主、客观维度，是影响阶层与系统合理信念关系的因素之一。例如，Li 等（2020）发现，客观阶层越低的人表现出越高的保守主义倾向，进而表现出越高的系统合理信念；而主观阶层越低的人对社会阶层流动的判断越悲观，进而表现出越低的系统合理信念。Valdes 等（2022）发现主观阶层能够稳健地正向预测系统合理信念，但并未发现客观阶层对系统合理信念的稳健效应。尽管如此，鉴于理论上高、低阶层者在特定情境下均有可能表现出较高的系统合理信念（Jost，2019），因此本研究将重点关注高、低阶层民众支持和维护社会系统的条件及其影响机制。

城乡差异为理解社会阶层与系统合理信念的关系提供了独特的视角。引入城乡分析框架，为剖析这一问题提供了“共时态”与“历时态”双重视角。一方面，在“共时态”层面，城乡之间发展不平衡、差距大是我国经济社会发展中长期存在的突出问题（马建堂，2022）。农村居民相比于城镇居民在经济社会生活等方面长期处于相对弱势地位。另一方面，在“历时态”层面，伴随改革开放与城镇化进程，城乡地区处于不同的发展阶段。这使得尽管二者都面临较高程度的经济不平等，但却受到截然不同的影响。例如，Cheung（2016）认为中国农村地区处于经济发展的初期阶段，经济不平等反而会提升农村居民向上阶层流动的希望，因此表现出较高的生活满意度；而中国城市地区则处于经济发展的中期阶段，经济不平等则会增强社会比较过程，损害系统合理信念，进而表现出较低的生活满意度。通过对比城乡差异，这一“历时态”分析框架也为透视国民社会心态变迁提供了一个重要的窗口。那么，对于城乡居民而言，主、客观社会阶层如何影响其阶层系统合理信念呢？本研究通过2022年中国社会心态调查数据库对此进行了深入探讨。

## 二　研究方法

### （一）调查对象

调查对象具体情况参见总报告。因1人未报告城乡户口，故未纳入分析。

### （二）变量与工具

#### 1. 客观社会阶层

采用个人月收入和受教育程度作为客观社会阶层的测量指标。其中，个人月收入包含19个选项，根据样本频率分布，将其重新编码为9个等级，即 1=1000 元及以下，2=1001~2000 元，3=2001~3000 元，4=3001~4000 元，5=4001~5000 元，6=5001~6000 元，7=6001~8000 元，8=8001~1 万元，9=1 万元以上。受教育程度包含 11 个选项，根据样本频率分布及等级相近选项，将其合并为 6 个等级，即 1=小学及以下，2=初中，3=高中（中专、职高和技校），4=大学专科，5=大学本科，6=研究生。

2. 主观社会阶层

采用主观阶梯量表（macarthur scale；Adler et al.，2000）测量主观社会阶层。首先给被试呈现一个包含 10 级阶梯的梯子图，综合考量收入、受教育程度、职业等因素，由 1 到 10 代表了人们在社会中所处的位置，数字越大表示层级越高。在明确指导语后，请被试选择一个数字来代表自己的社会阶层。

3. 阶层系统合理信念

采用 8 个题目测量阶层系统合理信念。该量表由 Rudman 和 Saud（2020）改编，其中，4 个题目改编自经济系统合理信念量表（如"我国当前的经济体制是公平的"），另外 4 个题目改编自性别系统合理信念量表（如"无论出身背景如何，每个人都有公平的机会获得财富和幸福"）。量表采用李克特 7 点计分（1=非常不同意，7=非常同意），包含一个反向计分项目（"中国的收入分配制度需要深度改革"）。

尽管原量表并未提出明确的维度划分，但它实际测量了两个不同的方面：其中一方面关注改变阶层地位或获得经济福祉的机会合理性与公正性，另一方面关注经济体制、分配制度等的合理性与公正性。鉴于此，本研究将前者命名为"机会合理性维度"，将后者命名为"分配合理性维度"，两者各包含 4 个题目。验证性因素分析结果显示，该二维量表结构效度良好（$\chi^2=413$，$df=19$，$p<0.001$，CFI=0.965，TLI=0.949，RMSEA=0.058）。此外，该量表也表现出较高的信度，Cronbach's $\alpha=0.715$。

## （三）数据处理

民众阶层系统合理信念的描述性统计分析、相关分析、人口学变量上的差异性分析，均采用统计分析软件 SPSS 23.0 进行。

# 三　结果与分析

## （一）阶层系统合理信念的总体情况

如图 1 所示，民众阶层系统合理信念整体处于中等偏上水平（M = 4.48，SD=0.75）。并且，机会合理性维度（M=4.74，SD=0.97）与分配合理性维度（M=4.23，SD=0.76）的得分也处于中等偏上水平。进一步配对样本 t 检验结果显示，总体阶层系统合理信念与两个子维度之间存在显著差异。具体而言，机会合理性维度得分最高，显著高于总体阶层系统合理信念（t=43.91，p<0.001）和分配合理性维度（t=43.91，p<0.001）；分配合理性维度得分最低，显著低于总体阶层系统合理信念（t=-43.91，p<0.001）。

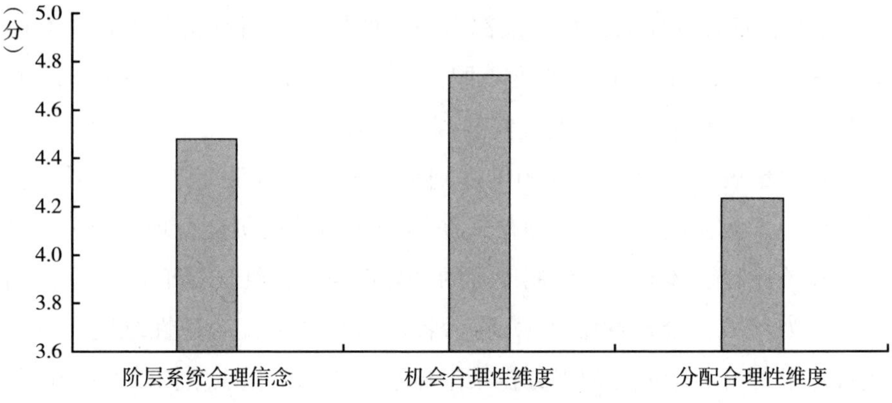


**图 1　民众阶层系统合理信念及其两维度得分的总体情况**

对总体阶层系统合理信念及其两个子维度进行相关分析，结果显示（见表 1），总体阶层系统合理信念及其两个子维度两两之间存在显著、较高的正相关关系（rs≥0.49，p<0.001）。

表 1　总体阶层系统合理信念及其子维度的相关关系

| 指　　标 | 1 | 2 |
|---|---|---|
| 阶层系统合理信念 | — | |
| 机会合理性维度 | 0.90*** | — |
| 分配合理性维度 | 0.82*** | 0.49*** |

注：*** $p<0.001$。

## （二）阶层系统合理信念的影响因素分析

### 1. 阶层系统合理信念的性别差异

采用独立样本 t 检验的方法，检验民众总体阶层系统合理信念及其两个子维度的性别差异。结果显示（见表 2、图 2），男性和女性在总体阶层系统合理信念及其两个子维度的得分均无显著差异。男性（M=4.50，SD=0.77）和女性（M=4.48，SD=0.74）的总体阶层系统合理信念均处于中等偏上水平。并且，男性和女性的机会合理性维度得分均高于总体阶层系统合理信念和分配合理性维度得分。

表 2　民众阶层系统合理信念及其两维度得分的性别差异

单位：人，分

| 性别 | 样本量 | 阶层系统合理信念 | | 机会合理性维度 | | 分配合理性维度 | |
|---|---|---|---|---|---|---|---|
| | | 平均值 | 标准差 | 平均值 | 标准差 | 平均值 | 标准差 |
| 男 | 2673 | 4.50 | 0.77 | 4.74 | 0.99 | 4.25 | 0.79 |
| 女 | 3494 | 4.48 | 0.74 | 4.73 | 0.96 | 4.22 | 0.74 |
| t | | 0.98 | | 0.24 | | 1.63 | |

### 2. 阶层系统合理信念的年龄差异

采用单因素方差分析检验民众阶层系统合理信念的年龄差异。结果显示（见表 3、图 3），各年龄阶段在总体阶层系统合理信念、机会合理性维度与分配合理性维度的得分均存在显著差异。具体而言，在总体阶层系统合理信念方面，21~30 岁民众的得分相比 20 岁及以下民众偏低，61 岁及以上民众

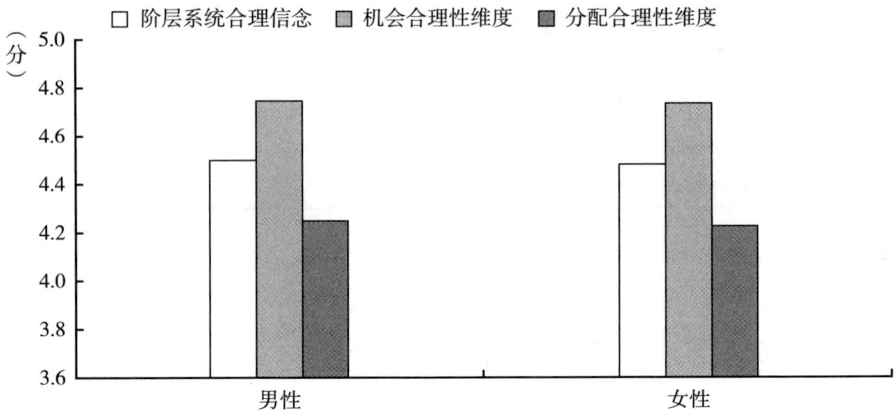


**图 2　不同性别民众的阶层系统合理信念得分**

的得分相比 20 岁及以下、31～40 岁、41～50 岁民众偏低；在机会合理性维度方面，21～30 岁民众的得分相比 20 岁及以下民众偏低；在分配合理性维度方面，61 岁及以上民众的得分相比 20 岁及以下、31～40 岁、41～50 岁民众偏低。整体而言，民众的总体阶层系统合理信念由 20 岁及以下至 21～30 岁呈现微弱下降趋势，之后回升并渐趋平稳，但至 61 岁及以上年龄阶段则呈现微弱下降趋势。对于机会合理性维度，21～30 岁民众得分偏低；而对于分配合理性维度，61 岁及以上民众得分偏低。

**表 3　民众阶层系统合理信念及其两维度得分的年龄差异**

单位：人，分

| 年龄 | 样本量 | 阶层系统合理信念 | | 机会合理性维度 | | 分配合理性维度 | |
|---|---|---|---|---|---|---|---|
| | | 平均值 | 标准差 | 平均值 | 标准差 | 平均值 | 标准差 |
| 20 岁及以下 | 96 | 4.67 | 0.73 | 4.95 | 0.92 | 4.40 | 0.73 |
| 21～30 岁 | 1015 | 4.43 | 0.80 | 4.65 | 1.05 | 4.20 | 0.78 |
| 31～40 岁 | 1646 | 4.51 | 0.76 | 4.76 | 0.99 | 4.26 | 0.75 |
| 41～50 岁 | 1652 | 4.51 | 0.75 | 4.76 | 0.98 | 4.27 | 0.76 |
| 51～60 岁 | 1256 | 4.48 | 0.70 | 4.75 | 0.90 | 4.21 | 0.75 |
| 61 岁及以上 | 502 | 4.39 | 0.70 | 4.68 | 0.90 | 4.10 | 0.77 |
| F | | 4.85*** | | 2.94* | | 5.71*** | |

注：* $p<0.05$，*** $p<0.001$。

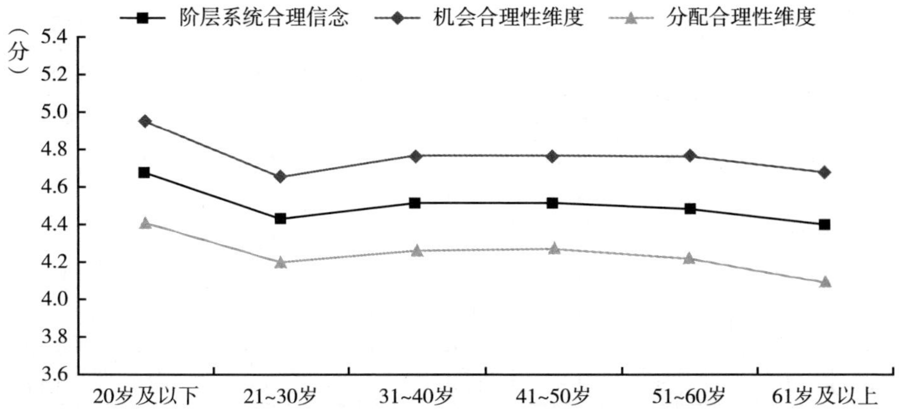


**图 3　不同年龄段民众的阶层系统合理信念及其两维度得分**

3. 阶层系统合理信念的收入差异

采用单因素方差分析检验不同收入民众阶层系统合理信念的差异。结果显示（见表 4、图 4），不同收入民众在总体阶层系统合理信念、机会合理性维度、分配合理性维度的得分均存在显著差异。具体而言，在总体阶层系统合理信念方面，个人月收入 3001～4000 元民众的得分显著低于月收入 6001～8000 元民众；个人月收入 4001～5000 元民众的得分显著低于月收入 5001～6000 元、6001～8000 元民众。在机会合理性维度方面，个人月收入 4001～5000 元民众的得分显著低于月收入 5001～6000 元、6001～8000 元民众。在分配合理性维度方面，个人月收入 1001～2000 元及 4001～5000 元民众的得分显著低于 6001～8000 元民众。整体而言，低收入民众的阶层系统合理信念低于高收入民众；中等收入民众在总体阶层系统合理信念及其两维度的得分均偏低。

**表 4　民众阶层系统合理信念及其两维度得分的收入差异**

单位：人，分

| 个人月收入 | 样本量 | 阶层系统合理信念 | | 机会合理性维度 | | 分配合理性维度 | |
|---|---|---|---|---|---|---|---|
| | | 平均值 | 标准差 | 平均值 | 标准差 | 平均值 | 标准差 |
| 1000 元及以下 | 448 | 4. 45 | 0. 72 | 4. 71 | 0. 97 | 4. 18 | 0. 77 |
| 1001～2000 元 | 394 | 4. 44 | 0. 78 | 4. 75 | 1. 00 | 4. 14 | 0. 84 |

续表

| 个人月收入 | 样本量 | 阶层系统合理信念 | | 机会合理性维度 | | 分配合理性维度 | |
|---|---|---|---|---|---|---|---|
| | | 平均值 | 标准差 | 平均值 | 标准差 | 平均值 | 标准差 |
| 2001~3000元 | 785 | 4.49 | 0.69 | 4.74 | 0.87 | 4.23 | 0.75 |
| 3001~4000元 | 1182 | 4.46 | 0.76 | 4.70 | 0.96 | 4.21 | 0.79 |
| 4001~5000元 | 1148 | 4.40 | 0.74 | 4.61 | 0.99 | 4.19 | 0.73 |
| 5001~6000元 | 809 | 4.55 | 0.71 | 4.82 | 0.94 | 4.28 | 0.70 |
| 6001~8000元 | 770 | 4.57 | 0.77 | 4.84 | 1.03 | 4.31 | 0.75 |
| 8001~1万元 | 410 | 4.54 | 0.84 | 4.77 | 1.07 | 4.30 | 0.79 |
| 1万元以上 | 221 | 4.53 | 0.78 | 4.78 | 0.97 | 4.29 | 0.81 |
| F | | 4.87*** | | 4.38*** | | 3.55*** | |

注：*** p<0.001。

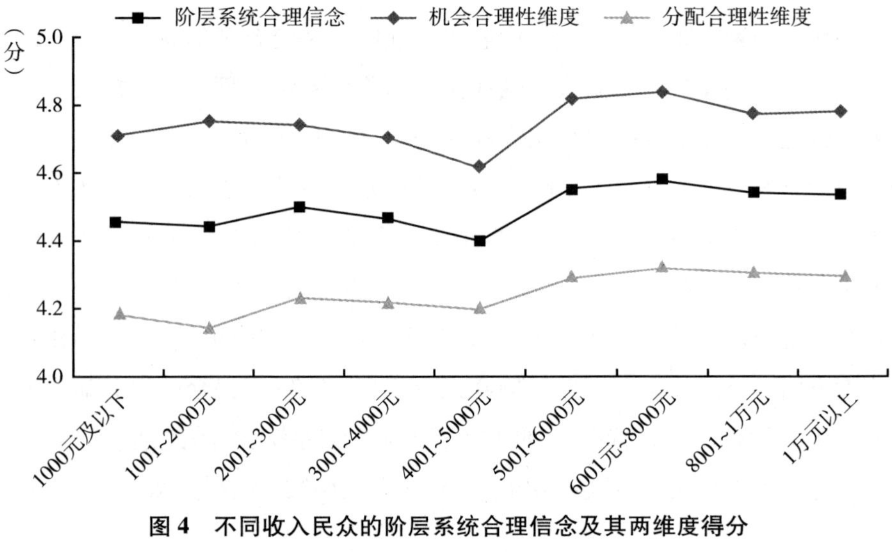


**图4 不同收入民众的阶层系统合理信念及其两维度得分**

4. 阶层系统合理信念的学历差异

采用单因素方差分析检验不同学历民众阶层系统合理信念的差异。结果显示（见表5、图5），不同学历民众在总体阶层系统合理信念、机会合理性维度的得分均存在显著差异。具体而言，在总体阶层系统合理信念方面，高中学历民众的得分显著高于小学及以下学历民众。在机会合理性维度方面，高中学历民众的得分显著高于小学及以下学历民众，大学专科学历民众的得分显著低于高中学历民众。在分配合理性维度方面，尽管总体样本的得分存在显著差异，但事后比较结果显示不同学历民众两两之间的得分不存在显著差异。整体而言，小学及以下学历民众在阶层系统合理信念与机会合理性维度的得分偏低，高中学历民众的得分则较高，随着学历上升呈现由升而降的变化趋势，低学历及高学历人群的阶层系统合理信念值得关注。

**表 5　民众阶层系统合理信念及其两维度得分的学历差异**

单位：人，分

| 学历 | 样本量 | 阶层系统合理信念 | | 机会合理性维度 | | 分配合理性维度 | |
|---|---|---|---|---|---|---|---|
| | | 平均值 | 标准差 | 平均值 | 标准差 | 平均值 | 标准差 |
| 小学及以下 | 216 | 4.34 | 0.78 | 4.55 | 1.04 | 4.13 | 0.80 |
| 初中 | 1259 | 4.47 | 0.75 | 4.74 | 0.99 | 4.21 | 0.78 |
| 高中 | 2417 | 4.52 | 0.73 | 4.79 | 0.94 | 4.26 | 0.75 |
| 大学专科 | 1268 | 4.46 | 0.76 | 4.69 | 0.99 | 4.23 | 0.75 |
| 大学本科 | 972 | 4.48 | 0.78 | 4.71 | 1.00 | 4.25 | 0.78 |
| 研究生 | 35 | 4.22 | 0.83 | 4.46 | 0.98 | 3.98 | 0.88 |
| F | | 3.99** | | 3.99** | | 2.32* | |

注：* $p<0.05$，** $p<0.01$。

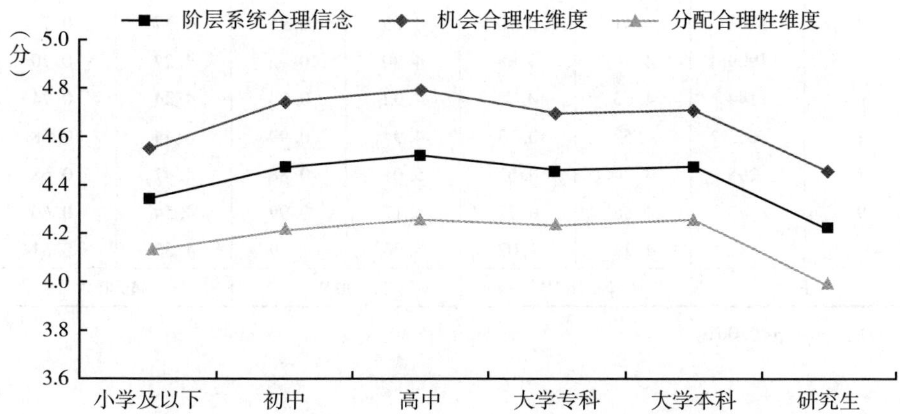


**图 5　不同学历民众的阶层系统合理信念及其两维度得分**

### 5. 阶层系统合理信念的主观阶层差异

采用单因素方差分析检验不同主观阶层民众阶层系统合理信念的差异。结果显示（见表6、图6），不同主观阶层民众在总体阶层系统合理信念、机会合理性维度及分配合理性维度的得分均存在显著差异。具体而言，在总体阶层系统合理信念方面，低主观阶层（即主观阶层≤3）民众的得分显著低于其他民众；中等及偏下主观阶层（即主观阶层=4、5）民众的得分则显著低于中等以上主观阶层民众（即主观阶层>5）；中等以上主观阶层民众的得分较高且两两之间无显著差异。机会合理性维度及分配合理性维度呈现与之一致的分布状态和变化趋势。整体而言，民众主观阶层越低，则其阶层系统合理信念越低；随着主观阶层上升，阶层系统合理信念呈现上升趋势；低主观阶层在分配合理性维度的得分偏低。

**表6　民众阶层系统合理信念及其两维度得分的主观阶层差异**

单位：人，分

| 主观阶层 | 样本量 | 阶层系统合理信念 | | 机会合理性维度 | | 分配合理性维度 | |
|---|---|---|---|---|---|---|---|
| | | 平均值 | 标准差 | 平均值 | 标准差 | 平均值 | 标准差 |
| 1 | 122 | 4.00 | 0.81 | 4.23 | 1.01 | 3.78 | 0.93 |
| 2 | 282 | 4.02 | 0.82 | 4.23 | 0.96 | 3.80 | 0.95 |
| 3 | 607 | 4.11 | 0.79 | 4.29 | 1.00 | 3.92 | 0.83 |
| 4 | 1083 | 4.41 | 0.70 | 4.65 | 0.95 | 4.17 | 0.72 |
| 5 | 1909 | 4.54 | 0.68 | 4.80 | 0.92 | 4.27 | 0.70 |
| 6 | 1144 | 4.63 | 0.73 | 4.92 | 0.94 | 4.34 | 0.74 |
| 7 | 665 | 4.69 | 0.73 | 4.94 | 0.99 | 4.44 | 0.68 |
| 8 | 295 | 4.74 | 0.67 | 5.01 | 0.88 | 4.47 | 0.68 |
| 9 | 43 | 4.86 | 0.72 | 5.17 | 0.99 | 4.54 | 0.66 |
| 10 | 17 | 4.78 | 1.02 | 5.06 | 1.49 | 4.50 | 0.81 |
| F | | 49.10*** | | 38.90*** | | 34.80*** | |

注：*** $p<0.001$。

### 6. 阶层系统合理信念的城乡差异

城乡居民在总体阶层系统合理信念及其两维度的得分均处于中等偏上水

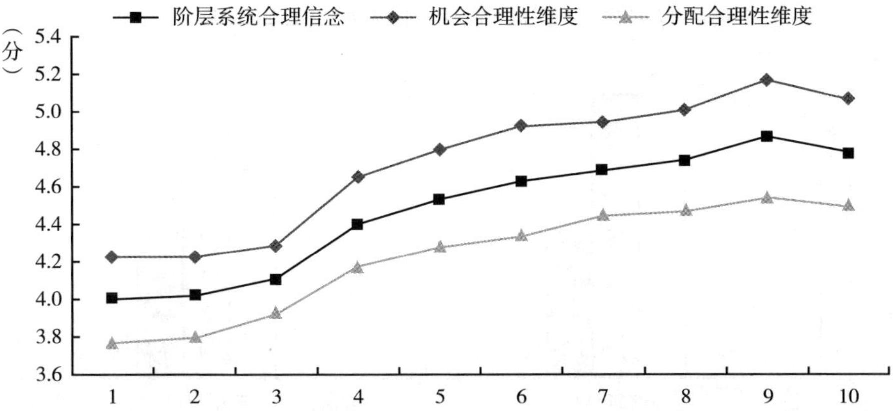


**图 6　不同主观阶层民众的阶层系统合理信念及其两维度得分**

平。采用单因素方差分析检验阶层系统合理信念的城乡差异。结果显示（见表 7、图 7），城乡居民在总体阶层系统合理信念、机会合理性维度的得分存在显著差异，在分配合理性维度的得分存在边缘显著的差异。具体而言，农村居民在总体阶层系统合理信念、机会合理性维度、分配合理性维度的得分均略高于城市居民。

**表 7　民众阶层系统合理信念及其两维度得分的城乡差异**

单位：人，分

| 户口 | 样本量 | 阶层系统合理信念 | | 机会合理性维度 | | 分配合理性维度 | |
|---|---|---|---|---|---|---|---|
| | | 平均值 | 标准差 | 平均值 | 标准差 | 平均值 | 标准差 |
| 农村户口 | 2827 | 4.51 | 0.73 | 4.77 | 0.97 | 4.25 | 0.75 |
| 城市户口 | 3340 | 4.46 | 0.77 | 4.71 | 0.98 | 4.22 | 0.77 |
| t | | 2.52* | | 2.59* | | 1.66† | |

注：† $p<0.10$，* $p<0.05$。

## （三）主客观社会阶层对城乡居民阶层系统合理信念的影响分析

为进一步比较主客观社会阶层对城乡居民阶层系统合理信念的不同影

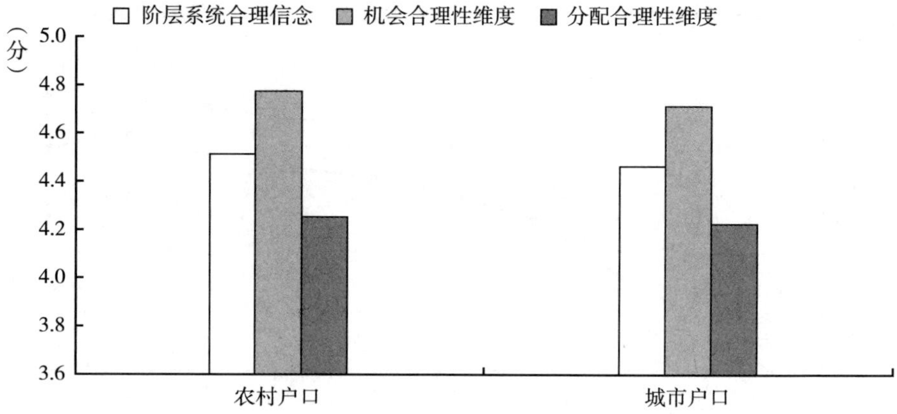


**图7 城乡居民的阶层系统合理信念及其两维度得分**

响，分别以客观阶层（个人月收入、受教育程度）及主观阶层为自变量，以户口为调节变量，以阶层系统合理信念为因变量，使用 SPSS 23.0 中的 process 插件（model 1；Bootstrap = 5000）检验调节模型。

1. 个人月收入影响阶层系统合理信念的城乡差异

结果显示，个人月收入与户口的交互效应显著，B = 0.022，95% CI [0.003，0.041]，SE = 0.01，p = 0.023，$\Delta R^2 = 0.001$，表明个人月收入对城乡居民阶层系统合理信念的影响存在显著差异。具体而言（见图 8），对于城市居民，高、低收入民众的阶层系统合理信念存在显著差异，个人月收入越高则其阶层系统合理信念越高（B = 0.03，95% CI = [0.02，0.05]，SE = 0.01，t = 4.89，p = 0.001）；而对于农村居民，高、低收入民众的阶层系统合理信念不存在显著差异（B = 0.01，95% CI = [-0.001，0.03]，SE = 0.01，t = 1.81，p = 0.070）。进一步分析结果显示，对于高收入者，其阶层系统合理信念不存在显著的城乡差异（B = -0.03，95% CI = [-0.09，0.03]，SE = 0.03，t = -0.93，p = 0.354）；而对于低收入者，城市居民的阶层系统合理信念则显著低于农村居民（B = -0.12，95% CI = [-0.17，-0.06]，SE = 0.03，t = -4.39，p < 0.001）。

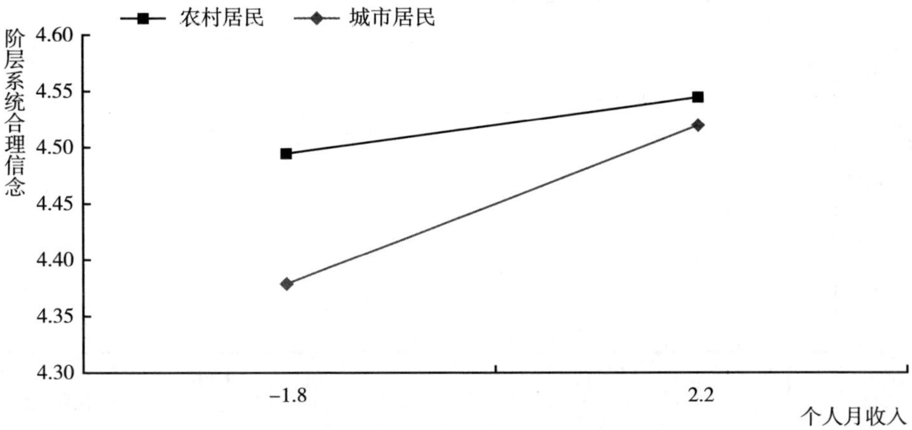


**图 8　个人月收入对城乡居民阶层系统合理信念的影响**

### 2. 受教育程度影响阶层系统合理信念的城乡差异

结果显示，受教育程度与户口的交互效应显著，B = 0.04，95% CI = [0.004，0.076]，SE = 0.02，p = 0.030，$\Delta R^2 = 0.001$，表明受教育程度对城乡居民阶层系统合理信念的影响存在显著差异。具体而言（见图 9），对于城市居民，高、低学历民众的阶层系统合理信念存在边缘显著差异，受教育程度越高则其阶层系统合理信念越高（B = 0.02，95% CI = [−0.001，0.05]，SE = 0.01，t = 1.92，p = 0.055）；而对于农村居民，高、低学历民众的阶层系统合理信念不存在显著差异（B = −0.02，95% CI = [−0.04，0.01]，SE = 0.01，t = −1.20，p = 0.230）。进一步分析结果显示，对于高学历者，其阶层系统合理信念不存在显著的城乡差异（B = 0.02，95% CI = [−0.05，0.09]，SE = 0.04，t = 0.52，p = 0.602）；而对于低学历者，城市居民的阶层系统合理信念则显著低于农村居民（B = −0.10，95% CI = [−0.16，−0.04]，SE = 0.03，t = −3.35，p<0.001）。

### 3. 主观阶层影响阶层系统合理信念的城乡差异

结果显示，主观阶层与户口的交互效应显著，B = 0.03，95% CI = [0.01，0.05]，SE = 0.01，p = 0.011，$\Delta R^2 = 0.001$，表明主观阶层对城乡居

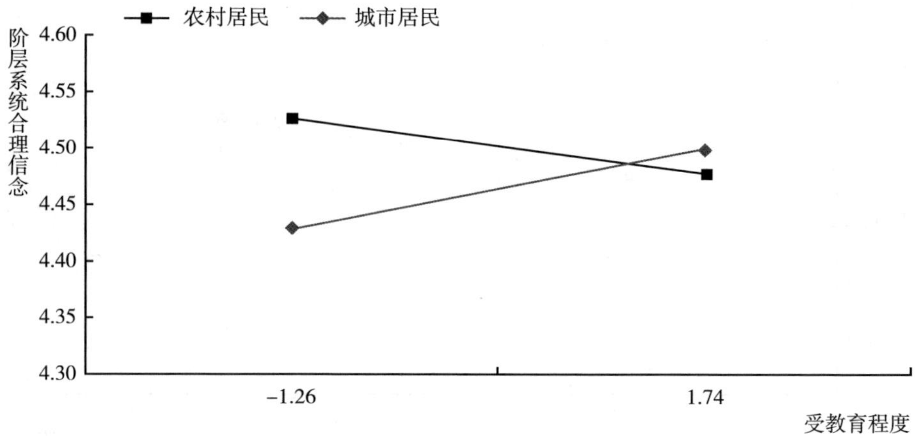


**图 9　受教育程度对城乡居民阶层系统合理信念的影响**

民阶层系统合理信念的影响存在显著差异。具体而言（见图 10），对于城市居民，高、低主观阶层民众的阶层系统合理信念存在显著差异，主观阶层越高则其阶层系统合理信念越高（B = 0.14，95%CI = ［0.13，0.16］，SE = 0.01，t = 18.03，$p<0.001$）；对于农村居民，高、低主观阶层民众的阶层系统合理信念也存在显著差异，但其差异相比城市居民相对较小（B = 0.11，95%CI = ［0.10，0.13］，SE = 0.01，t = 13.21，$p<0.001$）。进一步分析结果显示，对于高主观阶层者，其阶层系统合理信念不存在显著的城乡差异（B = -0.06，95%CI = ［-0.12，0.003］，SE = 0.03，t = -1.86，p = 0.063）；而对于低主观阶层者，城市居民的阶层系统合理信念则显著低于农村居民（B = -0.18，95%CI = ［-0.23，-0.18］，SE = 0.03，t = -5.94，$p<0.001$）。

综合而言，主、客观社会阶层对城乡居民阶层系统合理信念的影响表现出相对一致的趋势：一方面，城市居民的阶层系统合理信念存在较大的主（客）观阶层差异，即主（客）观阶层越高，城市居民的阶层系统合理信念越高；另一方面，高、低主（客）观阶层民众的阶层系统合理信念存在城乡差异，即对于高主（客）观阶层者，其阶层系统合理信念不存在显著的城乡差异，但对于低主（客）观阶层者，城市居民的阶层系统合理信念低于农村居民。

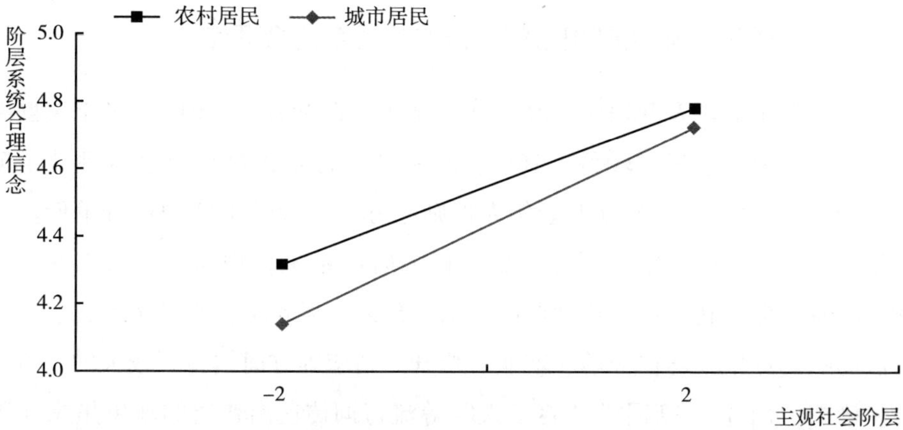


**图 10　主观阶层对城乡居民阶层系统合理信念的影响**

# 四　讨论

## （一）切实促进机会公平，有效提升分配合理性

调查结果显示，当前民众阶层系统合理信念处于中等偏上水平。该结果表明，我国建设小康社会、消除绝对贫困为推进共同富裕建设奠定了良好的社会心态基础。不过，阶层系统合理信念的两个维度之间存在较大差异。其中，机会合理性维度得分较高，而分配合理性维度的得分尽管也处于中等偏上水平，但显著低于总体阶层系统合理信念和机会合理性维度。并且，该结果在不同年龄、性别、户口及各主、客观阶层人群中稳定存在。这意味着，民众一方面对于社会不同阶层之间的可渗透性与流动性持有积极的评价和预期，但另一方面对于提升财富、收入分配的公正性、合理性仍有较高的期待。鉴于此，在迈向共同富裕的过程中，要切实落实党的二十大报告精神，既“促进机会公平”，“使人人都有通过勤奋劳动实现自身发展的机会”，也注重提升分配合理性，“完善分配制度”，“规范收入分配秩序，规范财富积累机制”。

## （二）关注青年人群和老年人群的阶层系统合理信念

与其他年龄段人群相比，21~30岁青年人群和61岁及以上老年人群的阶层系统合理信念相对较低。其中，21~30岁青年人群在机会合理性维度的得分偏低，而61岁及以上老年人群则在分配合理性维度的得分偏低。该结果表明，应关注青年人群和老年人群的阶层系统合理信念。对于青年人群，应着力提升其对机会合理性的认知与预期。近年来，受经济下行、疫情扩散影响，青年人群在升学、就业、晋升、婚恋等方面体验到较大的竞争压力，诸如“内卷”“躺平”“打工人”等流行词传达出普遍的地位焦虑（王俊秀，2021）。国家统计局报告显示，2022年上半年青年人群失业率持续攀升，第三季度虽有回落，9月仍高达17.9%。对此，除了进一步落实落细就业优先政策，长远而言还应消除影响平等就业的不合理限制和就业歧视，“畅通青年改变命运之路”。对于老年人群，则应更加关注其对分配合理性的要求。随着养老金并轨，企业和事业单位职工养老金差距逐渐缩小。不过，我国人口老龄化存在显著的地区差异、城乡差异，老年人群在养老保障方面仍存在一定差距。随着人口老龄化加剧，应进一步健全社会保障体系，这也凸显了实施积极应对人口老龄化国家战略的必要性、重要性。

## （三）注重提升低阶层人群的阶层系统合理信念

就社会阶层对阶层系统合理信念的影响而言，调查结果显示，主、客观阶层较低的民众均表现出较低的阶层系统合理信念。该结果部分支持了Li等（2020）的观点。在主观阶层方面，主观阶层越低则阶层系统合理信念越低。调查结果还显示，低主观阶层（即主观阶层≤3）民众在分配合理性维度的得分偏低，处于中等偏下水平。可见，对分配合理性的感知较低是导致低主观阶层者总体阶层系统合理信念较低的重要因素。在客观阶层方面，整体而言低收入、低学历人群的阶层系统合理信念相对较低；同时，收入、受教育程度与阶层系统合理信念的关系也表现出不同的模式。具体而言，中等收入人群在总体阶层系统合理信念及其两维度的得分均偏低。尽管中等收入人群在资源、财富分配中相比低收入人群处于相对优势地位，但他们同样面临较大的竞争压力，同时承受着对地位下降的担忧，这使得他们更可能受到社会比较的不利影响（谭旭运等，2020）。此外，小学及以下学历、大学专科学历民众在机会合理性维度的得分较低，这可能与他们在过往求职、工作过程中所遭遇的不公正经历有关。综合而言，社会阶层对阶层系统合理信念的影响是复杂的，尤其是客观阶层与阶层系统合理信念可能呈现非线性关系。对此，除了增加低收入者收入、扩大中等收入群体，以有效提升民众主观阶层认同；还应关注中低收入、小学及以下学历和大学专科学历等重点人群在机会合理性方面的诉求，在就业、晋升等领域切实保障其机会公平。

### （四）缩小城乡差距，关注城市低阶层民众的阶层系统合理信念

城乡差异对比为解读社会阶层与阶层系统合理信念的关系提供了独特的分析视角。调查结果显示，当前我国农村居民的阶层系统合理信念比城市居民略高。该结果与怀默霆（2009）的发现一致。进一步分析为此提供了更细致的结果呈现。具体而言，对于高主（客）观阶层者，其阶层系统合理信念不存在显著的城乡差异，但对于低主（客）观阶层者，城市居民的阶层系统合理信念低于农村居民；并且，城市居民的阶层系统合理信念存在较大的主（客）观阶层差异，即主（客）观阶层越高，城市居民的阶层系统合理信念越高。“历时态”的分析视角为此提供了一种解释：我国城乡地区处于经济发展的不同阶段（Cheung，2016），处于经济发展初期阶段的农村居民仍有较高的收入增长与向上阶层流动预期，这为农村低阶层者合理化不平等现状提供了理由，进而缩小了其与农村高阶层者阶层系统合理信念的差距；但对于城市低阶层者，随着城市地区经济发展进入中期阶段，收入增长和向上阶层流动预期收窄，使其更多受到社会比较的不利影响，进而表现出较低的阶层系统合理信念。国家统计局公布的数据也显示，2022 年前三季度，农村居民的收入增幅（实际增长 4.3%）是城镇居民（实际增长 2.3%）的近 2 倍，为前述观点提供了进一步支持。不过，这并不意味着贫富差距对农村居民没有不利影响。基于“共时态”分析视角，城乡差距大、发展不

平衡仍是客观现实，加之经济下行、疫情反复等的影响，农村居民的阶层系统合理信念同样面临诸多风险。综合而言，应在缩小城乡差距、统筹城乡发展方面进一步发力；同时也应更加关注城市弱势人群，为其提供更多发展机会。

## 参考文献

怀默霆：《中国民众如何看待当前的社会不平等》，《社会学研究》2009 年第 1 期。

马建堂：《奋力迈上共同富裕之路》，中信出版集团，2022。

谭旭运、豆雪姣、董洪杰：《社会阶层视角下民众获得感现状与提升对策》，《广西师范大学学报》（哲学社会科学版）2020 年第 5 期。

王俊秀：《“冷词热传”反映的社会心态及内在逻辑》，《人民论坛》2021 年第 15 期。

许宪春、郑正喜、张钟文：《中国平衡发展状况及对策研究——基于“清华大学中国平衡发展指数”的综合分析》，《管理世界》2019 年第 5 期。

杨菊华：《后小康社会的贫困：领域、属性与未来展望》，《中共中央党校（国家行政学院）学报》2020 年第 1 期。

杨沈龙、郭永玉、胡小勇、舒首立、李静：《低阶层者的系统合理化水平更高吗？——基于社会认知视角的考察》，《心理学报》2016 年第 11 期。

张跃、丁毅、杨沈龙、解晓娜、郭永玉：《社会不平等如何影响低地位者的系统合理信念》，《心理科学进展》2022 年第 7 期。

Adler, N. E., Epel, E. S., Castellazzo, G., et al., “Relationship of Subjective and Objective Social Class with Psychological Functioning: Preliminary Data in Healthy White Women”, *Health Psychology*, 19 (2000).

Cheung, F., “Can Income Inequality be Associated with Positive Outcomes? Hope Mediates the Positive Inequality-happiness Link in Rural China”, *Social Psychological and Personality Science*, 7 (2016).

Jost, J. T., “A Quarter Century of System Justification Theory: Questions, Answers, Criticisms, and Societal Applications”, *British Journal of Social Psychology*, 58 (2019).

Jost, J. T., & Banaji, M. R., “The Role of Stereotyping in System-justification and the Production of False Consciousness”, *British Journal of Social Psychology*, 33 (1994).

Jost, J. T., Banaji, M. R., & Nosek, B. A., “A Decade of System Justification Theory: Accumulated Evidence of Conscious and Unconscious Bolstering of the Status Quo”, *Political*

*Psychology*, 25（2004）.

Li, W. Q., Yang, Y., Wu, J. H., et al., "Testing the Status-Legitimacy Hypothesis in China: Objective and Subjective Socioeconomic Status Divergently Predict System Justification", *Personality and Social Psychology Bulletin*, 46（2020）.

Rudman, L. A., & Saud, L. H., "Justifying Social Inequalities: The Role of Social Darwinism", *Personality and Social Psychology Bulletin*, 46（2020）.

Schwartz, S. H., "Universals in the Content and Structure of Values: Theoretical Advanced and Empirical Tests in 20 Countries", In M. P. Zanna (Ed.), *Advances in Experimental Social Psychology* (Vol. 25, pp. 1–65). San Diego, CA: Academic Press, 1992.

Valdes, E. A., Liu, J. H., & Williams, M., "Testing the Status-legitimacy Hypothesis: Predicting System Justification Using Objective and Subjective Socioeconomic Status in China and the United States", *Asian Journal of Social Psychology*, Advance online publication.

Wilkinson, R. G., & Pickett, K. E., "The Enemy between us: The Psychological and Social Costs of Inequality", *European Journal of Social Psychology*, 47（2017）.

# 社会参与与共同富裕

Social Participation and Common Prosperity

## B.10 民众慈善参与的特点与影响因素分析

谭旭运　刘娅萱*

**摘　要：** 公益慈善等第三次分配方式是改善收入和财富分配格局，实现共同富裕的重要途径，本报告基于2022年中国社会心态调查数据库，分析民众当前慈善意愿、慈善行为的基本情况及其影响因素。结果发现，民众的慈善意愿较高，在弘扬传统文化、应急救难和创新科研方面尤其突出，慈善行为频率处于中等偏下水平。女性慈善意愿显著高于男性，但慈善行为更少；同年龄群体的慈善意愿和行为也呈现不同变化趋势。总体上受教育程度、收入、阶层认同越高，慈善意愿和行为越高，同时部分低收入群体、受捐助者、外地农村户口人群以及健康状况较差的群体也有较高的慈善意愿。未来需要进一步更新慈善理念，畅通民众慈善参与渠道，逐步形成“人人心怀慈善、人人参与慈善”的慈善文化氛

* 谭旭运，中国社会科学院社会心理与行为实验室副研究员，中国社会科学院社会学研究所社会心理学研究中心副研究员，中国社会科学院大学社会与民族学院硕士生导师，研究方向为社会心态、获得感、亲社会行为的社会心理机制；刘娅萱，北京工业大学文法学部。

围，促进财富分配公平正义。

**关键词：** 慈善意愿　慈善行为　共同富裕　慈善转型　全民慈善

## 一　引言

党的二十大报告中提出“引导、支持有意愿有能力的企业、社会组织和个人积极参与公益慈善事业”，指明了公益慈善事业应当将“扎实推进共同富裕”“增进民生福祉”作为整体的发展方向，助力实现“以中国式现代化全面推进中华民族伟大复兴”。党的十八大以来，慈善事业取得长足进步，慈善力量在打赢脱贫攻坚战、全面建成小康社会、支持民生兜底保障和社会福利事业、助力新冠肺炎疫情防控等方面发挥了积极作用（傅昌波、董培、陈凯，2022）。共同富裕目标的实现，需要进一步积极引导和支撑更多个人、社会组织和企业参与慈善捐赠，不断拓宽公益慈善的领域范围、发展多元化的慈善服务方式。

2016 年出台的《中华人民共和国慈善法》（以下简称《慈善法》）第三条规定，慈善活动是指自然人、法人和其他组织以捐赠财产或者提供服务的方式，自愿展开的公益活动。具体的活动分类包括扶贫、济困；扶老、救孤、恤病、助残、优抚；救助自然灾害、事故灾难和公共卫生事件等突发事件造成的损害；促进教育、科学、文化、卫生、体育等事业的发展；防治污染和其他公害，保护和改善生态环境；以及符合规定的其他公益活动。《慈善法》的出台，确定了以依法行善为核心的公共伦理，促进了传统中国特色的兼爱与仁爱和新时代社会价值观的结合。

受儒家“仁爱”、道家“知足”、墨家“兼爱”等传统文化思想的影响，我国慈善行为的发展有着长远的历史（周秋光，2016）。在演进过程中，分别在晚清民国时期和 21 世纪经历了两次历史转型，存在传统慈善、近代慈善和当代慈善三种类型（周秋光、李华文，2020）。第一次转型中，慈善事业与民族救亡相联系，唤醒了广大人民的捐赠意识。慈善由原先的行善积德变成了一种个人社会责任的担当和体现，民间慈善组织大量涌现，慈善捐赠来源日益广泛；慈善救济之外，出现了教育、医疗等多方面的慈善行为（周秋光，2016；曾桂林，2013）。21 世纪以后，我国的慈善事业发展出现了第二次转型，借助互联网中各种社交媒体和众筹平台，中国慈善事业进入高速发展的时期。各种新型慈善公益的技术化过程中，空间限制得到突破，形式多样的互联网慈善渐成主流，大大拓展了慈善参与的渠道。与此同时，受助者缺席、不幸等级划分、同情疲劳等慈善发展的新危机也陆续出现，频繁引起各种关注和热议（叶晓君，2018）。因此，如何培育全民参与的慈善氛围和积极心态，促进多样化慈善活动的规范化发展，成为进一步发展现代慈善事业的重要关注点。

近些年来，研究者从不同角度探讨了慈善捐赠行为的影响因素。在慈善转型的背景下，源于强烈家国情怀、表达感恩和家族传承的利他动机，为了满足自身形象和社会声望需求的社会交换动机，以及来源于维持与他人关系的亲和动机、从众动机，都成为激发人们慈善行为的驱动力（高静华，2021）。慈善捐赠中互联网的使用，整体强化了居民的捐赠意愿，其中对于城市居民、男性以及西部和中部地区的人群影响更为显著（高翔、王三秀，2021），而且在这一过程中，真实身份的认证能够促进捐赠行为，其作用大小与社会距离呈现倒 U 形关系（王正位、王新程，2021）。除此之外，也有研究证实，慈善受助者具有更高的奉献意识和社会信任，因而捐赠意愿和金额更高，其中女性受助者与农村受助者的捐赠意愿和金额更高（马红鸽、贺晓迎、杨舒然，2022）。

为此，本报告基于 2022 年中国社会心态调查数据库，了解民众当前的慈善捐赠意愿，探讨不同群体在慈善意愿和行为上的差异与偏好，为促进民众慈善意愿和行为提升的政策制定提供参考。调查问卷参考《慈善法》分类与现代新型慈善活动等，将慈善意愿划分为扶贫济困、应急救难、场馆硬件建设、社会化服务、科学研究和传统文化 6 个维度进行测量。

## 二　研究方法

### （一）调查对象

本研究所用数据来源于2022年中国社会心态调查，是由中国社会科学院社会学研究所社会心理学研究中心发起的一项全国大型连续性随机抽样入户调查项目。本次调查最终获得有效问卷6168份。其中男性占43.35%，女性占56.65%，平均年龄42.68±12.16岁，具体抽样方法和样本情况参见总报告。

### （二）研究变量

1. 慈善意愿

使用题目“您是否愿意为以下活动提供慈善捐助”来测量民众的慈善捐赠意愿。将慈善活动分为“扶贫、济困”“扶老、救孤、恤病、助残、优抚”“资助教育、卫生、体育、养老场所和硬件建设”“资助教育、卫生、体育、养老等领域购买社会化服务”“用于科技创新、科学研究”“弘扬传统文化”6个类型，题目内部一致性良好（Crombach's $\alpha=0.92$）。采用李克特量表的方式7点计分，被试从1（非常不愿意）到7（非常愿意）进行选择。将6道题的均分作为总体慈善意愿的得分。

2. 慈善行为

在慈善行为方面，选择社会参与内容中的一道题“您是否为帮助受困受难的人而捐款捐物”，采用李克特量表的方式7点计分，被试从1（从来没有）到7（总是）进行选择，作为慈善行为的具体得分。

3. 其他变量

本报告还使用了数据库中的性别、年龄、收入、受教育程度、主观社会阶层、户籍等人口学变量。具体测量题目及计分方法参见总报告。

### （三）数据处理

本研究均采用统计分析软件 SPSS26.0 进行分析，具体方法包括慈善意愿和慈善行为的描述性统计分析、相关分析和人口学变量上的差异分析。

## 三　研究结果

### （一）慈善意愿各维度与慈善行为的总体情况

慈善意愿与慈善行为在各个选项之间的分布，均为偏态分布（见表 1、图 1）。慈善意愿各维度的得分分布整体变化趋势相似，为负偏态分布，居民的选择多集中在“5 有点愿意”和“6 愿意”之间。慈善行为的得分分布则呈现正偏态分布，居民的选择多集中于“3 有时”和“2 很少”。

**表 1　慈善意愿各维度与慈善行为的得分占比**

单位：%

| 指标 | 1 非常不愿意 | 2 不愿意 | 3 不太愿意 | 4 中立 | 5 有点愿意 | 6 愿意 | 7 非常愿意 |
|---|---|---|---|---|---|---|---|
| 扶贫济困 | 1.0 | 4.8 | 7.7 | 17.6 | 33.1 | 31.8 | 4.0 |
| 应急救难 | 2.0 | 5.8 | 6.7 | 15.8 | 32.3 | 30.8 | 6.7 |
| 场馆硬件建设 | 2.0 | 4.7 | 9.7 | 22.2 | 27.9 | 26.9 | 6.6 |
| 社会化服务 | 2.0 | 5.3 | 9.6 | 21.9 | 27.1 | 26.3 | 7.9 |
| 科学研究 | 1.5 | 4.2 | 8.1 | 20.9 | 27.5 | 28.0 | 9.9 |
| 传统文化 | 1.1 | 3.5 | 5.6 | 16.8 | 28.8 | 31.1 | 13.1 |
| 指标 | 1 从来没有 | 2 很少 | 3 有时 | 4 中等频率 | 5 不少时间 | 6 大部分时间 | 7 总是 |
| 慈善行为 | 5.7 | 23.8 | 38.0 | 12.2 | 12.3 | 6.6 | 1.4 |

由图 2 可知，从全国整体来看，居民的总体慈善意愿处于中等偏上水平（M＝4.90，SD＝1.07）。各个维度中，传统文化维度（M＝5.15，SD＝

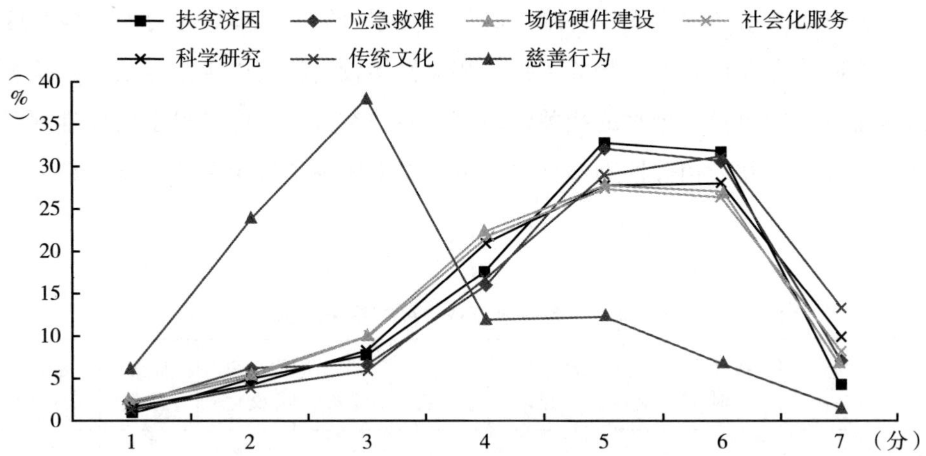


**图 1　慈善意愿各维度与慈善行为的得分占比**

1.30）最高，随后依次是应急救难维度（M=4.94，SD=1.35）、科学研究维度（M=4.92，SD=1.35）、扶贫济困维度（M=4.88，SD=1.24）、社会化服务维度（M=4.77，SD=1.39）和场馆硬件建设维度（M=4.76，SD=1.39）。居民在慈善意愿各个维度中的得分均较高，超过了理论中值，相比之下具体的慈善行为得分则较低（M=3.27，SD=1.35）。

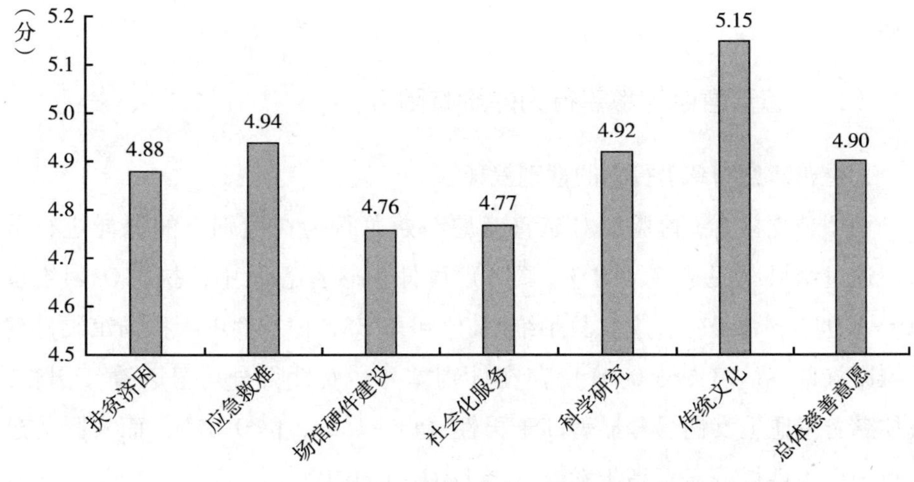


**图 2　民众慈善意愿及其各维度得分的总体情况**

通过表 2 中慈善意愿与各维度的相关关系可知，总体慈善意愿与各维度两两之间均存在显著的正相关关系，相关性均较高。其中各维度之间，扶贫济困维度与应急救难维度的相关性最高，而扶贫济困维度与科学研究维度以及传统文化维度的相关性则偏低，一定程度上体现了传统慈善和现代慈善的分野。

**表 2 慈善意愿与各维度的相关关系**

| 指 标 | 扶贫济困 | 应急救难 | 场馆硬件建设 | 社会化服务 | 科学研究 | 传统文化 | 总体慈善意愿 | 慈善行为 |
|---|---|---|---|---|---|---|---|---|
| 扶贫济困 | 1 | | | | | | | |
| 应急救难 | 0.699** | 1 | | | | | | |
| 场馆硬件建设 | 0.604** | 0.625** | 1 | | | | | |
| 社会化服务 | 0.554** | 0.576** | 0.695** | 1 | | | | |
| 科学研究 | 0.482** | 0.509** | 0.570** | 0.601** | 1 | | | |
| 传统文化 | 0.484** | 0.522** | 0.537** | 0.550** | 0.602** | 1 | | |
| 总体慈善意愿 | 0.788** | 0.815** | 0.838** | 0.829** | 0.783** | 0.765** | 1 | |
| 慈善行为 | 0.231** | 0.224** | 0.205** | 0.201** | 0.178** | 0.149** | 0.248** | 1 |

注：* $p<0.05$，** $p<0.01$，*** $p<0.001$，下同。

## （二）慈善意愿与慈善行为的影响因素

### 1. 慈善意愿与慈善行为的性别差异

利用独立样本 t 检验，对慈善意愿与慈善行为在性别上的差异进行分析。通过结果（见表 3、图 3、图 4）可知，慈善意愿中，扶贫济困维度（$t=-1.98$，$p<0.01$）、应急救难维度（$t=-2.38$，$p<0.001$）和场馆硬件建设维度（$t=-1.93$，$p<0.01$）存在性别差异，女性得分均显著高于男性。总体慈善意愿上女性得分显著高于男性（$t=-1.23$，$p<0.01$），而实际的慈善行为上男性得分显著高于女性（$t=1.04$，$p<0.05$）。

表 3　慈善意愿及其各维度与慈善行为的性别差异

单位：人，分

| 性别 | 样本 | 扶贫济困 | 应急救难 | 场馆硬件建设 | 社会化服务 | 科学研究 | 传统文化 | 总体慈善意愿 | 慈善行为 |
| --- | --- | --- | --- | --- | --- | --- | --- | --- | --- |
| 男 | 2674 | 4.85±1.27 | 4.85±1.40 | 4.73±1.39 | 4.76±1.41 | 4.95±1.38 | 5.14±1.31 | 4.88±1.10 | 3.29±1.36 |
| 女 | 3494 | 4.91±1.22 | 4.93±1.31 | 4.79±1.32 | 4.79±1.37 | 4.90±1.32 | 5.15±1.30 | 4.91±1.05 | 3.25±1.35 |
| t | — | -1.98** | -2.38*** | -1.93** | -0.76 | 1.30 | -0.22 | -1.23** | 1.04* |

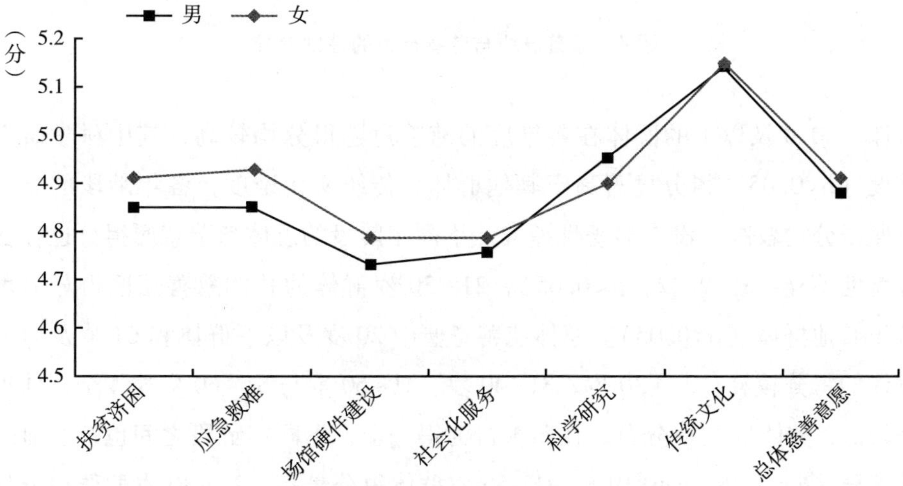


图 3　慈善意愿及各维度的性别差异

2. 慈善意愿与慈善行为在年龄阶段上的差异

利用多元方差分析，对慈善意愿与慈善行为在年龄阶段上的差异进行分析。通过结果（见表 4、图 5、图 6）可知，慈善意愿的各维度中，不同年龄阶段在扶贫济困（$F=3.87$，$p<0.01$）、应急救难（$F=3.34$，$p<0.01$）和场馆硬件建设（$F=3.04$，$p<0.01$）三个维度存在显著差异。21~30 岁群体在各维度的慈善意愿均较低，在扶贫济困（$p<0.01$）、应急救难（$p<0.05$）和场馆硬件建设（$p<0.01$）三个维度上得分均显著低于其他年龄群体；在社会化服务维度（$p<0.05$）上显著低于 31~40 岁、41~50 岁及 51~60 岁的

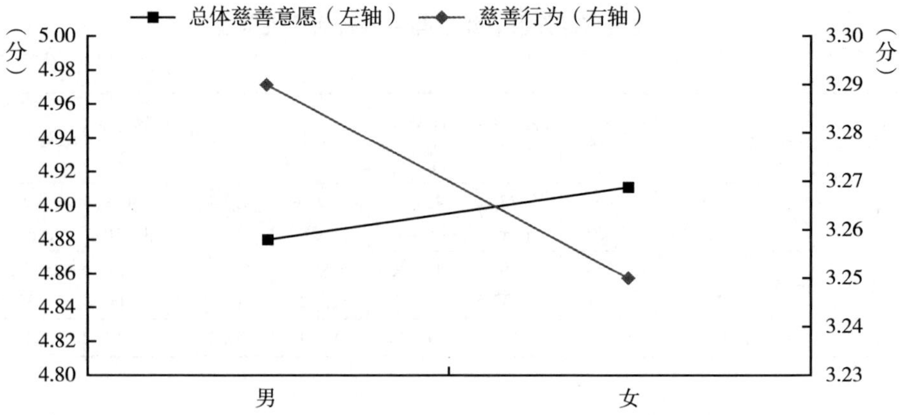


**图 4　慈善意愿与慈善行为的性别差异**

群体。20 岁及以下的群体在各维度的慈善意愿得分均较高，其中科学研究维度（p<0. 05）得分显著高于其他群体。传统文化维度，各年龄段的慈善意愿得分均较高，没有显著性差异。不同年龄段的总体慈善意愿得分也存在显著性差异（F=2. 42，p<0. 05），21~30 岁群体的总体慈善意愿得分显著低于其他群体（p<0. 05）。总体慈善意愿中 20 岁及以下群体和 61 岁及以上群体的得分较高，21~30 岁、31~40 岁、41~50 岁与 51~60 岁这 4 个群体得分较低，整体呈 U 形分布。在慈善行为得分上，不同年龄段之间也存在显著性差异（F=3. 26，p<0. 01），41~50 岁群体得分最高，21~30 岁群体得分较低，20 岁及以下群体得分最低。慈善行为得分与总体慈善意愿的变化趋势相反，整体呈倒 U 形分布。

**表 4　慈善意愿及其各维度与慈善行为在年龄阶段上的差异**

单位：人，分

| 年龄阶段 | 样本 | 扶贫济困 | 应急救难 | 场馆硬件建设 | 社会化服务 | 科学研究 | 传统文化 | 总体慈善意愿 | 慈善行为 |
|---|---|---|---|---|---|---|---|---|---|
| 20 岁及以下 | 97 | 4. 99±1. 19 | 5. 09±1. 21 | 4. 92±1. 22 | 4. 81±1. 19 | 5. 23±1. 13 | 5. 34±1. 27 | 5. 06±0. 90 | 3. 02±1. 30 |
| 21~30 岁 | 1015 | 4. 75±1. 36 | 4. 78±1. 44 | 4. 62±1. 48 | 4. 66±1. 46 | 4. 91±1. 42 | 5. 13±1. 43 | 4. 81±1. 15 | 3. 18±1. 33 |

续表

| 年龄阶段 | 样本 | 扶贫济困 | 应急救难 | 场馆硬件建设 | 社会化服务 | 科学研究 | 传统文化 | 总体慈善意愿 | 慈善行为 |
|---|---|---|---|---|---|---|---|---|---|
| 31~40岁 | 1646 | 4.89±1.26 | 4.89±1.37 | 4.77±1.36 | 4.79±1.40 | 4.94±1.37 | 5.13±1.30 | 4.90±1.08 | 3.27±1.35 |
| 41~50岁 | 1652 | 4.89±1.22 | 4.89±1.37 | 4.82±1.34 | 4.81±1.39 | 4.89±1.35 | 5.12±1.30 | 4.90±1.08 | 3.36±1.37 |
| 51~60岁 | 1256 | 4.92±1.18 | 4.93±1.31 | 4.79±1.32 | 4.79±1.35 | 4.93±1.29 | 5.16±1.27 | 4.92±1.03 | 3.24±1.35 |
| 61岁及以上 | 502 | 5.02±1.15 | 5.04±1.19 | 4.77±1.26 | 4.77±1.26 | 4.91±1.24 | 5.26±1.10 | 4.97±0.91 | 3.24±1.35 |
| F | — | 3.87** | 3.34** | 3.04** | 1.69 | 1.31 | 1.38 | 2.42* | 3.26** |
| $\eta^2$ | — | 0.002 | 0.001 | 0.001 | 0.000 | 0.000 | 0.000 | 0.001 | 0.000 |

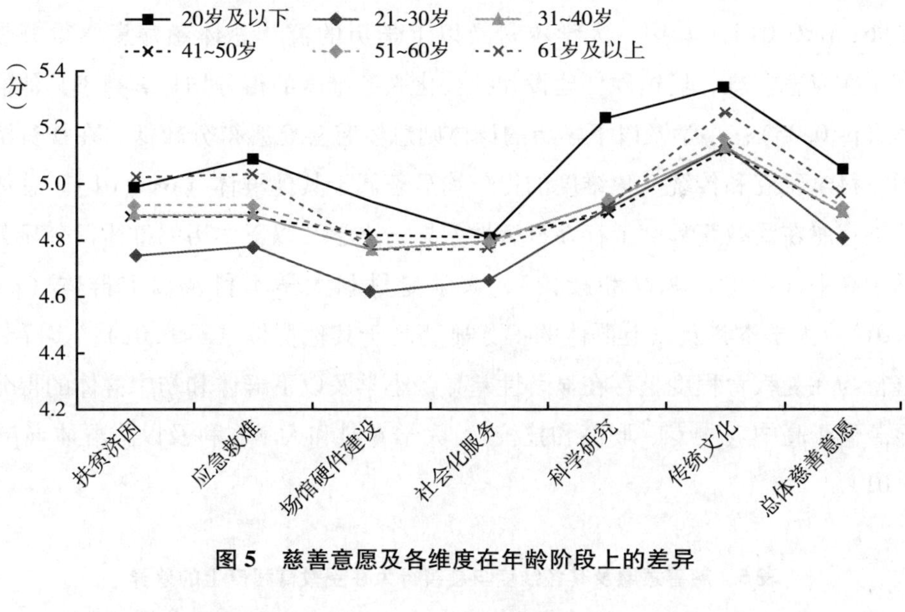


**图5 慈善意愿及各维度在年龄阶段上的差异**

3. 慈善意愿与慈善行为在受教育程度上的差异

利用多元方差分析，对慈善意愿与慈善行为在受教育程度上的差异进行分析。通过结果（见表5、图7、图8）可知，在慈善意愿各个维度中，不同受教育程度之间均存在显著性差异（F=5.29，p<0.001；F=5.94，p<

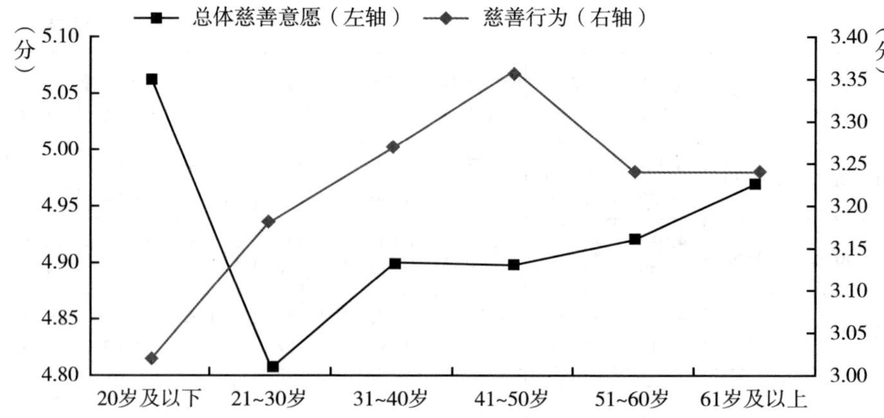


**图 6　慈善意愿与慈善行为在年龄阶段上的差异**

0. 001；F = 5. 26，p<0. 001；F = 8. 67，p<0. 001；F = 5. 63，p<0. 001；F = 3. 96，p<0. 01）。其中，大学本科及以上学历的群体总体慈善意愿得分较高，在应急救难、场馆硬件建设和社会化服务维度的得分均显著高于其他群体（p<0. 05）；小学及以下学历的群体则总体慈善意愿得分较低，在扶贫济困、科学研究和传统文化维度的得分均显著低于其他群体（p<0. 01）。总体慈善意愿在受教育程度上存在显著性差异，小学及以下学历的群体得分显著低于高中（中专、职高和技校）、大学专科和大学本科及以上群体（p<0. 01）；大学本科及以上群体的得分显著高于其他群体（p<0. 01）。实际慈善行为在受教育程度上存在显著性差异，小学及以下群体和初中群体的得分显著低于高中（中专、职高和技校）、大学专科和大学本科及以上群体（p<0. 01）。

**表 5　慈善意愿及其各维度与慈善行为在受教育程度上的差异**

单位：人，分

| 受教育程度 | 样本 | 扶贫济困 | 应急救难 | 场馆硬件建设 | 社会化服务 | 科学研究 | 传统文化 | 总体慈善意愿 | 慈善行为 |
|---|---|---|---|---|---|---|---|---|---|
| 小学及以下 | 216 | 4. 59±1. 51 | 4. 65±1. 50 | 4. 58±1. 43 | 4. 46±1. 49 | 4. 61±1. 49 | 4. 90±1. 47 | 4. 63±1. 20 | 2. 91±1. 43 |

续表

| 受教育程度 | 样本 | 扶贫济困 | 应急救难 | 场馆硬件建设 | 社会化服务 | 科学研究 | 传统文化 | 总体慈善意愿 | 慈善行为 |
|---|---|---|---|---|---|---|---|---|---|
| 初中 | 1259 | 4.83±1.26 | 4.84±1.34 | 4.70±1.35 | 4.71±1.38 | 4.87±1.35 | 5.11±1.28 | 4.84±1.06 | 3.12±1.32 |
| 高中(中专、职高和技校) | 2417 | 4.89±1.19 | 4.89±1.32 | 4.79±1.32 | 4.81±1.36 | 4.96±1.29 | 5.17±1.24 | 4.92±1.03 | 3.30±1.33 |
| 大学专科 | 1269 | 4.89±1.25 | 4.88±1.39 | 4.71±1.42 | 4.68±1.41 | 4.88±1.39 | 5.10±1.33 | 4.86±1.11 | 3.35±1.35 |
| 大学本科及以上 | 1007 | 4.98±1.24 | 5.06±1.34 | 4.90±1.32 | 4.94±1.38 | 5.02±1.28 | 5.23±1.37 | 5.02±1.07 | 3.35±1.38 |
| F | — | 5.29*** | 5.94*** | 5.26*** | 8.67*** | 5.63*** | 3.96** | 8.31*** | 9.42*** |
| η2 | — | 0.003 | 0.003 | 0.002 | 0.002 | 0.001 | 0.001 | 0.003 | 0.004 |

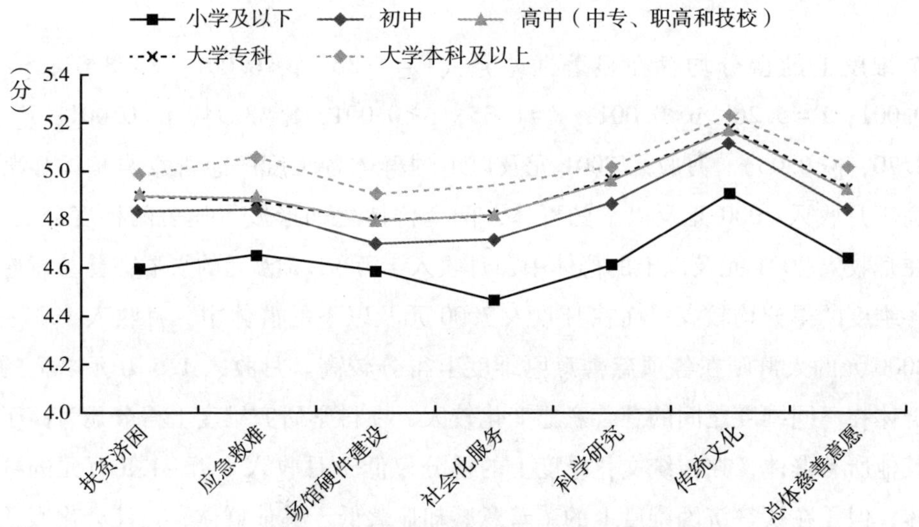


图7 慈善意愿及各维度在受教育程度上的差异

4. 慈善意愿与慈善行为在月收入上的差异

利用多元方差分析，对慈善意愿与慈善行为在月收入上的差异进行分析。通过结果（见表6、图9、图10）可知，不同月收入人群在慈善意愿各

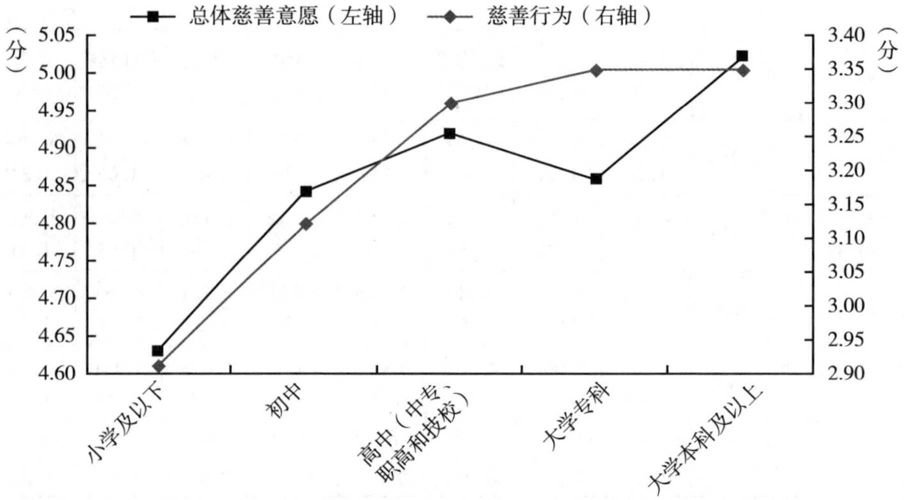


**图 8　慈善意愿与慈善行为在受教育程度上的差异**

个维度上的得分均存在显著性差异（$F=5.36$，$p<0.001$；$F=8.01$，$p<0.001$；$F=5.26$，$p<0.001$；$F=6.35$，$p<0.001$；$F=3.94$，$p<0.001$；$F=2.70$，$p<0.05$）。月收入 7001 元及以上的群体各维度的慈善意愿整体显著高于月收入 7000 元及以下的群体，两个群体之间形成了显著的梯度分隔。在月收入 7001 元及以上的群体中，月收入 1 万~1.5 万元的人群在慈善意愿各维度的得分均较高；而在月收入 7000 元及以下的群体中，月收入 1001~3000 元的人群则在各项慈善意愿维度上得分较高。月收入 1.5 万元以上的群体在不同维度之间的慈善意愿变化较大，在科学研究维度上得分显著高于其他所有群体，在传统文化维度上的得分仅低于月收入 1 万~1.5 万元的群体；但是在扶贫济困维度上的慈善意愿却显著低于其他群体，在社会化服务维度得分也较低，仅高于月收入 1000 元及以下和月收入 3001~5000 元的群体。在慈善行为上不同月收入的群体之间具有显著性差异，但是不存在梯度分隔，其中月收入 1001~3000 元、1 万~1.5 万元、1.5 万元以上的群体在慈善行为上的得分显著高于其他群体。

表 6　慈善意愿及其各维度与慈善行为在月收入上的差异

单位：人，分

| 月收入 | 样本 | 扶贫济困 | 应急救难 | 场馆硬件建设 | 社会化服务 | 科学研究 | 传统文化 | 总体慈善意愿 | 慈善行为 |
|---|---|---|---|---|---|---|---|---|---|
| 1000 元及以下 | 449 | 4. 88±1. 21 | 4. 81±1. 33 | 4. 70±1. 35 | 4. 67±1. 38 | 4. 93±1. 35 | 5. 16±1. 41 | 4. 86±1. 08 | 3. 06±1. 33 |
| 1001~3000 元 | 1179 | 5. 02±1. 11 | 5. 04±1. 26 | 4. 85±1. 27 | 4. 87±1. 29 | 4. 93±1. 29 | 5. 19±1. 20 | 4. 98±0. 97 | 3. 44±1. 39 |
| 3001~5000 元 | 2330 | 4. 80±1. 27 | 4. 81±1. 37 | 4. 66±1. 35 | 4. 67±1. 40 | 4. 85±1. 32 | 5. 11±1. 29 | 4. 82±1. 07 | 3. 22±1. 35 |
| 5001~7000 元 | 1269 | 4. 86±1. 28 | 4. 81±1. 46 | 4. 78±1. 44 | 4. 79±1. 45 | 4. 92±1. 41 | 5. 08±1. 38 | 4. 87±1. 16 | 3. 24±1. 32 |
| 7001~1 万元 | 720 | 4. 96±1. 24 | 5. 08±1. 28 | 4. 93±1. 27 | 4. 94±1. 36 | 5. 03±1. 35 | 5. 21±1. 28 | 5. 03±1. 02 | 3. 26±1. 27 |
| 1 万~1. 5 万元 | 153 | 5. 05±1. 32 | 5. 14±1. 37 | 4. 92±1. 40 | 5. 01±1. 39 | 5. 21±1. 42 | 5. 41±1. 28 | 5. 12±1. 05 | 3. 50±1. 52 |
| 1. 5 万元以上 | 68 | 4. 76±1. 48 | 5. 01±1. 28 | 4. 82±1. 49 | 4. 76±1. 46 | 5. 28±1. 38 | 5. 32±1. 34 | 5. 00±1. 11 | 3. 46±1. 51 |
| F | — | 5. 36 *** | 8. 01 *** | 5. 26 *** | 6. 35 *** | 3. 94 *** | 2. 70 * | 6. 72 *** | 6. 34 *** |
| $\eta^2$ | — | 0. 000 | 0. 000 | 0. 001 | 0. 001 | 0. 001 | 0. 000 | 0. 001 | 0. 000 |

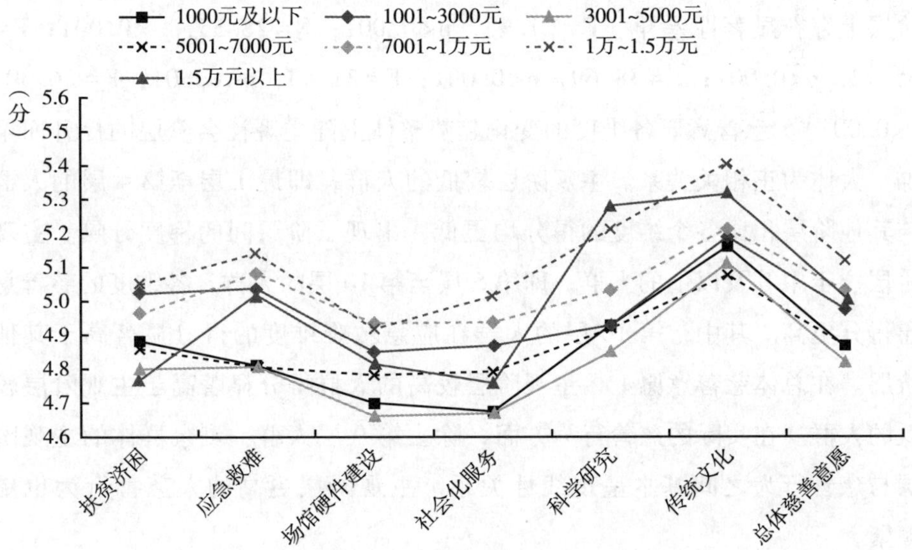


图 9　慈善意愿及各维度在月收入上的差异

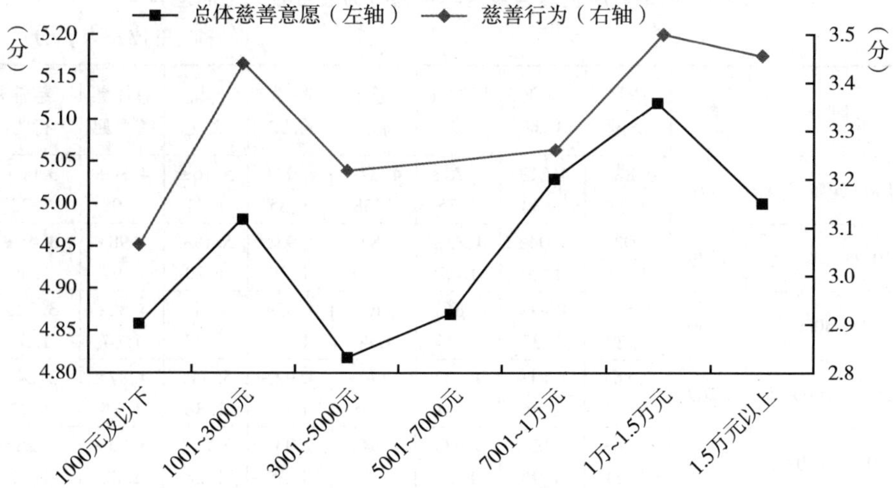


**图 10　慈善意愿与慈善行为在月收入上的差异**

### 5. 慈善意愿与慈善行为在主观阶层上的差异

利用多元方差分析，对慈善意愿与慈善行为在主观阶层上的差异进行分析。通过结果（见表 7、图 11、图 12）可知，慈善意愿各个维度在主观阶层上存在显著性差异（$F=21.93$，$p<0.001$；$F=28.55$，$p<0.001$；$F=35.92$，$p<0.001$；$F=38.69$，$p<0.001$；$F=31.43$，$p<0.001$；$F=26.30$，$p<0.001$）。慈善意愿各维度的变化趋势整体上随主观社会阶层的提升而增加，大体为正相关关系。主观阶层较低的人群，即最 1 层至第 4 层的人群与其他阶层相比各个维度的得分均更低，出现了阶层间的梯度分隔。主观阶层位于中等及以上的人群，即第 5 层至第 10 层的人群，各维度的慈善意愿得分更高。其中，第 10 层的人群在应急救难维度的得分显著高于其他阶层。在总体慈善意愿上，主观阶层较高的人群得分显著高于主观阶层较低的人群。在实际的慈善行为方面，除去第 9 层人群，剩余群体的主观阶层与慈善行为之间基本呈现线性关系，主观阶层更高的人慈善行为也更频繁。

表 7　慈善意愿及其各维度与慈善行为在主观阶层上的差异

单位：人，分

| 主观阶层 | 样本 | 扶贫济困 | 应急救难 | 场馆硬件建设 | 社会化服务 | 科学研究 | 传统文化 | 总体慈善意愿 | 慈善行为 |
|---|---|---|---|---|---|---|---|---|---|
| 1 最底层 | 122 | 4.47±1.51 | 4.37±1.59 | 4.22±1.52 | 4.22±1.51 | 4.53±1.69 | 4.35±1.59 | 4.43±1.33 | 2.97±1.27 |
| 2 | 282 | 4.67±1.27 | 4.69±1.44 | 4.41±1.46 | 4.38±1.39 | 4.61±1.41 | 4.83±1.40 | 4.60±1.15 | 2.98±1.25 |
| 3 | 607 | 4.55±1.34 | 4.50±1.54 | 4.26±1.46 | 4.27±1.47 | 4.43±1.42 | 4.72±1.45 | 4.46±1.19 | 3.06±1.33 |
| 4 | 1083 | 4.63±1.32 | 4.55±1.50 | 4.45±1.43 | 4.45±1.47 | 4.64±1.38 | 4.89±1.39 | 4.60±1.16 | 3.10±1.30 |
| 5 | 1909 | 4.94±1.21 | 4.96±1.27 | 4.85±1.29 | 4.83±1.33 | 4.98±1.30 | 5.20±1.24 | 4.96±1.02 | 3.25±1.33 |
| 6 | 1145 | 5.10±1.12 | 5.15±1.17 | 4.99±1.22 | 5.03±1.27 | 5.14±1.23 | 5.38±1.17 | 5.13±0.90 | 3.36±1.32 |
| 7 | 665 | 5.11±1.06 | 5.19±1.16 | 5.10±1.13 | 5.12±1.19 | 5.26±1.21 | 5.43±1.15 | 5.20±0.84 | 3.58±1.38 |
| 8 | 295 | 5.17±1.21 | 5.26±1.22 | 5.30±1.29 | 5.37±1.27 | 5.42±1.22 | 5.50±1.17 | 5.34±0.93 | 3.76±1.48 |
| 9 | 43 | 4.86±1.15 | 5.00±1.40 | 5.00±1.02 | 5.37±1.33 | 5.02±1.46 | 5.40±1.16 | 5.11±1.01 | 3.60±1.71 |
| 10 最顶层 | 17 | 5.06±1.34 | 5.41±1.33 | 5.29±1.26 | 5.06±1.78 | 5.24±1.30 | 5.47±1.37 | 5.25±0.95 | 4.41±1.97 |
| F | — | 21.93*** | 28.55*** | 35.92*** | 38.69*** | 31.43*** | 26.30*** | 47.52*** | 16.50*** |
| $\eta^2$ | — | 0.024 | 0.031 | 0.043 | 0.048 | 0.037 | 0.032 | 0.055 | 0.021 |

6. 慈善意愿与慈善行为在户口类型上的差异

利用多元方差分析，对慈善意愿与慈善行为在户口类型上的差异进行分析。通过结果（见表 8、图 13、图 14）可知，慈善意愿的各个维度中，应急救难维度（F=3.54，p<0.01）、场馆硬件建设维度（F=3.16，p<0.05）、社会化服务维度（F=3.02，p<0.05）和传统文化维度（F=4.23，p<0.01）在户口类型上存在显著性差异。外地城市户口的人群，在应急救难维度上得

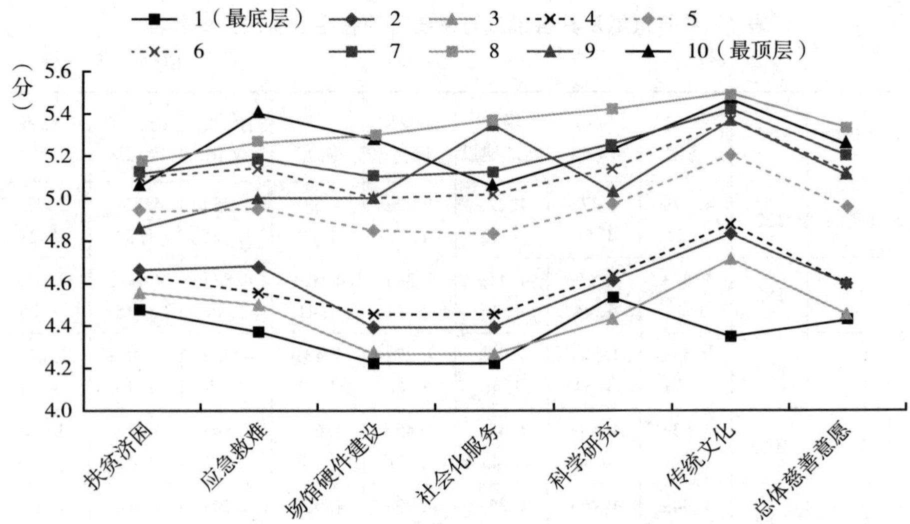


图 11　慈善意愿及各维度在主观阶层上的差异

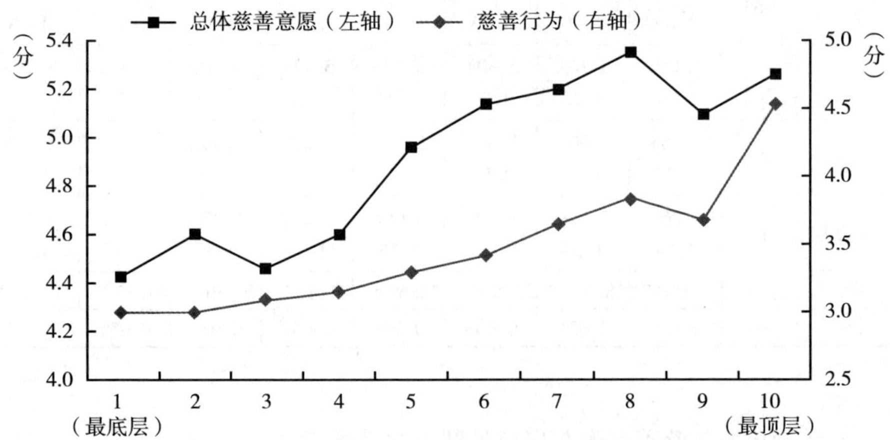


图 12　慈善意愿与慈善行为在主观阶层上的差异

分高于其他群体，在场馆硬件建设维度上得分低于其他群体。在传统文化维度中，外地农村户口的人群得分显著高于其他群体。总体慈善意愿在各户口类型上存在显著性差异，外地农村户口的人群得分较高，本地农村户口和外地城市户口的人群得分较低。慈善行为在本地城市户口、本地农村户口、外地城市户口和外地农村户口之间并无显著差异。

表 8　慈善意愿及其各维度与慈善行为在户口类型上的差异

单位：人，分

| 户口 | 样本 | 扶贫济困 | 应急救难 | 场馆硬件建设 | 社会化服务 | 科学研究 | 传统文化 | 总体慈善意愿 | 慈善行为 |
|---|---|---|---|---|---|---|---|---|---|
| 本地城市户口 | 3218 | 4.90±1.26 | 4.93±1.31 | 4.79±1.32 | 4.82±1.38 | 4.95±1.34 | 5.18±1.27 | 4.93±1.04 | 3.30±1.35 |
| 本地农村户口 | 2651 | 4.86±1.22 | 4.85±1.41 | 4.73±1.39 | 4.71±1.40 | 4.89±1.35 | 5.10±1.34 | 4.86±1.11 | 3.24±1.35 |
| 外地城市户口 | 122 | 4.92±1.30 | 4.96±1.31 | 4.68±1.31 | 4.74±1.33 | 4.82±1.49 | 5.02±1.37 | 4.86±1.02 | 3.11±1.32 |
| 外地农村户口 | 176 | 4.92±1.21 | 4.94±1.22 | 4.86±1.31 | 4.88±1.34 | 4.98±1.29 | 5.43±1.23 | 5.00±0.96 | 3.26±1.30 |
| F | — | 1.75 | 3.54** | 3.16* | 3.02* | 0.88 | 4.23** | 2.97* | 1.30 |
| $\eta^2$ | — | 0.000 | 0.002 | 0.001 | 0.001 | 0.000 | 0.002 | 0.001 | 0.000 |

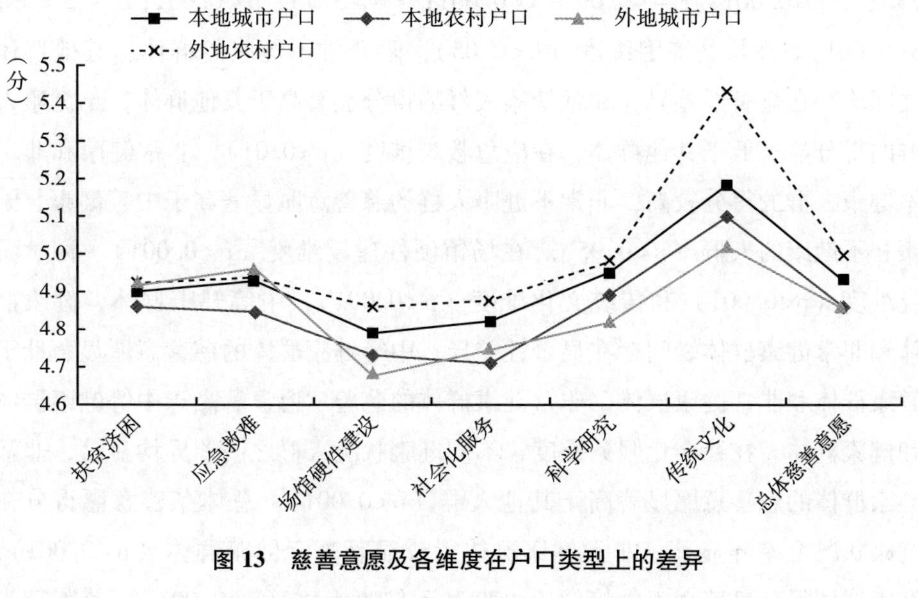


图 13　慈善意愿及各维度在户口类型上的差异

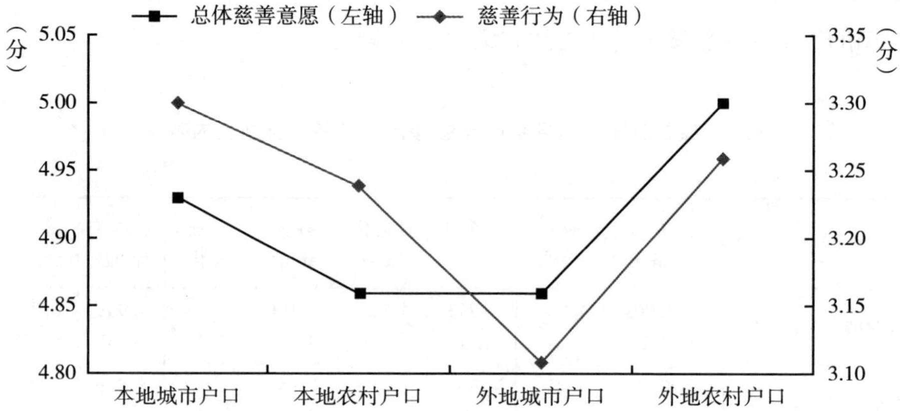


**图 14　慈善意愿与慈善行为在户口类型上的差异**

### 7. 慈善意愿与慈善行为在健康状况上的差异

利用多元方差分析，对慈善意愿与慈善行为在健康状况上的差异进行分析。通过结果（见表 9、图 15、图 16）可知，慈善意愿各个维度在健康状况上存在显著性差异（F = 31.08，p < 0.001；F = 26.94，p < 0.001；F = 33.37，p< 0.001；F = 46.09，p < 0.001；F = 25.56，p < 0.001；F = 32.99，p<0.001）。在扶贫济困维度（p<0.05），除非常不健康的群体，其他群体之间均存在显著性差异，非常健康人群的得分显著高于其他群体，不健康人群的得分显著低于其他群体。在应急救难维度（p<0.01），非常健康和非常不健康人群的得分较高，非常不健康人群的慈善意愿显著高于中等健康、健康和不健康的人群（p<0.05）。在场馆硬件建设维度（p<0.001）、科学研究维度（p<0.001）和传统文化维度（p<0.001），中等健康群体、健康群体和非常健康群体之间存在显著性差异；中等健康群体的慈善意愿显著低于健康群体和非常健康群体，非常健康群体的慈善意愿显著高于中等健康群体和健康群体。在社会化服务维度，不同健康状况人群之间差异均显著，非常健康群体的慈善意愿显著高于其他人群（p<0.001）。总体慈善意愿得分在健康状况上差异显著，非常健康群体得分显著高于健康群体（p<0.001），健康群体得分显著高于中等健康人群和不健康人群（p<0.001）。慈善行为

在健康状况上具有显著性差异，非常健康人群得分显著高于健康人群、中等健康人群和不健康人群（p<0.01）。

**表 9　慈善意愿及其各维度与慈善行为在健康状况上的差异**

单位：人，分

| 健康状况 | 样本 | 扶贫济困 | 应急救难 | 场馆硬件建设 | 社会化服务 | 科学研究 | 传统文化 | 总体慈善意愿 | 慈善行为 |
|---|---|---|---|---|---|---|---|---|---|
| 非常不健康 | 13 | 4.85±1.68 | 5.15±1.57 | 4.46±1.45 | 3.69±1.32 | 4.54±1.39 | 4.92±1.80 | 4.60±1.01 | 3.46±2.11 |
| 不健康 | 195 | 4.49±1.32 | 4.48±1.49 | 4.43±1.46 | 4.38±1.52 | 4.64±1.53 | 4.94±1.48 | 4.56±1.21 | 3.03±1.30 |
| 中等 | 1510 | 4.72±1.25 | 4.72±1.38 | 4.54±1.34 | 4.50±1.38 | 4.72±1.35 | 4.96±1.31 | 4.70±1.08 | 3.20±1.30 |
| 健康 | 3574 | 4.88±1.23 | 4.90±1.33 | 4.78±1.34 | 4.80±1.36 | 4.94±1.32 | 5.13±1.28 | 4.91±1.05 | 3.27±1.34 |
| 非常健康 | 876 | 5.26±1.19 | 5.26±1.29 | 5.17±1.27 | 5.23±1.33 | 5.26±1.31 | 5.57±1.22 | 5.29±0.98 | 3.44±1.47 |
| F | — | 31.80*** | 26.94*** | 33.37*** | 46.09*** | 25.56*** | 32.99*** | 49.90*** | 6.25*** |
| $\eta^2$ | — | 0.018 | 0.016 | 0.019 | 0.027 | 0.015 | 0.017 | 0.029 | 0.003 |

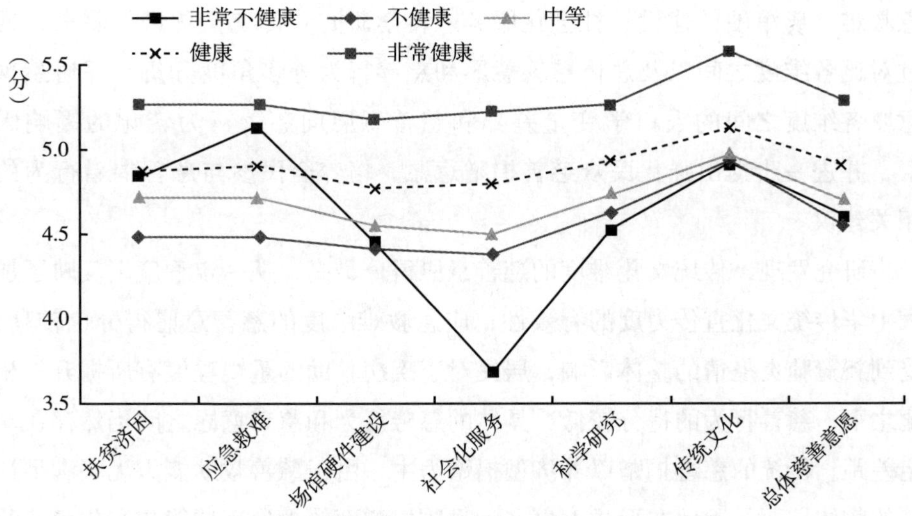


**图 15　慈善意愿及各维度在健康状况上的差异**

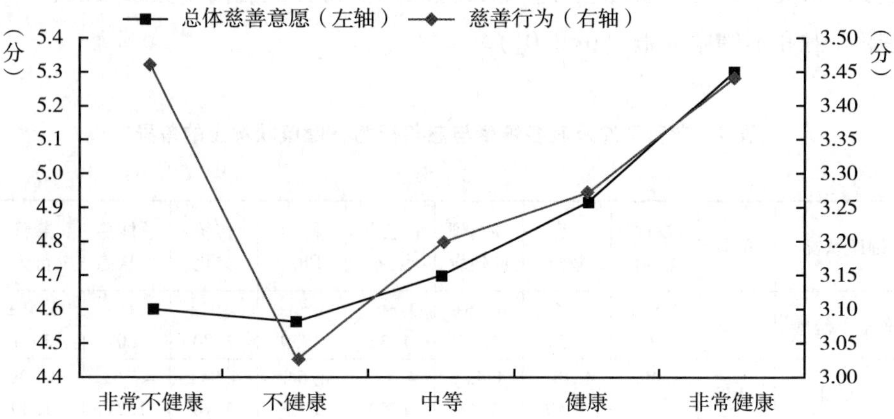


**图 16　慈善意愿与慈善行为在健康状况上的差异**

## 四　讨论与建议

在中国慈善转型和互联网新型慈善方式发展的背景下，居民在慈善捐赠方面具有较强烈的意愿。本报告从慈善意愿的六个维度：扶贫济困、应急救难、场馆硬件建设、社会化服务、科学研究和传统文化进行测量，通过对比各维度之间以及总体慈善意愿和慈善行为等多角度分析，探讨慈善意愿各维度之间的人口学变量差异和慈善意愿向慈善行为转化的影响因素，并进一步提出强化民众慈善捐赠意愿，培养全民参与慈善捐赠行为的相关建议。

研究发现，传统文化维度的慈善意愿得分最高，从一定程度上反映了加大中华传统文化宣传力度的有效性；应急救难维度的慈善意愿得分也较高，受到新冠肺炎疫情的整体影响，居民对于疾病救助的重视程度有所提升。相比之下，慈善行为的得分较低，具体的慈善行为和慈善意愿之间仍然存在一定差距。传统的慈善捐赠以养济型捐赠为主，由于慈善救助能力无法满足社会的整体需要，因此在形式上更多为物质捐赠而较少生存技能与文化素养的培养（周秋光，2016）。经历两次转型后，中国的慈善捐赠在内容、参与主体、形式等方面范围扩大，出现了大量以互联网为传播媒介的新型慈善，线上众筹平台等网络慈善空间的形成，也将慈善从传统的扶贫济困扩展到公益活动、科技创新、文化保护等方面（张卫、张硕，2021）。

在性别层面，女性在扶贫济困维度、应急救难维度、场馆硬件建设维度和总体慈善意愿上的得分均显著高于男性，但是在慈善行为上，男性的得分却显著高于女性。在年龄层面，20 岁及以下、61 岁及以上群体的总体慈善意愿得分高于其他年龄段，而 21～30 岁年龄阶段的人群总体慈善意愿较低。实际慈善行为方面，50 岁及以下年龄群体，随着年龄增长，慈善行为不断增加，50 岁以后有所下降，总体呈现倒 U 形趋势。青年群体的慈善意愿更多受到学校教育的影响，近年来德育课堂的普及和校园慈善文化的宣传有效地提升了青年群体对于慈善捐赠的理解程度和参与意愿（陈东利，2012）。在具体行为上，以中国青年志愿者协会为代表的志愿者组织，是青年群体开展慈善服务的主要形式，他们更偏好于提供具体的帮扶支援服务而非直接的经济捐赠（陆士桢、孙远君，2016）。

在学历层面，各个受教育程度的人群在慈善意愿和慈善行为上，总体呈上升趋势。党的二十大报告中提出，“坚持以人民为中心发展教育，加快建设高质量教育体系发展素质教育，促进教育公平”。提升公民的教育水平，构建高质量教育体系，培养“把服务国家作为最高追求”的意识，有利于强化民众在慈善各层面的捐赠意愿，引导慈善意愿向慈善行为转化。与此类似，在主观阶层层面总体慈善意愿和实际慈善行为方面，大体上也呈现随着主观阶层上升而上升的趋势。在收入层面，整体上月收入更高的群体慈善意愿更强烈，月收入 7000 元及以下和月收入 7001 元及以上的群体之间存在显著的梯度分隔。但值得注意的是，收入水平并非与慈善意愿和慈善行为均呈现较明显的线性相关关系。在慈善行为中，月收入 1 万～1.5 万元的人群得分最高，月收入 1001～3000 元和 1.5 万元以上的群体得分也较高。

在户口类型层面，慈善意愿各维度中，本地城市户口得分多数情况下高于外地城市户口，而外地农村户口得分则明显高于本地农村户口。总体慈善意愿和实际慈善行为方面，本地城市户口和外地农村户口的得分均高于本地农村户口和外地城市户口。高收入、低收入群体，本地城市和外地农村户口群体均出现较高的慈善行为，也反映出当前慈善不再局限于富人、城市人等群体当中，体现了全民共参的现代慈善特点。中国农村强烈的宗族意识，积累了深厚的“崇文重教”文化资本（周云水，2013），推进了基于共同的地域空间、祖先崇拜等共识的村落共同体捐赠行为（聂洪辉、卓腮娇，2011）。

在健康状况层面，整体而言，慈善意愿的各个维度得分和健康状况基本呈正相关，越健康的人群在各维度的慈善意愿也越高。相比之下，亚健康人群相对注重扶贫济困和应急救难维度的慈善捐赠，而健康人群则在科学研究和传统文化维度的慈善意愿更为强烈。在慈善行为上，非常不健康和非常健康两类人群的得分均较高，不同健康状况在慈善行为上的变化整体呈现U形分布。慈善受助者因得到捐赠走出困境，往往有着浓厚的感恩情绪和更加积极的慈善捐赠意识，对社会的信任程度高，对未来生活拥有更多的信心，因此在捐赠意愿、捐赠金额和捐赠次数上均较高（马红鸽、贺晓迎、杨舒然，2022）。

新时代慈善事业的内涵和外延有了更大拓展，公众的慈善认识、慈善心态和慈善行为也呈现一些新特点。持续更新慈善理念逐步形成“人人可慈善、个个可参与”的慈善文化氛围，需要政府、先富群体、社会乡贤和全体民众等多方面全方位的共同努力。

第一，传承更新，树立现代慈善理念。首先，慈善不再只是富人献爱心的个人行为，而是全民共参的大慈善。在共建共治共享努力实现共同富裕的时代背景下，慈善主体是每一位普通民众，应树立“人人心怀慈善，人人参与慈善”的理念。其次，慈善不是富人对穷人的施舍。在现代慈善活动中，受助人获得了实实在在的物资帮助，予助人也收获了真真切切的内心充实与升华，慈善行为的实质是双方的相互尊重与人文情怀，是人类之间的互助与合作，其核心是人人平等。最后，慈善方式不仅仅局限于捐钱捐物。其还包括人人可践行、方式多样的慈善服务，可以由慈善组织直接提供，也可以由慈善组织选定的受托人提供，还可以由自然人个体提供，如以志愿者或义工形式参与关爱他人、关爱自然、关爱环境等公益活动。

第二，共参共享，培育积极慈善心态。“人人可参与，个个享收益”的现代慈善，需要关注捐助者、受助者乃至普通民众的慈善心态。首先，对于行善者而言，慈善从来不是被强迫的，更不是劫富济贫。同时还要努力消除借慈善谋私利，乃至赚流量博眼球的伪慈善。只有充分保障行善者权益，调动起慈善积极性，才会妥善利用社会财富，令需要帮助的人得到有效的帮助，推动社会慈善资源的联动，高效协同，联动解决社会问题，推动共同富裕。其次，对于受助者而言，既要摒弃受助理所应当的搭便车心态，扶贫先扶志；又要保护受助者的自尊心。研究表明对于那些未表现出帮助需要的个体而言，强行提供帮助反而会导致消极情绪和自尊水平的下降，进而导致其社会善念的降低。对于社会大众而言，人们往往认为慈善只是富人的事、是政府的事，与自己这样的普通人无关，同时却又对先富群体进行道德绑架，因此，新时代慈善事业的发展要更加注重慈善精神的弘扬、慈善氛围的营造、慈善文化的传递，为施助者创造坦然行善的环境，同时注重培育施助者、受助者和普通民众积极理性的慈善心态，促进亲社会行为的传递，形成慈善的良性循环，不断扩大慈善事业的群众基础。

第三，多措并举，以完善的制度建设提升慈善公信力和慈善效能，进一步激发民众慈善意愿。一是要加强慈善立法，建立健全各类慈善组织。推动修订《慈善法》，扩大慈善组织的范围，厘清慈善组织的定义、认定程序和退出机制，增加网络慈善专章，进一步推动加强慈善信息公开工作；推动各地制定符合本地特色的慈善条例，促进慈善机构自身的廉洁建设，提高慈善组织公信力。二是要深化慈善社会化发展模式，推动放权赋能与强化监管并举。大力培育和发展民间慈善组织，充分放权并引导其与官方慈善组织形成互补格局，共同推动慈善事业的全面发展；加强慈善组织行为规范、资金使用、信息披露、违法惩戒等方面的监管制度化，推动公益慈善与社会信用体系相结合，严厉打击个人或组织假借慈善名义谋取不当个人利益的行为，形成政府、行业、组织及社会舆论相结合的多元化监管体系，提高慈善的效果。三是要建立健全集中运作和分工协作机制、联合劝募机制、资金统筹兼顾机制、信息披露机制、政府救助与社会帮扶的衔接机制以及必要的表彰奖励机制等，提升慈善意愿，促成慈善意愿向慈善行为的转化。

## 参考文献


陈东利：《青少年慈善意识培养与校园慈善文化建设》，《河北工程大学学报》（社会科学版）2012 年第 3 期。

傅昌波、董培、陈凯：《中国式现代化进程中慈善事业的功能定位与发展路径》，《行政管理改革》2022 年第 11 期。

高静华：《利他还是交换：群体视角下慈善动机的影响因素研究》，《社会保障评论》2021 年第 1 期。

高翔、王三秀：《促进或抑制：互联网使用与居民慈善捐赠》，《经济社会体制比较》2021 年第 1 期。

陆士桢、孙远君：《中国慈善传统引导下的当代青少年志愿行为》，《山东青年政治学院学报》2016 年第 1 期。

马红鸽、贺晓迎、杨舒然：《共同富裕背景下慈善受助者捐赠行为研究》，《统计与信息论坛》2022 年第 9 期。

聂洪辉、卓腮娇：《农村社区慈善困境与出路——对赣中竹溪村的调查》，《湖北社会科学》2011 年第 11 期。

王正位、王新程：《信任与捐赠：社会网络在捐赠型众筹中的认证作用》，《管理世界》2021 年第 3 期。

叶晓君：《技术神话光环下的中国慈善公益》，《文化纵横》2018 年第 5 期。

曾桂林：《民国时期的慈善法制建设及其经验教训》，《史学月刊》2013 年第 3 期。

张卫、张硕：《“互联网+慈善”新模式：内在逻辑、多重困境与对策》，《现代经济探讨》2021 年第 11 期。

周秋光：《中华慈善的传承与转型发展》，《经济社会史评论》2016 年第 1 期。

周秋光、李华文：《中国慈善的传统与现代转型》，《思想战线》2020 年第 2 期。

周云水：《重入“祖荫”：客家宗祠助推教育的文化资本探析》，《教育文化论坛》2013 年第 1 期。

B.11

# 北京“双奥”的民众参与调查报告：2008年和2022年

应小萍　陈午晴　王俊秀*

**摘　要：** 北京继2008年成功举办北京夏季奥运会后，又一次成功举办了2022年北京冬奥会，成为现代奥林匹克运动历史上第一个举办夏季和冬季奥运会的“双奥城市”。奥运会的影响力已经不仅仅体现在体育领域，而且逐步推广到包括社会心理在内的广泛领域。本报告对比分析了“双奥”对北京民众社会心态的影响及其变化状况，数据基于在2022年北京冬奥会前和2008年北京奥运会前实施的两次北京民众奥运调查，报告了北京民众获取奥运会信息的渠道、对奥运会的关注焦点、对奥运会影响效果的预期、对体育和奥运的看法、参与奥运会的动机、参与奥运会的行为等6个方面的相关发现。

**关键词：** 双奥　2022年北京冬奥会　2008年北京奥运会　民众参与

## 一　引言

2015年7月31日中国获得2022年冬奥会主办权，北京成为第一座先后

* 应小萍，中国社会科学院社会学研究所社会心理学研究中心社会心理与行为实验室副研究员，研究方向为社会心理学；陈午晴，中国社会科学院社会学研究所副研究员，研究方向为社会心理学和家庭社会学；王俊秀，中国社会科学院社会学研究所社会心理学研究中心社会心理与行为实验室研究员，研究方向为社会心态。

举办过夏奥会和冬奥会的双奥之城（IOC，2022），2015 年底正式启动了冬奥会的筹备工作，北京冬奥会设立了北京赛区、延庆赛区和张家口赛区三个赛区。早在 7 年前申奥成功和筹备工作启动时，冬奥会对北京民众的影响就开始体现在方方面面。北京冬奥会充分利用 2008 年北京奥运会留下的宝贵遗产，这也让“双奥”对比研究具有一定的现实意义。2001 年中国第一次申奥成功，到 7 年后 2008 年北京奥运会的成功举办，引发众多学者关注奥运的影响。这种研究关注已经超越了体育范畴，逐步推广到奥运对民众生活方式和心理的影响（冯惠玲、任瑾、陈怡，2022），关注对民众普遍的价值系统和社会心态的影响，如民众如何看待、期待和对待奥运对中国国内社会的影响、中国对国际社会的影响等方面。

奥运口号是对奥运会举办理念的高度概括和集中体现。2008 年北京奥运会的口号是“同一个世界，同一个梦想”（One World，One Dream），要表达和传递的信息既是中国的，也是世界的，中国希望和全世界共同发展。在宣传举办北京奥运会所产生的社会影响时，强调的是“让一个真实的中国和一个真实的世界面对面”。北京奥运会最重要的社会影响是提供了让外国人了解中国的机会，“世界给中国一个机会，中国还世界一个惊喜”（刘水明、王恬、辛本健，2008；应小萍，2013）。2022 年北京冬奥会的口号是“一起向未来”（Together for a Shared Future），彰显的是奥运会团结世人、克服挑战、共创人类的未来的力量。新冠疫情影响下北京冬奥会的“一起向未来”体现了团结和集体的力量，体现了奥林匹克运动的核心价值观和愿景，以及追求世界统一、和平与进步的目标（IOC，2021）。

本报告将从文化和变迁的视角关注奥运对举办地民众的社会心态的影响。受到中国文化影响的中国人，在对奥运精神（和谐、发展）的理解和公共参与方面都会反映出文化的深层影响，如产生文化融合、冲突等，并影响其社会心理与行为。中国发生的巨大社会变迁使民众的社会心理和社会心态都发生了很大的变化，记录和研究奥运对民众心理和行为的影响，有助于研究者理解民众如何应对变化和适应社会。调查包括发展理念和公共参与行为方面的题目。民众如何看待运动员通过奥运会比赛，表达人类挑战自身极限，追求“更快、更高、更强”的发展理念；民众如何理解奥运理念，奥运如何影响民众行为。调查也关注民众的公共参与行为在奥运会的筹备过程中如何与社会建立和谐和有效的合作关系。

本报告基于北京双奥的民众调查数据，2022 年和 2008 年使用了相同的专题和题目，包括民众获取奥运会信息的渠道、民众对北京奥运会的关注焦点、民众对北京奥运会影响效果的预期、民众关于体育和奥运的看法、民众参与北京奥运会的动机、民众参与北京奥运会的行为 6 个专题。

两次调查实施的时间分别为 2008 年北京奥运会前 3 个月的 2008 年 4~5 月，2022 年北京冬奥会前 1 个月的 2021 年 12 月至 2022 年 1 月。一是受到全球疫情发展的影响；二是由于疫情，2020 年的东京夏季奥运会推迟一年到 2021 年举办。2022 年北京冬奥会前的调查在开赛前 1 个月实施，没有像 2008 年在开幕前 3 个月实施调查，以尽量避免东京夏奥会对北京民众的影响。2008 年北京奥运会的比赛场馆均设在北京市，选取昌平区、东城区、崇文区、海淀区和石景山区 5 个行政区中的 6 个代表性社区进行入户调查。2022 年的北京冬奥会涉及北京、延庆和张家口三个赛区，横跨京冀两省市，所以增加了延庆赛区所在延庆区的 1 个代表性社区，最后一共选取北京市的昌平区、东城区、海淀区、石景山区和延庆区 5 个行政区中的 5 个代表性社区进行入户调查；在张家口赛区所在的张家口市实施了网络调查（中国社会科学院社会学研究所课题组、王俊秀、张衍，2022）。本报告中只选取了 2022 年北京市的入户调查数据和 2008 年北京市的入户调查数据，用以比较奥运会对举办地北京民众的影响，比较北京民众在赛前如何看待、期待和对待奥运会的召开。

## 二 方法

### （一）调查对象

调查对象的选取方法，首先是依据北京市空间分布、区域经济发展水平、社区管理类型及住户来源等特征选取具有代表性的社区，然后采用社区范围内的等距随机抽样方式及入社区和入户的简单随机抽样方式选取调查对象，最后，调查对象在调查人员的陪同下以匿名方式填答问卷。2022 年北京冬奥会的入户调查时间为 2021 年 12 月至 2022 年 1 月，选取了昌平区、东城区、海淀区、石景山区和延庆区 5 个区中的 5 个代表性社区，共回收 991 份 18~70 岁的成人问卷，平均年龄 44.31 岁，男性占 45.1%。2008 年北京奥运会的入户调查时间为 2008 年 4~5 月，选取了昌平区、东城区、崇文区、海淀区和石景山区 5 个区中的 6 个代表性社区，共获得 962 份 18~70 岁的成人有效问卷，平均年龄 42.21 岁，男性占 43.2%。

### （二）测量

#### 1. 民众获取奥运会信息的渠道

选取报纸、广播、电视、互联网、户外广告（或社区公告栏）、家人、朋友、同事或同学、社交场合 9 种媒体或传播途径，采用从没有到经常的 4 级评分和不确定选项，考察北京民众在 2022 年北京冬奥会前和 2008 年北京奥运会前对上述 9 种信息获取渠道的接触频度。

#### 2. 民众对北京奥运会的关注焦点

采用从很不关注到很关注的 4 级评分和不确定选项，考察北京民众在 2022 年北京冬奥会前和 2008 年北京奥运会前，对开幕式/颁奖仪式/闭幕式、中国代表团的奖牌数量、中国运动员在奥运会上的拼搏精神、有关项目纪录的突破、比赛的过程、各国明星运动员的比赛成绩、各国运动员/裁判/教练的趣闻轶事、奥运期间环境状况的改善、奥运体现出来的中国文化特色、奥运展示出来的新科技、民众参与奥运、奥运显示出来的中外文化差异和国外媒体对奥运的总体评价 13 个与奥运会相关的事项或领域的关注程度。

#### 3. 民众对北京奥运会影响效果的预期

2008 年北京奥运会前和 2022 年北京冬奥会前，参与调查的北京民众主观预期了奥运会的影响效果。采用从没有影响到影响很大的 4 级评分和不确定选项，从促进国际合作、提升中国的国际地位、人们会更加重视健康和运动、促进外国人更加正面地了解中国、提高国家组织发动人民大众参与国家大事的能力、对中国社会经济发展总体上的促进、提高民众公共道德水平（如排队、助人、礼让等）、提高中国人了解中国历史文化的需求、让中国人更加接受通过竞争求胜的观念、提高政府的工作效率、促使老百姓更愿意了解其他国家的情况、给老百姓带来更多的实惠、改善老百姓的生活环境、促进各种民间组织（如慈善、环保）的发展 14 个方面评价奥运会会产生的影响。

4. 民众关于体育和奥运的看法

通过让参与调查的北京民众采用从很不赞同到很赞同的 4 级评分和不确定选项，评价一些体育和奥运的基本理念与常见观点，获得了北京民众对体育和奥运的一些看法。

对体育的看法包括每一次比赛破纪录都是人类挑战自身极限的成功、体育比赛让人们懂得合作才能成功、体育比赛表现了人类追求公平的愿望、健身和娱乐才是体育的目的、通过体育比赛来振奋国威不是长久之计、竞技体育的基础是大众体育不能由国家包办、国际体育比赛让不同国家的人们相互敌视这 7 个方面。

对奥运的看法包括奥运会“更高、更快、更强”的理念、奥运会应当重视经济效益、奥运会不应太重成绩 3 个正向看法，以及奥运会不必全民动员、奥运会与体育界而不是老百姓相关、举办奥运会对提升国家形象来说作用并不大、奥运会在哪国举办都无所谓 4 个反向看法。

5. 民众参与北京奥运会的动机

调查中将北京民众的奥运参与动机界定为满足内在需要和达成某种目标的愿望，包括与国家、公益性和个人性相关的动机，分别为有机会展示中国人形象、为中国出一点力、见证重要的历史时刻、获得一次非常难得的人生经历、提升自己的能力、展示自己的才华、有可能的赚钱机会和有更多机会了解他国文化这 8 个方面。对参与动机的认同程度采用从很不符合到很符合的 4 级评分和不确定选项。

6. 民众参与北京奥运会的行为

参与奥运会的行为包括关注奥运行为、参与奥运讨论行为和奥运服务行为三个方面。关注奥运和参与奥运讨论行为，指民众运用各种媒介、在各种场合围绕奥运主题参与议论、评选或提建议。奥运服务行为，指民众投身于奥运宣传和奥运准备工作中的公益性参与行为。

关注奥运行为包括在奥运前，看电视时经常留意有关奥运会的节目和报道、会经常与身边的人谈论奥运会的事、关注过去在别的国家举办的奥运会以及买过奥运会的纪念品这 4 种行为，采用从很不符合到很符合 4 级评分和不确定选项进行评价。

参与奥运的行为还包括如何参与到与奥运相关的讨论活动中，通过从没参加过到经常参加 4 级评分和不确定选项，让参与调查的北京民众回答通过热线电话参与讨论、在网上与网友讨论、参加媒体组织的作品征集和评选活动、直接向有关部门提意见和建议这 4 种参与讨论活动的状况。

奥运服务行为也是参与到奥运会中的重要行为，包括媒体、单位、社区、民间和奥委会 5 种组织的奥运服务活动，采用从不参与到主动参与的 4 级评分。考虑到参与调查的北京民众在回答这 5 种不同组织举办的活动时，可能会出现不适合自身的情况，也设置了“不适合”的选项，但在分析民众的参与率时没有将填写不适合选项的人群列入。

## 三　结果

### （一）获取北京奥运会信息的渠道

根据北京民众经常获取 2022 年北京冬奥会信息和 2008 年北京奥运会信息的渠道，对比考察了北京民众对互联网、报纸、广播、电视、家人、朋友等媒体或传播途径的接触频度。图 1 列出了北京民众经常接触奥运会信息渠道的比例。

电视是北京民众获取奥运会信息时接触频度最高的一种渠道。但只有四成以上（41.9%）的北京民众经常通过电视了解 2022 年北京冬奥会信息，

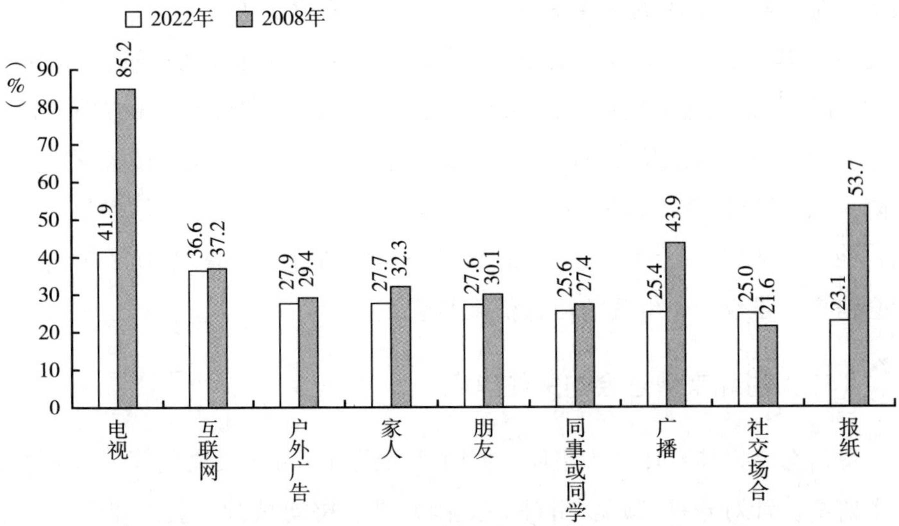


**图 1　2022 年和 2008 年北京民众经常接触奥运会信息渠道的比例**

相比较有八成以上（85.2%）的北京民众经常通过电视获取 2008 年北京奥运会信息，从 2008 年到 2022 年下降了一半以上。

2022 年经常获取信息的渠道，排在其次的是互联网，有三成以上（36.6%）的北京民众经常通过互联网获取 2022 年北京冬奥会的信息。而近四成（37.2%）的北京民众经常通过互联网获取 2008 年北京奥运会的信息，排在 2008 年信息获取渠道的第 4 位。

针对户外广告（或社区公告栏），低于三成（27.9%）的北京民众经常通过这个渠道获取 2022 年北京冬奥会信息；近三成（29.4%）的北京民众经常通过这个渠道获取 2008 年北京奥运会信息。

人际传播也是北京民众获取奥运会信息的重要手段。2022 年北京冬奥会前，经常通过家人、朋友、同事或同学和社交场合等人际传播途径获取冬奥会信息的人数分别占整体的 27.7%、27.6%、25.6%和 25.0%。2008 年北京奥运会前，经常通过家人、朋友、同事或同学及社交场合等人际传播途径获取奥运会信息的人数分别占总数的 32.3%、30.1%、27.4%及 21.6%。

广播这个获取信息的渠道从 2008 年到 2022 年有较大变化，接触频度有较大下降，约占整体的 1/4（25.4%）的北京民众经常通过广播获取 2022 年北京冬奥会信息；但有四成以上（43.9%）的北京民众经常通过广播获取 2008 年北京奥运会信息，在 2008 年是仅次于电视和报纸，排在第 3 位的信息获取渠道。报纸从 2008 年到 2022 年也发生了巨大变化，接触频度大幅下降，只占整体 23.1%的北京民众经常通过报纸获取 2022 年北京冬奥会信息；而有半数以上（53.7%）的北京民众经常通过报纸获取 2008 年北京奥运会信息，是仅次于电视的信息获取渠道。

### （二）对北京奥运会的关注焦点

奥运会是以体育比赛为主体，同时涉及经济、社会、文化等诸多方面的一个盛事。针对开幕/颁奖/闭幕、奖牌数量、拼搏精神、破纪录、比赛过程、各国明星成绩、趣闻轶事、环境改善、中国文化特色、民众参与、文化差异、新科技和国外评价 13 个与北京奥运会相关的事项或领域，考察回答比较关注和很关注的人数比例，分析了北京民众在 2022 年北京冬奥会前和 2008 年北京奥运会前的关注焦点，结果见图 2。

在 2022 年北京冬奥会前，北京民众最主要的关注点从高到低依次是开幕/颁奖/闭幕、中国代表团的奖牌数量和中国运动员在奥运会上的拼搏精神，其关注人数比例分别为 89.5%、88.6%和 88.2%，均接近被调查总人数的九成。在 2008 年北京奥运会前，北京民众最主要的关注点从高到低依次是中国运动员在奥运会上的拼搏精神、中国代表团的奖牌数量、开幕/颁奖/闭幕、奥运期间环境状况的改善、比赛的过程及奥运体现出来的中国文化特色，其关注的人数比例分别为 92.0%、91.8%、90.2%、89.9%、88.3%、88.0%，均占被调查总人数的九成左右。

在 2022 年北京冬奥会前，关注程度排在第二层次的从高到低依次为奥运期间环境状况的改善、奥运体现出来的中国文化特色、奥运展示出来的新科技、民众参与奥运、奥运显示出来的中外文化差异、有关项目纪录的突破、比赛的过程、国外媒体对奥运的总体评价，其关注人数比例分别为 86.7%、86.3%和 85.9%、83.1%、82.6%、81.8%、81.6%、81.3%，均占

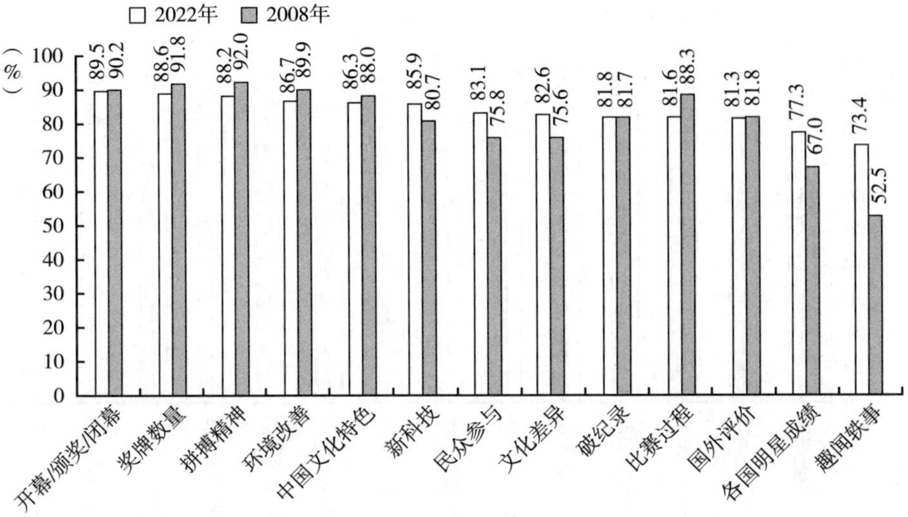


**图 2　2022 年和 2008 年北京奥运会关注焦点**

被调查总人数的八成以上。在 2008 年北京奥运会前，排在第二层次的关注点从高到低依次是国外媒体对奥运的总体评价、有关项目纪录的突破、奥运展示出来的新科技，其关注人数比例分别为 81.8%、81.7%、80.7%，均占被调查总人数的八成以上。

在 2022 年北京冬奥会前，接下来的关注热点依次为各国明星运动员的比赛成绩及各国运动员/裁判/教练的趣闻轶事，其关注人数的比例分别为 77.3%和 73.4%。在 2008 年北京奥运会前，接下来的关注热点依次为民众参与奥运、奥运显示出来的中外文化差异、各国明星运动员的比赛成绩及各国运动员/裁判/教练的趣闻轶事，其关注人数的比例分别为 75.8%、75.6%、67.0%、52.5%。

## （三）对北京奥运会影响效果的预期

通过 14 个项目考察了北京民众对北京奥运会影响效果的主观预期，考察认为这 14 个项目有些影响和影响很大的人数比例，对比分析北京民众在 2022 年和 2008 年对奥运会影响效果的预期，结果见图 3。

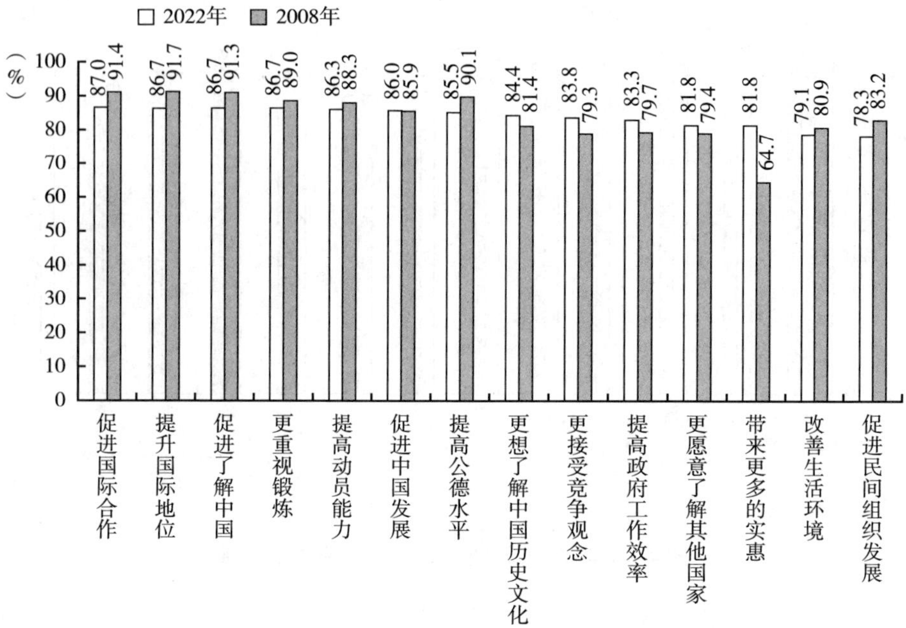


**图 3　2022 年和 2008 年北京奥运会影响效果预期**

比较 2022 年和 2008 年奥运会前北京民众对奥运会影响效果的预期，其都预期了奥运会最大的影响效果将是积极和正面的国际影响，但 2022 年比 2008 年略有下降。2022 年，87.0%的民众认为北京奥运会将促进国际合作，86.7%的民众认为北京奥运会有助于提升中国的国际地位，86.7%的民众认为北京奥运会将促进外国人更加正面地了解中国，均低于九成。但在 2008 年，91.7%的民众认为北京奥运会有助于提升中国的国际地位，91.4%的民众认为北京奥运会将促进国际合作，91.3%的民众认为北京奥运会将促进外国人更加正面地了解中国，做这些预期的被调查人数均超出九成。

在国内发展方面，2022 年和 2008 年绝大多数北京民众都预期北京奥运会将产生积极的影响效果，对影响的正面预期接近，但对奥运会提高公德水平和促进民间组织发展的预期有所下降，对提高政府工作效率的预期有所上升。2022 年北京冬奥会前，86.3%的民众认为奥运会将提高国家动员民众参与国家大事的能力，86.0%的民众认为奥运会将总体上促进中国经济社会发展，85.5%的民众认为奥运会将提升民众的公共道德水平（如排队、助人、礼让等），83.3%的民众认为奥运会将在提高政府工作效率方面产生积极影响，78.3%的民众认为奥运会将促进各种民间组织的快速发展。2008年北京奥运会前，90.1%的民众认为奥运会将提升民众的公共道德水平（如排队、助人、礼让等），88.3%的民众认为奥运会将提高国家动员民众参与国家大事的能力，85.9%的民众认为奥运会将总体上促进中国经济社会发展，83.2%的民众认为奥运会将促进各种民间组织的快速发展，79.7%的民众认为奥运会将在提高政府工作效率方面产生积极的影响。

2022年北京冬奥会前，八成以上（83.8%）的民众预期奥运会将让中国人更加接受通过竞争求胜的观念，高于2008年接近八成（79.3%）的民众对此的预期。2022年，86.7%的北京民众认为奥运会将导致人们更加重视身体健康和锻炼，略低于2008年的近九成（89.0%）。

2022年，超过八成（84.4%）的北京民众预期奥运会将会提高中国人了解中国历史文化的需求，超过2008年略高于八成（81.4%）的北京民众的预期。2022年，略高于八成（81.8%）的北京民众预期奥运会将促使老百姓更愿意了解其他国家，超过2008年接近八成（79.4%）的北京民众的预期。

2022年北京冬奥会前，超过八成（81.8%）的北京民众预期奥运会将给老百姓带来更多的实惠，远超2008年北京奥运会前六成以上（64.7%）的北京民众对此的预期。2022年和2008年北京民众在预期和相信奥运会的举办将有助于改善老百姓的生活环境方面的占比接近，分别为79.1%和80.9%，约占八成。

### （四）对体育和奥运的看法

#### 1. 对体育的看法

利用北京民众对7个与体育相关的理念和观点的看法，考察对这7个看法比较赞同和很赞同的人数比例，对比分析北京民众在2022年和2008年对体育的看法，结果见图4。

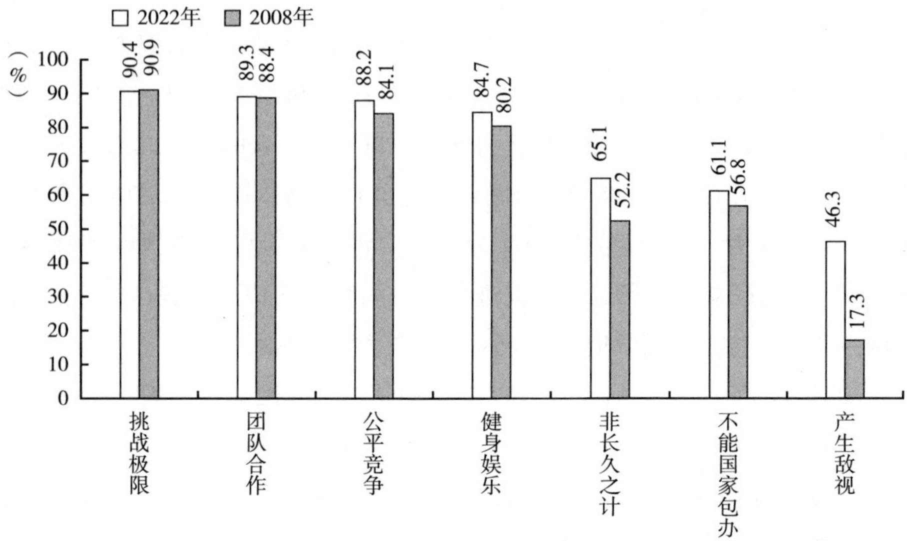


**图 4　2022 年和 2008 年对体育的看法**

2022 年和 2008 年，北京民众都非常认同“挑战极限”“团队合作”，认同的比例分别为 90. 4%、89. 3%和 90. 9%、88. 4%，没有大变化且均在九成左右。在“公平竞争”方面，北京民众也有很高的认同度且有所提升，2022 年民众认同比例接近九成（88. 2%）高于 2008 年的 84. 1%。

北京民众也非常认同体育的真正目的是健身娱乐，并且认同比例从 2008 年的 80. 2%的上升到 2022 年的 84. 7%。北京民众在体育和国家的关系方面的看法也有所变化，2022 年接受“通过体育比赛来振奋国威不是长久之计”说法的民众占 65. 1%，超过 2008 年的 52. 2%。2022 年民众认同“竞技体育的基础是大众体育不能由国家包办”的比例为 61. 1%，略高于 2008 年的 56. 8%。

赞同“国际体育比赛让不同国家的人们相互敌视”这种说法的北京民众，从 2008 年的不到两成（17. 3%）上升到 2022 年的接近一半（46. 3%），从绝大多数相信国际体育比赛会增进各国人民之间的友好和善意发展到相信国际比赛也有可能增加彼此间的敌意。

2. 对奥运的看法

考察北京民众对奥运的7个基本理念和观点的看法，统计对这7个看法比较赞同和很赞同的人数比例，在分析时，反向题目均转为正向并统计为赞成的比例，图5列出了北京民众在2022年和2008年对奥运的看法。相比于对体育的看法，北京民众对奥运的看法有所变化，特别是在有些理念和观点上发生了很大的变化。

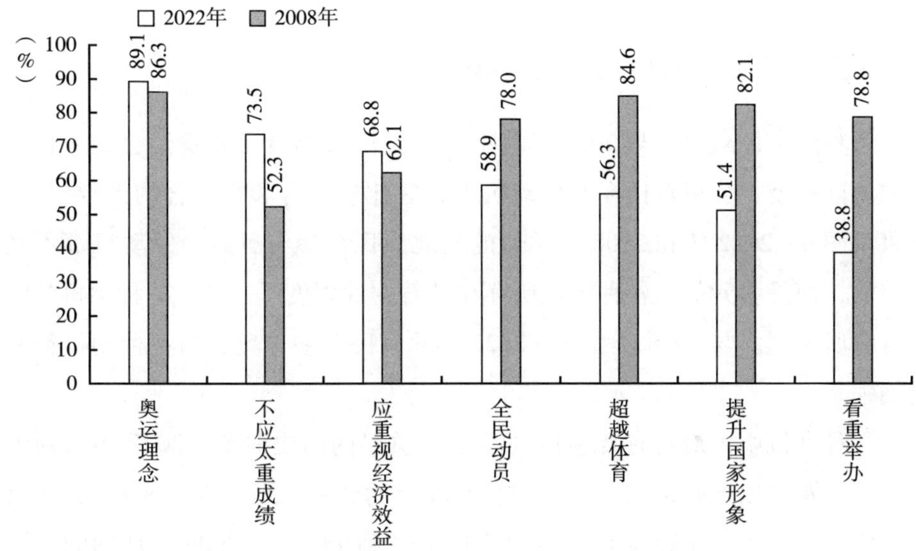


**图5　2022年和2008年对奥运的看法**

北京民众普遍认同奥运会“更高、更快、更强”的理念，2022年民众对此的认同比例接近九成（89.1%）超过2008年的86.3%，略有上升。2022年有接近七成（68.8%）的北京民众接受“奥运会应当重视经济效益”的说法，高于2008年六成以上（62.1%）的认同比例。可以看到，多数的北京民众认识到，在举办奥运会的同时，也要注重节约成本，讲究经济效益。2022年超过七成（73.5%）的北京民众认同奥运会不应太重成绩，远超2008年的52.3%。

在举办奥运与国家相关的看法上，2022年有不到六成（58.9%）的北京民众强调举办奥运会需要全民动员，远低于2008年近八成（78.0%）的民众认同奥运会需要全员动员。2022年56.3%的北京民众认为奥运会是超越体育比赛的大事，也远低于2008年84.6%的认同比例。2022年五成以上（51.4%）的北京民众认为成功举办奥运会有利于提升中国的国家形象，远远低于2008年超过八成（82.1%）的北京民众认同此看法。2022年不到四成（38.8%）的北京民众认为举办奥运会意义重大，而在2008年有近八成（78.8%）的民众认为举办奥运会意义重大。

### （五）民众参与北京奥运会的动机

考察北京民众对参与2022年北京冬奥会和2008年北京奥运会的8种动机的认同程度，分析对比在8种动机上回答比较符合和很符合的人数比例，结果见图6。2022年和2008年类似的是北京民众参与奥运会的动机都不是单一的，而是多元的，各种动机所存在的普遍性程度不一样，各种动机的强度也有所不同。与2008年相比，2022年北京民众参与奥运的各种动机都有所加强。

各种动机中，最具有普遍性的是见证重要的历史时刻，2022年认同的民众占到八成以上（83.5%），超过2008年的约占八成（80.3%）。其次是展示中国人形象，2022年认同的北京民众占到77.8%，2008年认同的民众占76.9%，两者均接近八成。

再次是了解其他国家的文化，认同的北京民众在2022年占到76.8%，超过2008年所占的63.7%。在为中国出一点力方面，认同的北京民众在2022年占76.1%，也超过2008年所占的66.2%。在获得一次非常难得的人生经历方面，认同的北京民众在2022年占74.4%，更是远超2008年所占的56.2%。在提升自己的能力方面，2022年认同的民众占到72.5%，也是远超2008年所占的54.2%。这4种动机的普遍性程度基本上处于同一水平，但2022年高于2008年，2022年认同的比例为整体的3/4左右，而2008年占整体的五成到七成。

以下2种动机，2022年相比2008年有大幅升高。认同展示自己的才华

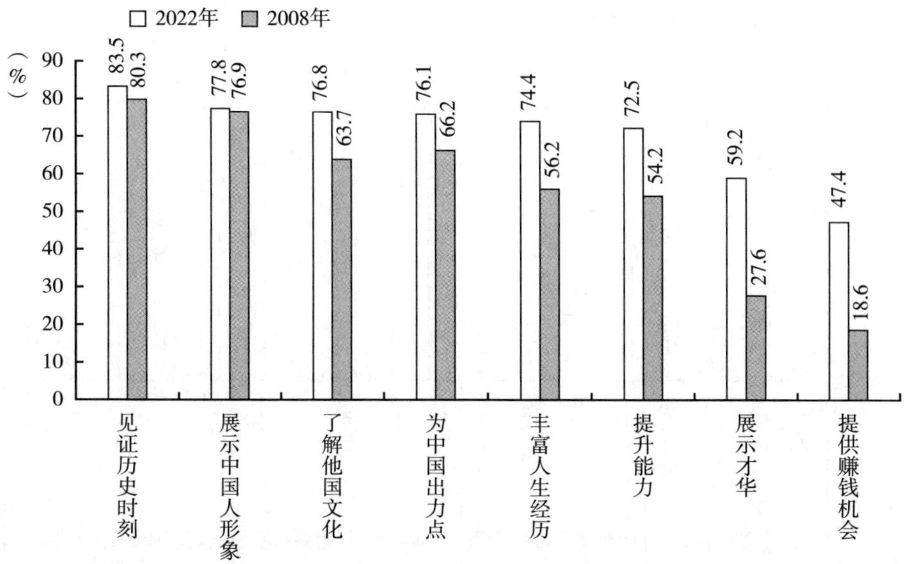


**图 6　2022 年和 2008 年参与奥运会的动机**

是参与奥运会动机的北京民众在 2022 年占到约六成（59.2%），而 2008 年的认同比例为 27.6%，略超总数的 1/4。认同提供一个有可能的赚钱机会的北京民众在 2022 年占不到五成（47.4%），而 2008 年的认同比例为 18.6%，只接近总数的 1/5。

## （六）民众参与北京奥运会的行为

在本调查中，奥运参与行为包括关注奥运行为、参与奥运讨论行为和奥运服务行为。民众使用各种媒介、在各种场合围绕奥运主题参与议论、评选或提建议，并投身到与奥运宣传和奥运准备工作相关的公益性活动中。考察北京民众参与 2022 年北京冬奥会和 2008 年北京奥运会的行为，结果见图 7。

### 1. 关注奥运行为

北京民众在 2022 年和 2008 年的奥运会前均有很高的奥运关注度，在精力和经济上均达到较高水平，图 7 的关注奥运行为列出了认为比较符合和很符合的人数比例。2022 年北京冬奥会前，参与调查的北京民众在“看电视

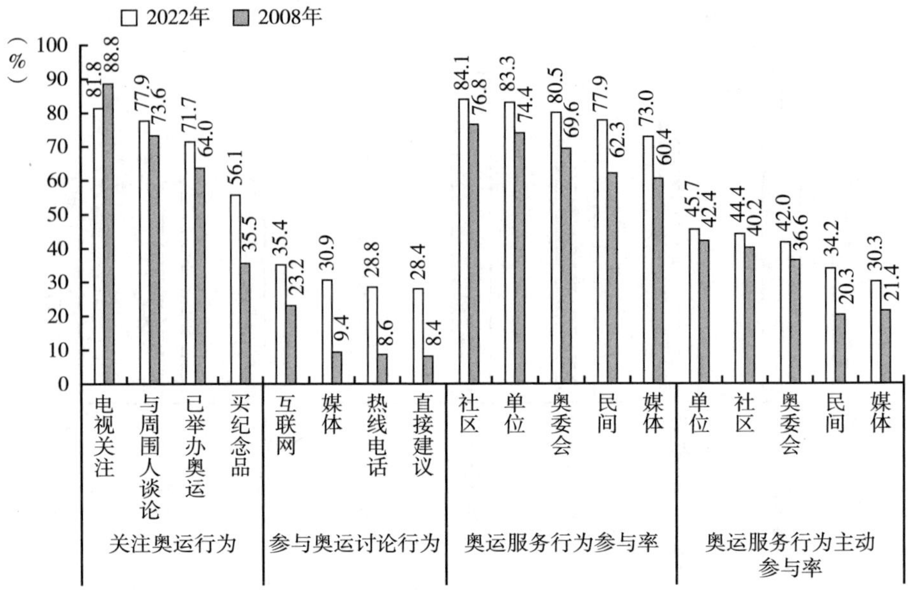


**图 7　2022 年和 2008 年参与奥运会的行为**

时经常留意有关奥运会的节目和报道”、“经常与身边的人谈论奥运会的事”、“关注过去在别的国家举办的奥运会”和“买过奥运会的纪念品”4种行为上的符合比例分别为 81.8%、77.9%、71.7%和 56.1%；而 2008 年北京奥运会前，民众在这 4 种行为上的符合比例分别为 88.8%、73.6%、64.0%和 35.5%。除了电视关注行为，在其他 3 种行为方面，2022 年相比 2008 年均有较大提高。而 2022 年民众电视关注行为的减少也和民众通过上网经常关注北京冬奥会有关，关注的比例占到整体的约八成（79.6%），因为 2008 年没有询问网络关注这一行为，所以没法对比。

2. 参与奥运讨论行为

图 7 列出了有时参加和经常参加奥运讨论行为的人数比例，可以看到北京民众参与奥运讨论的行为不是很多，但相比 2008 年，2022 年北京民众更为积极地参与了奥运讨论。2022 年积极通过互联网与网友讨论奥运会相关问题的北京民众占整体的 35.4%，高于 2008 年的 23.2%。2022 年积极参与

媒体组织的作品征集和评选活动的北京民众有 30.9%，远高于 2008 年的 9.4%。而 2022 年积极通过热线电话参与讨论、直接向有关部门提意见和建议的北京民众占到整体的比例分别为 28.8%和 28.4%，远远超过 2008 年的 8.6%和 8.4%。

3. 奥运服务行为

在分析奥运服务行为时，暂不考虑不适合情境的人群，图 7 列出了参与率和主动参与率，即参与和主动参与奥运服务行为的人数比例，与 2008 年北京奥运会前相比，2022 年北京冬奥会前北京民众有较高的参与率和主动参与率。

参与最多的是社区组织的奥运服务活动，2022 年的参与率为 84.1%，主动参与率为 44.4%；2008 年的参与率为 76.8%，主动参与率为 40.2%。其次是单位组织的奥运服务活动，2022 年的参与率为 83.3%，主动参与率为 45.7%；2008 年的参与率为 74.4%，主动参与率为 42.4%。再次是奥委会组织的奥运服务活动，2022 年的参与率为 80.5%，主动参与率为 42.0%；2008 年的参与率为 69.6%，主动参与率为 36.6%。民间团体组织的奥运服务活动排在第 4 位，2022 年的参与率为 77.9%，主动参与率为 34.2%；2008 年的参与率为 62.3%，主动参与率为 20.3%。媒体组织的奥运服务活动排在第 5 位，2022 年的参与率为 73.0%，主动参与率为 30.3%；2008 年的参与率为 60.4%，主动参与率为 21.4%。

## 四　小结

对比 2022 年北京冬奥会前和 2008 年北京奥运会前的调查结果，北京民众的奥运会参与情况如下。

在获取奥运会的信息渠道上，对比 2008 年，2022 年经常接触电视、广播和报纸的人数比例明显下降，但电视仍为北京民众获取奥运会信息的最重要渠道。2022 年虽然通过互联网获取奥运会信息的人数比例与 2008 年接近，但与电视极为接近，而在 2008 年电视远高于互联网。

北京民众对奥运会的关注焦点变化不是很多。开幕/颁奖/闭幕、中国代表团的奖牌数量以及中国运动员的拼搏精神都是2022年和2008年最为关注的事项。北京民众对奥运相关的新科技、民众参与奥运情况和奥运相关中外文化差异的关注，从2008年到2022年有所上升；但对各国明星成绩和趣闻轶事的关注，从2008年到2022年有较大提升。

北京民众对奥运会影响效果的预期没有较大变化，对奥运带来的积极的国际影响在2022年和2008年均持有最高的预期，2022年的正面预期略有下降。在奥运带给老百姓更多实惠方面，北京民众在2022年比在2008年有更高的预期。

北京民众对一些与体育相关的理念和观点的看法没有较大变化，均最为认同挑战极限、团队合作和公平竞争等看法，但对“国际体育比赛让不同国家的人们互相敌视”的认同比例在2022年比在2008年有了大幅上升。北京民众在对奥运理念和观点的看法上，2022年和2008年有较大差异。只对“更高、更快、更强”的奥运理念均有较高认同度，2022年比2008年更为认同奥运不应过分注重成绩，也更为认同奥运需要重视经济效益，在奥运与民众和国家的关系上的认同度也有较大幅度下降。

在北京民众参与奥运会的动机上，公益性动机均占据了主导性地位，个人性动机在参与动机中亦占有一定的分量，相比2008年，2022年民众的奥运参与动机有所加强。2022年和2008年，北京民众对奥运会均有积极的关注行为，但积极购买奥运纪念品的民众比例在2022年远超2008年。积极参与奥运讨论的行为均不多，但2022年积极参与的民众比例高于2008年。民众在奥运服务行为上的参与率和主动参与率均较高，2022年比2008年的参与率和主动参与率均有所提高。

## 参考文献

冯惠玲、任瑾、陈怡：《北京“双奥”遗产的数字化保存与传播》，《图书情报知识》2022 年第 3 期。

刘水明、王恬、辛本健：《友谊盛会环球惊叹（形象篇）》，《人民日报》2008 年 8 月 25 日，第 16 版。

应小萍：《大学生评价北京和伦敦奥运会社会影响的对比》，载王俊秀、杨宜音主编《中国社会心态研究报告（2012~2013）》，社会科学文献出版社，2013。

中国社会科学院社会学研究所课题组、王俊秀、张衍：《京张市民北京冬奥会关注度和参与度调查报告》，《国家治理》2022 年第 4 期。

IOC：《2022 年北京冬奥会—运动员、奖牌和比赛结果》，https：//olympics. com/zh/olympic-games/beijing-2022，2022 年。

IOC：《2022 年北京冬奥会会徽、海报设计和冬奥会形象》，https：//olympics. com/zh/olympic-games/beijing-2022/logo-design，2021 年。

# Abstract

This book is the 11th Annual Research Report on China's Social Mentality Survey by Social Mentality Blue Book Research Group of the Social Psychology Research Center of the Institute of Sociology, Chinese Academy of Social Sciences. The theme of this book is social mentality on the Chinese path to modernization. The authors are mainly from the Research Center of Social Psychology, Institute of Sociology, Chinese Academy of Social Sciences. The whole book explores the social mentality on the Chinese path to modernization from four aspects of cognition, values, beliefs, and social participation.

This book finds that in the process to modernization, people have strong confidence in achieving common prosperity, believing that wealth is mainly caused by internal factors of individuals, while poverty is mainly caused by external factors. Most people hold the belief of hard work and rewarding struggle, tend to agree that individuals should take more responsibility to support themselves and recognize that competition is beneficial. The sense of fairness of the results and the perception of upward mobility opportunities of the public have increased, but the perception of downward mobility opportunities has declined. The reasonable beliefs of the stratum system are at the upper middle level, and the opportunity rationality dimension score is higher than the distribution rationality dimension. In terms of social values, people have the highest evaluation of the importance of family, and the differences are relatively minimal, followed by work, friends, leisure time, and politics. In terms of education values, responsibility, independence, hard work, good manners, and honesty are the most important qualities for people to cultivate their children. The social mentality and social values of parents affect the cultivation of their children's quality. In terms of social participation, the public has a high charitable will, especially in the promotion of traditional culture, emergency rescue and innovative scientific research. The comparative analysis of Beijing's two Olympics Games shows that the people is mainly motivated by public welfare in social participation. These results indicate that in the process of Chinese path to modernization, the public already has the basis of objective, positive, diligent, and upward high-quality social mentality.

**Keywords**: Social Mentality; Cognition of Common Prosperity; Values; Social Participation

# Contents

## Ⅰ General Report



**Abstract**: In the current research, we focused on the variation trend of social mentality in China, based on data from the three-year Social Mindset Survey for 2022, 2019, and 2020. The main indicators of social mentality included better life needs, better life experiences, subjective well-being, sense of safety, social trust, and sense of social fairness, and so on. Additionally, we also explored individuals' social cognition, beliefs, and values about common prosperity, including people's attitudes towards common prosperity, lay beliefs on the paths to common prosperity, attributions on poverty and affluence, class system justifying belief, belief in reward for application, charitable intentions, and donation behavior. Finally, based on the characteristics and variation trend of social mentality, as well as the social cognition, beliefs, and values about common prosperity, policy recommendations for promoting common prosperity were discussed.

**Keywords**: Social Mentality; Attributions on Poverty and Affluence; Sense of Social Fairness; Attitudes Towards Common Prosperity; Confidence in Common Prosperity

# Ⅱ Cognition and Common Prosperity



**Abstract**: The Fifth Plenary Session of the 19th CPC Central Committee pointed out that we should firmly promote common prosperity for all. Achieving the common prosperity of all is the original aspiration and mission of the Communist Party of China and the essential requirement and goal of a socialist state. Based on the survey data of Chinese residents' attitudes towards life in 2022, this study analyzes the people's cognition of common prosperity and the confidence to achieve common prosperity of the basic situation and their differences in demographic variables from the aspects of what is common prosperity, the specific path to achieve common prosperity and the confidence to achieve common prosperity. The results show that most people's cognition and understanding of common prosperity is scientific and reasonable; although there are many challenges and difficulties on the road to common prosperity, most people have strong confidence in the realization of common prosperity in China and believe that the most important measure to move towards common prosperity is to improve economic efficiency. People's confidence in achieving common prosperity has significant differences in demographic variables such as age, income, subjective social stratification, education level, type of household registration, and marital status.

**Keywords**: Common Prosperity; Cognition of Common Prosperity; Residents' Life Attitude; Common Prosperity Confidence

## B.3 The Attribution Tendency in the Rich-Poor Gap for Different Social Classes

*Wang Yuanyuan*, *Tan Xuyun* / 050

**Abstract**: The gap between the rich and poor is still a major social problem in our country at present. Based on the 2022 Chinese Mentality Survey, this report aims to explore the attribution tendency of the rich-poor gap in subjective/objective social classes, gender, age and other socio-demographic variables. The results show that most groups represent internal attribution tendency for poor and rich , but there were differences in the degree of internal attribution tendency. People show a stronger tendency of internal attribution for being rich than for being poor. The internal attribution tendency in rich and poor was stronger in men than in women, in migrant residents than in local residents, and in city/county edge urban residents than in rural residents. From the lower, middle and lower classes to middle/upper classes of subjective society, people's internal attribution tendency becomes stronger, but the upper class of subjective society thinks that both internal and external factors are important, and does not show such a strong internal attribution tendency. In addition, the lower classes of subjective and objective society believe that rich or poor was mainly caused by external factors, and does not show an internal attribution tendency. It can be seen that people's overall attribution to the rich and poor is well. In future, we should advocate comprehensive and objective attribution methods; strengthen the guidance of the internal attribution of the poor of the low class of society; improve the cognitive model of the poor of the low class, and reduce their psychological dependence on external factors; and focus on the attribution status of people in urban center and rural areas.

**Keywords**: Subjective Social Classes; Objective Social Classes; Attribution for the Rich-Poor Gap

**Abstract**: Common prosperity is the universal prosperity based on eliminating polarization and poverty, which is closely related to the people's sense of outcome opportunity fairness. Based on the data of the 2022 Chinese Social Mentality Survey, this study analyzed Chinese people's perception of outcome and opportunity fairness (further divided into the perception of upward mobility opportunity and the perception of downward mobility opportunity) and their relationship with the confidence towards common prosperity. Results showed that Chinese people's sense of outcome and opportunity fairness were high. Compared with fairness in 2020, Chinese people's outcome fairness and perception of upward mobility opportunity were higher, but the perceived downward mobility opportunity was lower. In other words, Chinese people's sense of fairness was changing in the direction to the social form of common prosperity. Different groups differed in the sense of fairness and had their own characteristics, but special attention should be paid to the sense of fairness of rural residents, whose sense of outcome and opportunity fairness opportunity was low. Through a 2×2×2 construction of the sense of outcome fairness, the perceived upward mobility opportunity and the perceived downward mobility opportunity, this study sorted out eight forms of the perceived fairness and the social forms they reflected, and found out that the groups with high perceived outcome fairness and upward mobility opportunity but low downward mobility opportunity had the highest confidence in common prosperity. In addition, the study found that the perceived outcome fairness had the strongest prediction on the confidence in common prosperity. When the perceived outcome fairness was high, the perceived upward mobility opportunity had no significant prediction on the confidence in common prosperity. However, when the perceived outcome fairness was low, the groups with the higher perceived upward mobility opportunity had higher confidence in common prosperity. In conclusion, the key to enhancing people's confidence in common prosperity is to ensure outcome fairness, provide opportunities for upward mobility and avoid downward mobility.

**Keywords**: Common Prosperity; Outcome Fairness; Opportunity Fairness; Upward Mobility; Downward Mobility

## Ⅲ Values and Common Prosperity



**Abstract**: The study analyzes how demographic variables, social mentality and social values affect people's child-rearing values. The data comes from Social Mentality Survey 2022 by Chinese Academy of Social Sciences. The results show that responsibility, independence, hard work, good manners, and honesty are the most important qualities when cultivating their children; The child-rearing values of different groups of people shows different characteristics; Parents' social mentality and social value affect the cultivation of the quality of their children. These findings help to understand the behaviors of today's teenagers.

**Keywords**: Child-rearing Values; Social Mentality; Child-rearing



**Abstract**: The implicit intelligence theory has an additional effect on individual development that surpasses actual intelligence. This study investigated the influence of implicit intelligence theory on subjective well-being, and the strength of this correlation can be explained by involution. The results showed that the involution changed the direction or extent the influence of implicit theory on subject well-being, specifically, the involution changed the effect direction of the fixed mindset on life satisfaction and positive emotion. For medium and low level of involution, the negative effects of fixed mindset turned into positive; The involution also partially weakens the influence of growth mentality on life satisfaction and positive emotions. As far as negative emotions are concerned, the effect of evolution is always positive. These findings indicate that involution regulates the relationship between mentality and happiness. Unless the involution is too high, for most people, it is more adaptive to change one's own views of intelligence and build a more resilient outlook on development.

**Keywords**: Subject Well-Being; Implicit Theory of Intelligence; Involution; Lying Flat



**Abstract**: Through the analysis of the data of the 2022 China Social Mentality Survey, this study discusses the characteristics of people in terms of social and economic values, and further explores the different influences of different demographic variables and subjective social classes on social and economic values. The results of the study found that in terms of social values, people rated the importance of family the highest and had the least differences. This is followed by work, friends, leisure time, politics, and religion being the least important. In terms of economic values, regarding income disparity tolerance, people tend to "widen the income gap to encourage individuals to work hard", but different people have the greatest difference in understanding; In terms of economic ownership, the people tend that "the state-owned economic sector should be expanded", and the differences are relatively minimal; In terms of economic responsibility, people are more inclined to "individuals should take more responsibility to support themselves"; In terms of perception of competition, people are more inclined to "competition is favorable" . Factors such as gender, age, education, marital status, household registration status, income and subjective social class have a significant and varying degree of influence on social and economic values.

**Keywords**: Social Values; Economic Values; Social Mentality

## Ⅳ Belief and Common Prosperity



**Abstract**: Improving the spirit of struggle and enterprising is of great significance to promote Chinese modernization. The current study analyzes the characteristics and influencing factors of people's struggle belief and confidence in future development, as well as related social mentality factors. The data of 6, 168 residents in the 2022 Social Mentality Survey were analyzed and the results showed that: (1) Most people believe in the belief that hard work pays off, and they are confident in the future development of individuals and the country. There are differences in age, education level and income. (2) The perception of hierarchical solidification will weaken the belief and confidence in struggle, while the perception of upward social mobility, social fairness and meaning in life can strengthen people's belief in struggle and enhance people's confidence in future development.

**Keywords**: Belief in Struggle; Confidence in Development; Social Mobility; Social Fairness; Sense of Meaning in Life



**Abstract**: The class system justifying belief reflects people's perception of the fairness, legitimacy, and justifiability of, as well as the corresponding supportive attitudes to the class system. Based on the Chinese Social Mentality Survey (2022) database, the current research focused on the effects of subjective and objective social class on the class system justifying belief. Besides, we also examined the role of Hukou based on synchronic and diachronic perspectives. The results suggested that: (1) The class system justifying belief was strong among individuals, with an above medium level. (2) Young people and old people reported relatively low belief in class system justification. Thus we should focus on improving young people's cognition and expectation of the rationality of opportunity, and pay more attention to the elderly people's requirements for the rationality of distribution. (3) Lower-class individuals reported weak belief in class system justification. Attention should be paid to the appeals in terms of opportunity rationality of key groups, such as individuals with low- and middle-income, primary school education and below, as well as junior college education. (4) The class system justifying belief was weak among urban lower-class individuals. While making greater efforts to narrow the urban-rural gap and balance urban and rural development, we should also pay more attention to the disadvantaged groups in cities and provide them with more development opportunities.

**Keywords**: Social Class; Class System Justifying Belief; Rural-urban Differences

## V Social Participation and Common Prosperity



**Abstract**: The third distribution such as public welfare and charity is an important way to improve the distribution pattern of income and wealth and achieve common prosperity. Based on the data of the Chinese Social Mentality Survey (2022), this report analyzed the current public's situation of charitable willingness and behaviors and their influencing factors. The results found that the public's charitable intention is higher, especially in promoting traditional culture, carrying out emergency rescue and innovative scientific research, while the frequency of charitable behavior is at the lower-middle level. Women's charitable intention is significantly higher than men's, but there are fewer charitable behaviors; the charitable intentions and behaviors of the same age groups also show different trends. In general, the higher the education, income, and class identity, the higher the charitable willingness and more charitable behaviors. Meanwhile, some low-income groups, donors, people with household registration in rural areas, and groups with poor health also have higher charitable intention. In future, it is necessary to further update the concept of charity, smooth the channels for people to participate in charity, and gradually form a charitable cultural atmosphere of "everyone cherishes charity and everyone participates in charity", help poverty reduction and promote fair and just distribution of wealth.

**Keywords**: Charitable Intention; Charitable Behavior; Common Prosperity; Charitable Transformation; National Charity



**Abstract**: Beijing became the first city as Dual Olympic City in the world to have hosted both the summer and winter editions of the Olympic Games in 2008 and 2022. The consequences of Olympic Games is not only in sports, but also in other wide domains including social psychological impacts. The report revealed the impact of Dual Olympics on Beijing residents from social psychological perspective. Two Olympics surveys among residents of Beijing were conducted before Olympic Winter Games Beijing 2022 and before Olympic Games Beijing 2008. We mainly analyzed the six aspects concerning collecting information, main focuses and expected affect about Beijing Olympic Games, the attitudes of sports and Olympics, the motivation of Olympics participation, the behavior of Olympics participation.

**Keywords**: Dual Olympics; Olympic Winter Games Beijing 2022; Olympic Games Beijing 2008; People's Participation

# 皮 书

## 智库成果出版与传播平台

### 皮书定义

皮书是对中国与世界发展状况和热点问题进行年度监测，以专业的角度、专家的视野和实证研究方法，针对某一领域或区域现状与发展态势展开分析和预测，具备前沿性、原创性、实证性、连续性、时效性等特点的公开出版物，由一系列权威研究报告组成。

### 皮书作者

皮书系列报告作者以国内外一流研究机构、知名高校等重点智库的研究人员为主，多为相关领域一流专家学者，他们的观点代表了当下学界对中国与世界的现实和未来最高水平的解读与分析。截至 2022 年底，皮书研创机构逾千家，报告作者累计超过 10 万人。

### 皮书荣誉

皮书作为中国社会科学院基础理论研究与应用对策研究融合发展的代表性成果，不仅是哲学社会科学工作者服务中国特色社会主义现代化建设的重要成果，更是助力中国特色新型智库建设、构建中国特色哲学社会科学“三大体系”的重要平台。皮书系列先后被列入“十二五”“十三五”“十四五”时期国家重点出版物出版专项规划项目；2013~2023 年，重点皮书列入中国社会科学院国家哲学社会科学创新工程项目。

# 皮书网

（网址：www.pishu.cn）

发布皮书研创资讯，传播皮书精彩内容
引领皮书出版潮流，打造皮书服务平台

## 栏目设置

◆ **关于皮书**

何谓皮书、皮书分类、皮书大事记、
皮书荣誉、皮书出版第一人、皮书编辑部

◆ **最新资讯**

通知公告、新闻动态、媒体聚焦、
网站专题、视频直播、下载专区

◆ **皮书研创**

皮书规范、皮书选题、皮书出版、
皮书研究、研创团队

◆ **皮书评奖评价**

指标体系、皮书评价、皮书评奖

◆ **皮书研究院理事会**

理事会章程、理事单位、个人理事、高级研究员、理事会秘书处、入会指南

## 所获荣誉

◆ 2008 年、2011 年、2014 年，皮书网均在全国新闻出版业网站荣誉评选中获得“最具商业价值网站”称号；

◆ 2012 年，获得“出版业网站百强”称号。

## 网库合一

2014年，皮书网与皮书数据库端口合一，实现资源共享，搭建智库成果融合创新平台。

皮书网　　“皮书说”微信公众号　　皮书微博

# S 基本子库
# UB DATABASE

## 中国社会发展数据库（下设 12 个专题子库）

紧扣人口、政治、外交、法律、教育、医疗卫生、资源环境等 12 个社会发展领域的前沿和热点，全面整合专业著作、智库报告、学术资讯、调研数据等类型资源，帮助用户追踪中国社会发展动态、研究社会发展战略与政策、了解社会热点问题、分析社会发展趋势。

## 中国经济发展数据库（下设 12 专题子库）

内容涵盖宏观经济、产业经济、工业经济、农业经济、财政金融、房地产经济、城市经济、商业贸易等12个重点经济领域，为把握经济运行态势、洞察经济发展规律、研判经济发展趋势、进行经济调控决策提供参考和依据。

## 中国行业发展数据库（下设 17 个专题子库）

以中国国民经济行业分类为依据，覆盖金融业、旅游业、交通运输业、能源矿产业、制造业等 100 多个行业，跟踪分析国民经济相关行业市场运行状况和政策导向，汇集行业发展前沿资讯，为投资、从业及各种经济决策提供理论支撑和实践指导。

## 中国区域发展数据库（下设 4 个专题子库）

对中国特定区域内的经济、社会、文化等领域现状与发展情况进行深度分析和预测，涉及省级行政区、城市群、城市、农村等不同维度，研究层级至县及县以下行政区，为学者研究地方经济社会宏观态势、经验模式、发展案例提供支撑，为地方政府决策提供参考。

## 中国文化传媒数据库（下设 18 个专题子库）

内容覆盖文化产业、新闻传播、电影娱乐、文学艺术、群众文化、图书情报等 18 个重点研究领域，聚焦文化传媒领域发展前沿、热点话题、行业实践，服务用户的教学科研、文化投资、企业规划等需要。

## 世界经济与国际关系数据库（下设 6 个专题子库）

整合世界经济、国际政治、世界文化与科技、全球性问题、国际组织与国际法、区域研究 6 大领域研究成果，对世界经济形势、国际形势进行连续性深度分析，对年度热点问题进行专题解读，为研判全球发展趋势提供事实和数据支持。

# 法律声明